儒家文化积极因子赋能

杰出企业的答卷

莫林虎 著

企业管理出版社

图书在版编目（CIP）数据

儒家文化积极因子赋能：杰出企业的答卷 / 莫林虎著. -- 北京：企业管理出版社，2024.1
ISBN 978-7-5164-2907-5

Ⅰ.①儒… Ⅱ.①莫… Ⅲ.①儒学－应用－企业管理 Ⅳ.①F272

中国国家版本馆CIP数据核字(2023)第182809号

书　　名：	儒家文化积极因子赋能：杰出企业的答卷
书　　号：	ISBN 978-7-5164-2907-5
作　　者：	莫林虎
责任编辑：	丁湘怡
出版发行：	企业管理出版社
经　　销：	新华书店
地　　址：	北京市海淀区紫竹院南路17号　　邮　编：100048
网　　址：	http://www.emph.cn　　电子信箱：1502219688@qq.com
电　　话：	编辑部（010）68701661　　发行部（010）68701816
印　　刷：	北京亿友创新科技发展有限公司
版　　次：	2024年1月第1版
印　　次：	2024年1月第1次印刷
规　　格：	700mm × 1000mm　　开　本：1/16
印　　张：	17.5印张
字　　数：	220千字
定　　价：	78.00元

版权所有　翻印必究　·　印装有误　负责调换

序

从2015年起，我已经出版了两部有关中华优秀传统文化与现代管理的著作，一部是2015年和张建启将军合写、由人民出版社出版的《周易智慧与战略思维》，另一部是2018年由企业管理出版社出版的《谋道：打造一流企业的十堂国学课》。两部著作中，《周易智慧与战略思维》集中讨论《易经》与战略思维的关系，《谋道：打造一流企业的十堂国学课》则全面讨论了传统文化主要思想流派的主张在现代企业经营管理中的应用问题，对百年来的现代管理，特别是企业经营管理与传统文化之间的关系做了全面系统的梳理。《谋道：打造一流企业的十堂国学课》于2020年12月荣获第一届中央财经大学优秀著作奖。这几年我不断收到各方反馈，很多读者都认同这两部著作的核心思想：中华优秀传统文化是一个思想宝库，应当以现实问题、真实境遇为砥砺，激活优秀传统文化的潜力，发展出具有中国气质的现代管理思想。得到这样积极的反馈，我颇感欣慰。

作为前两部著作的接续，本书在简要讨论了中华优秀传统文化的核心理念后，把重点放在如何在当下情境中将这些核心理念转化为企业经营管理的具体方略、措施、手段的问题上，放在如何将中华优秀传统文化与现代企业经营管理进一步融合的问题上。同时，考虑到中华传统文化的核心目标是培养经世致用、治国安邦的社会精英，本书在讨论传统文化在现代企业经营管理中的应用时，也着重从企业家的角度展开分析。本书通过十余个著名企业家的案例，深入、细致地探讨了中华优秀传统文化特别是儒家文化如何在新的历史阶段被中国企业家创造性地转化为企业经营管理的价值理念、发展战略、管理制度与措施，总结了中华优秀传统文化特别是儒家文化应用在现代企业经营管理中的已有经验和未来潜力。

在对这些企业家和他们领导的企业进行全面深入研究的过程中，我深刻体会到了这些企业家和他们领导的企业所承受的压力，以及这些企业家克服各种挑战锻造出来的勇气与力量。尤其是最近几年，在国际政治经济环境日益严峻，我国人口红利逐渐消失、劳动力和土地等生产要素成本上升、环保力度加强、消费升级等形势下，中国企业进入了全面转型升级进程，从本书分析的这十余家企业中，能够看到主动变革、积极迎接挑战的决心、行动与取得的业绩。

《国语》中有这样一段话："沃土之民不才，淫也；瘠土之民莫不向义，劳也。"意思是：自然禀赋过于优越的地方的人们难以成为杰出人物，因为生活太安逸；自然禀赋差的地方的人们往往崇尚正直正义，因为辛勤劳作培养出了这种品格。中华民族数千年来就是在资源相对匮乏、人口众多、灾祸频仍的环境中生存发展起来的，不利环境锻造出中华民族深入骨髓的忧患意识，使我们始终保持警醒、保持活力。本书第四章集中讨论了儒家自强不息思想与企业抗挫折能力的关系，而且整本书中都贯穿着这样一条中国企业自强不息、艰苦奋斗的线索。正是这种自强不息、艰苦奋斗的精神使中国企业在资源匮乏、竞争环境错综复杂的条件下，逢山开路、遇水架桥，不断度过劫难，最终脱颖而出，并将在挑战与机遇并存的未来再创辉煌。

与自强不息精神有同等重要地位的另一个核心理念是"中庸"精神。"中庸"既是儒家的核心理念，也是贯穿中华传统文化各思想体系的核心理念。儒家所说的"中庸"不是平庸、庸碌、无所事事、和稀泥，而是使人或组织保持与各利益相关方和谐的状态，使内在机制充满活力，使各种新奇思想、新奇事物不断涌现。《中庸》"致广大而尽精微，极高明而道中庸"阐明了中华优秀传统文化的最高境界：天人合一的中和之道。本书第一章部分篇幅讨论了中庸之道与杰出企业家人格修炼的关系，其余各章也贯穿论述了中庸精神的影响。数千年的风雨历程，使中华民族的心态以成熟、理性、稳健、平和著称，在处理实际事务方面注重实效，注重长远利益，充分考虑利益相关方的利害得失。这都是中庸精神的具体表现，并且这种文化优势在近几十年中国企业的经营管理中越来越显示其优越性，也将在未来的企业经营管理中被进一步发扬光大。

与我之前两部著作的不同之处是，本书所选择的企业几乎都是制造业企业，而且大多数与高新技术有关。因为制造业是国家生产能力和国民经济的基础和支柱，体现社会生产力的发展水平，制造业还是高新技术产业化的载体和实现现代化的重要基石。经济发展稳健的国家的制造业高度发展，而且大多处于制造业价值链的中高端位置。要使我国的制造业稳步从价值链的中低端升级到中高端，实现低中高端全覆盖，需要科技原创实力与工匠精神的共同支撑。本书对华为、大疆、吉利、长城汽车、OPPO、安踏、SHEIN等企业的研究表明，我们的优秀企业有信心、有能力打好转型升级这场大仗。

本书也选择了劳动力比较密集的纺织业和木结构建筑制造业的两个代表企业申洲国际和德胜洋楼。这两家企业的经营让我们看到中华优秀传统价值观是如何推动企业实现技术创新、管理创新，并在同行中脱颖而出的。

中华优秀传统既包括以儒道墨法兵佛等为代表的，主要由知识精英继承传播的文化传统，也包括民间广泛认同并传承至今的，主要由劳动民众发扬光大的传统，如勤劳、节俭、劳动致富的观念。中国企业能够经营管理得出类拔萃，一定是同时传承了这两个传统并将之做了有机融合。本书很多案例中用了相当篇幅来讨论这一主题，就是为了弘扬中华优秀传统文化中的优秀劳动传统，为塑造中国工匠精神提供传统文化的养分。

本书还专设一章讨论中国企业走出去的问题。中国企业国际化的程度和水平与发达国家相比还有差距，但我们也看到了中国企业实实在在的努力。浙江华立集团、宁波均胜电子、深圳传音和福耀玻璃四家企业国际化发展的不同模式和路径，向读者展示了中国企业是如何一步步走出去的，这样的企业未来还会有更多。

在这部著作的写作过程中，我阅读了大量企业财务报告、新闻报道、有关企业和企业家的传记、相关研究专著和论文，也和一些企业界人士进行了充分交流。我很欣喜地看到，中国企业家已经开始新老交替的自我更新，一些40后、50后、60后，甚至70后和少数80后企业家退居二线，年轻一代开始走上前台，让人感受到了坚实的希望。

需要指出的是，中华传统文化毕竟是在中国古代社会环境中形成发展起来的，其所关注的问题与古代社会的国家治理、社会控制、人际关系协调等相关联，主要应用于政府管理、军事斗争等领域。现代企业经营管理是在现代科技条件下以大工业生产为主要方式的活动，以专业性、规范性及精细化程度高等为特征。因此，要将中华优秀传统文化应用到现代企业经营管理中，就必然要积极主动吸收现代企业经营管理的很多成熟的理论和工具，以促成优秀传统文化在现代企业经营管理中的创造性转化和创新性发展。比如，战略思维是中华传统文化的一大特点和优势，传统战略思想中缺乏可操作的战略管理工具、管理流程、管理方法，而现代企业战略管理的很多战略管理工具、方法可以弥补这一不足。又比如，中华传统文化十分重视德治与法治的结合，一方面高度重视道德的教育引导，另一方面也重视必要的惩戒威慑，但在传统社会中的实际管理中，还是软约束为主，在刚性制度的制定、实施、完善上存在较大的缺失，这就容易造成管理效率低、破窗效应频发的问题。现代企业经营管理是在法治环境下进行的，成熟的现代企业经营管理形成了一套崇尚规则、讲求法治的管理理念和较为完善的精细化、规范性的管理制度和管理手段，我们必须将这些成功的现代企业经营管理理念、制度有效吸收消化，在与中华优秀传统文化有机融合后推陈出新，创造出我们自己的管理理念和管理制度。本书在这方面做了一次创新尝试，在第二章和第三章中有比较集中的体现，也希望得到读者朋友的反馈。

莫林虎

2022年6月于北京海淀上地一是斋

目 录

第一章　儒家思想与现代企业经营管理 ········· 1
一、儒家"内圣外王"思想是中国传统文化的核心理念 ········· 2
二、儒家思想对现代企业经营管理的意义 ········· 3
（一）从儒家思想中开发现代企业管理的文化资源 ········· 3
（二）中国企业经营管理面临转型升级的节点 ········· 15
（三）对儒家文化进行创造性转化和创新性发展 ········· 22
（四）现代企业管理需要中国声音、中国智慧、中国方案 ········· 28

第二章　儒家战略思想与企业战略管理 ········· 31
一、儒家战略思想资源与企业战略管理 ········· 32
（一）《易经》战略思想 ········· 32
（二）周的兴起与周朝建立过程中《易经》战略思想的形成与运用 ········· 44

二、儒家战略思想在现代企业战略管理中的应用：以长城汽车

  为例 ··· 48
  （一）战略分析 ·· 49
  （二）战略选择 ·· 51
  （三）战略实施 ·· 60
  （四）战略评估和调整 ·· 63
  （五）对长城汽车战略管理的总结 ··································· 66

第三章 儒家仁礼思想与企业组织能力建设 ······························· 69
 一、儒家有关组织能力建设的思想资源 ······························· 70
  （一）先秦儒家思想与组织能力建设 ································ 70
  （二）对儒家仁礼思想的评价 ·· 86
 二、中国企业运用传统文化资源建设企业组织能力的状况 ······· 87
 三、德胜洋楼以优秀传统文化思想建设组织能力的实践及意义 ··· 89
  （一）将儒家积极价值观管理理念真正落到实处 ················· 90
  （二）对儒家仁礼思想的创造性转化和创新性发展 ·············· 98
  （三）对德胜洋楼组织能力建设的总结 ···························· 110

第四章　儒家自强不息思想与企业抗挫折能力　111

一、儒家自强不息思想及其影响　112
（一）儒家自强不息思想　112
（二）儒家自强不息思想对传统士大夫阶层的影响　118

二、儒家自强不息思想对现代企业经营管理的意义　124
（一）踏平坎坷成大道：吉利　125
（二）苦难辉煌：华为　134

第五章　儒家诚信、敬业思想与企业经营管理　141

一、儒家诚信、敬业思想及其影响　142
（一）儒家诚信、敬业思想　142
（二）儒家诚信、敬业思想对中国传统社会和传统商业价值观的影响　151

二、儒家诚信、敬业思想对现代企业经营管理的意义　156
（一）申洲国际：诚信价值观驱动的企业创新升级　156
（二）从步步高到OPPO：本分价值观的奠基与升级跃迁　161

第六章 儒家创新精神与企业创新 —— 173
一、儒家创新精神的内涵 —— 174
（一）穷则变，变则通：《易经》创新精神 —— 174
（二）春秋战国时期儒家代表人物对前代思想的创新性继承和发展 —— 175
（三）王阳明心学思想对儒家创新精神的发展 —— 176
二、中国企业当前所处价值链位置及应对策略 —— 178
三、儒家创新精神在企业创新中的创造性转化和创新性发展 —— 184
（一）大疆以科技创新为驱动力的成功经验 —— 184
（二）对大疆的进一步讨论 —— 195

第七章 中华民族文化自信与品牌打造 —— 199
一、中华民族的文化自信 —— 200
（一）儒家的文化自信思想 —— 200
（二）中华民族文化自信的演进过程 —— 205
二、文化自信与商业品牌 —— 210
（一）品牌的核心是价值观 —— 211
（二）品牌资产生成机制 —— 213

三、品牌打造的路径选择 —— 214
（一）安踏：从本土中低端品牌向国际化中高端品牌跃迁 —— 214
（二）希音：借助大数据、AI驱动的C2M模式打造国际新品牌 —— 219

第八章 儒家天下大同思想与企业国际化发展 —— 227
一、儒家天下大同思想与我国国际关系原则 —— 228
（一）儒家天下大同思想 —— 228
（二）我国国际关系原则 —— 233
二、中国企业走出去的历程与面临的挑战和机遇 —— 236
（一）中国企业走出去面临的挑战 —— 237
（二）中国企业走出去的机遇与应对之策 —— 237
三、中国企业国际化路径 —— 242
（一）海外产业园区投资运营：华立集团的经验 —— 242
（二）并购：均胜电子的共赢智慧 —— 247
（三）绿地投资：福耀玻璃与传音的不同甘苦 —— 252

结语 —— 257

参考资料 —— 263

第一章 儒家思想与现代企业经营管理

在中国传统思想体系中,儒家思想并非智慧最高的部分,却是主导部分。儒家思想是传统中国社会的主流意识形态,影响着社会政治观念、政治运作,影响着从士大夫到普通百姓的价值取向和日常生活,塑造了传统社会中国人的民族性格和处世之道,并成为一种传承至今的文化基因。

本章从儒家思想的核心理念入手,提取儒家思想的积极因子并分析其对现代企业经营管理的意义。

一、儒家"内圣外王"思想是中国传统文化的核心理念

"内圣外王"思想的完整表述体现在《大学》的第一章里:"古之欲明明德于天下者,先治其国;欲治其国者,先齐其家;欲齐其家者,先修其身;欲修其身者,先正其心;欲正其心者,先诚其意;欲诚其意者,先致其知;致知在格物。物格而后知至,知至而后意诚,意诚而后心正,心正而后身修,身修而后家齐,家齐而后国治,国治而后天下平。"由此,儒家提出了"格物、致知、诚意、正心、修身、齐家、治国、平天下"八个修身治世的环节,也就是朱熹所说的大学"八条目"。

儒家"大学"的意思就是"大人之学",也就是如何做"大人"的学问。"大人"在中国传统社会指在道德品质、文化知识、工作能力、心理素质等各方面远超常人的"君子",也就是社会精英。

在"格物、致知、诚意、正心、修身、齐家、治国、平天下"八个环节中,诚意、正心是要求立志做圣贤的人首先要树立正确的价值观,然后用正确的价值观修炼心性、砥砺品格,使自己成为社会精英,最终实现"内圣外王"的目标。

中华传统文化以其独特的思维方式、价值理念区别于其他文化,其中一个重大不同是,中华传统文化的信仰体系没有归结到宗教中,而是指向鲜活的现世世界,指向活生生的现实生活。因此,中国的信仰体现为一种社会政治理想,既拯救人心,也拯救苦难中的国家和人民。正因如此,著名哲学史家李泽

厚和楼宇烈都认为，儒学不是宗教，但在历史上起着"准宗教"的作用。

儒家学派创始人孔子之所以被奉为"至圣先师"，很重要的一个原因就是孔子在"礼崩乐坏"的春秋晚期，"知其不可而为之"，不屈不挠地追求自己的政治理想。在被匡人围困五天，面临绝境时，孔子以"天之未丧斯文也，匡人其如予何"自我激励，最终度过劫难。

儒家"亚圣"孟子，将这一理念发扬光大："居天下之广居，立天下之正位，行天下之大道；得志，与民由之，不得志，独行其道。富贵不能淫，贫贱不能移，威武不能屈，此之谓大丈夫。"（《孟子·滕文公下》）这样的"大丈夫"在关键时刻，是会毫不犹豫舍生取义的："生，亦我所欲也；义，亦我所欲也。二者不可得兼，舍生而取义者也。生亦我所欲，所欲有甚于生者，故不为苟得也；死亦我所恶，所恶有甚于死者，故患有所不辟也。"（《孟子·告子上》）

在儒家思想发展史上，明朝中期王阳明创立"心学"是古代中国儒家思想体系的最后一次创新性发展，"心学"的价值，不仅体现为王阳明政治、军事、社会治理功业的精神支撑和智慧源泉，更在于其积极部分滋养了明中期以来仁人志士的思想与灵魂。

二、儒家思想对现代企业经营管理的意义

（一）从儒家思想中开发现代企业管理的文化资源

儒家思想是中国传统社会的主流意识形态，从春秋晚期孔子创立儒家学派

以来，一直影响着社会政治运作、社会生活和人们的思维方式和行为方式。

对企业家而言，领袖人格的修炼是贯穿始终的。美国著名管理学家爱迪思在其以20多年的管理咨询工作为基础写作的《企业生命周期》中指出，企业发展经历孕育期、婴儿期、学步期、青春期、盛年期、稳定期、贵族期、后贵族期、官僚期、死亡期十个阶段，每一阶段企业都有其特征和要承担的风险。爱迪思企业生命周期理论的创新点在于把企业看作一种生命形态，有生老病死的完整过程。

本书中，我们将企业发展分为创业期、成长期、鼎盛期、衰落期四个阶段。

对儒家经典，从企业经营管理的角度看，《易经》是一部讨论组织领导人如何使组织从无到有、由弱变强的实战型理论著作。我们可以这样理解，《易经》是其两个主要作者周文王和周公在总结了周人及相关竞争对手上千年历史经验的基础上，编写的周人发展指导手册。《易经》六十四卦是一个宏观架构，描述的是一个组织发展的完整周期；每一卦是中观范畴，分析各个发展阶段或发展主题；每个卦有六爻，每一爻是微观范畴，讨论的是各个发展阶段或发展主题中的具体境遇问题。下面我们用《易经》的理论框架简要分析企业创业期、成长期、鼎盛期、衰落期四个阶段的情况。

1. 创业期和成长期

从企业经营管理的角度看，《易经》第三卦屯卦、第四卦蒙卦讨论的就是创业之道。屯卦讲的是孕育新生命，孕育新生命必然是艰难痛苦的，此时正是考验企业家生存能力之时。蒙卦是讲新生命尚处于蒙昧无知状态，那么就必须在这还是一张白纸之时，树立正确价值观，培养坚定的理想信念，打造能抵御各种诱惑、克服各种严峻考验的不动心。

2014年，创业成为一个热词，年轻人纷纷投入创业大潮。但这一轮创业的成功率并不高，一般认为在3%~5%，甚至有著名创投人认为不到1%。在创业大概率失败的情况下，稳定的心态、强劲的心理控制能力和心理调适能力就显得极为重要。稳定的心态、强劲的心理控制能力和心理调适能力可以使创业者在身处困境乃至绝境时冷静分析行业环境，企业自身的劣势与优势、机遇与挑战，做出理性的决断并付诸实施。

一般来说，敢于创业的人往往对愿景有较强的预期，对自己的能力，对企业经营管理理念和战略等有很强的自信，其个性往往也以执着甚至偏执为特点。某种程度上可以说，执着甚至偏执是创业者获得成功的重要人格特征，英特尔创始人安迪·格鲁夫写了一本书，名字就叫《只有偏执狂才能生存》。在企业从无到有的创始阶段，要硬生生从原本相对平衡的市场中开掘属于自己企业的生存空间，没有这种自信、执着乃至偏执的人格特征是很困难的。

但物极必反，过度自信会变成自负，过分执着会变成偏执，长期不知反省、不愿自我调适的自负、偏执造成失败的概率是很高的。一旦遇到外部环境的巨变，这种人格上的失衡会造成失败。

在企业的创业期和成长期，企业的命运在相当程度上决定于创始人人格心性的成长性。这就意味着，企业创始人要先于企业的发展不断自我更新、自我跃迁；这也意味着，在整个企业的创业期和成长期，创始人要把自信、执着的人格特征有效控制在不会对企业发展造成致命损害的程度上。

对此，《大学》和《中庸》的相关论述有极强的现实意义。

"致广大而尽精微，极高明而道中庸"（《中庸》），其中一个核心原则就是"中庸"。

成书于秦汉时期的《大学》《中庸》，其思想融合了道家思想关于自然哲学的观点，将道家重视的天道（宇宙自然规律）与儒家重视的人道（人类社会规律）有机融合，认为人应当积极主动地将人道纳入天道之中，通过不断的砥砺修炼，使本来充满七情六欲的普通人格逐渐提升到圣者高度，达到"致中和，天地位焉，万物育焉""赞天地之化育""与天地参"的境界。

因此，在企业的创业期和成长期，企业家应当从以下几个方面进行自我修炼。

第一，树立正确价值观，坚定理想信念。

《大学》第一章开宗明义：

> 大学之道，在明明德，在亲民，在止于至善。知止而后有定，定而后能静，静而后能安，安而后能虑，虑而后能得。物有本末，事有终始。知所先后，则近道矣。

意思是：

> 大学的宗旨在于弘扬光明正大的品德，在于使人弃旧图新，在于使人达到最完善的境界。知道应达到的境界才能够志向坚定；志向坚定才能够镇静不躁；镇静不躁才能够心安理得；心安理得才能够思虑周详；思虑周祥才能够有所收获。每样东西都有根本和枝末，每件事情都有开始和终结。明白了这本末始终的道理，就接近事物发展的规律了。

这一原则体现在企业经营中，就是这样一种理念：企业是通过有竞争力的、能够给顾客和用户带来价值的产品和服务赢得自己的生存空间的，企业利润应当是为市场、顾客提供了有价值的产品和服务的自然结果，不能本末倒置，以利为先，唯利是图。

盈利是企业的重要属性，但一定要在经济利益和社会效益间保持动态平衡，尤其是在困难环境中，坚持正确的企业经营理念一定关涉信念的坚定、心性的超卓。

以最近几年火爆的直播带货为例，这项业务飞速发展的同时也不断爆出数据造假、宣传虚假、销售假货等问题，引发了国家有关部门出台法律法规进行严格监管。

《尚书》中说"人心惟危，道心惟微；惟精惟一，允执厥中"，这是儒家著名的十六字心传，它告诉我们万物之灵长的人类有动物性的一面，人类天性中的动物性欲望一旦膨胀，必然造成严重后果。因此，人必须自始至终用具有超越性的信仰体系（道心）去克服、消除欲望膨胀带来的危害。只有不断自我警示、自我净化、自我升华，一个人才能远离欲望膨胀带来的所有伤害，才能走在正道上。

南存辉是国际知名的企业家，他所创立的正泰集团股份有限公司是世界知名电器制造企业，2021年营收超过1000亿元，员工3万多人，业务遍及140多个国家和地区。

1984年，南存辉和同学创办"乐清县求精开关厂"（正泰的前身）。他说："比起身体上的劳累，精神压力更大。"因为，"做电器开关不同于做鞋子衣服，鞋子衣服质量差就只是不耐穿，但电器开关这些产品直接和电相关，质量不好可是要出人命的。""都说温州人胆子大，那时候的我却是战战兢兢的，生怕出点什么事情。"谈及往事，南存辉直言"心生敬畏"[1]。正是因为有这种"敬畏""戒惧"之心，二十世纪八十年代后期，温州乐清柳市电器市场上出现许多假冒伪劣产品时，求精开关厂因规范经营、质量上乘受到扶持，得以发展到现在的规模。

因此，对立志在企业界打拼的人来说，树立修行的心态，是创业的前提。

第二，坚持底线思维，对未来要面对的困难要有足够的心理准备，面对困

---

[1] 白丽媛，叶小西. 正泰董事长南存辉：与时代一起奋斗［EB/OL］. https://zjnews.zjol.com.cn/zjnews/zjxw/201810/t20181015_8478355.shtml，2018-10-15.

难，能够不断调试心态，使自己处于平和、冷静的状态。

中国传统哲学讨论的多是如何成为社会精英、成为组织领导者的问题。儒家讲"内圣外王"，道家讲"无为而无不为"，法家讲依靠"法、术、势"一统天下，兵家讲最高统帅要依靠"智、信、仁、勇、严"五种素养战胜对手，这些讲的都是如何在竞争中成为强者、成为主导者。佛家一方面讲"四大皆空"，另一方面讲"普度众生，慈悲为怀"，能够"普度众生，慈悲为怀"的人绝不可能是弱者、失败者，他必然是主导者。

中国大部分古代哲学著作都有专门篇幅讨论心理调适问题，都注重将心理状态调试到稳定而富于柔韧性的程度。其中儒家、道家、兵家、佛家有关心理调试的论述更充分，我们完全可以根据自己的情况选择尝试。明代王阳明创立的心学将儒、道、禅思想融会贯通，帮助人们走出内心的阴霾，进入超凡入圣的境界。

但不管采用什么方法，价值观的注入、生命意义的确立都是关键所在。

心理学家维克多·弗兰克以自己在纳粹集中营亲历的生死劫难悟出：一个人，当他深刻理解了自己人生的价值、意义和责任，知道自己为什么活着的时候，他就可以应对一切磨难。维克多·弗兰克据此发展出"意义疗法"理论，帮助心理疾病患者找到自己生命的意义。

王阳明创立心学的过程就是价值观反复注入、生命意义不断巩固的过程。

王阳明在明武宗时因上书针砭时弊得罪了太监刘瑾，被贬谪贵州龙场驿站。在贬谪途中逃过刘瑾的追杀后，王阳明本想就地隐居，但朋友劝导他勇敢接受命运。选择逃避可能会导致刘瑾对王阳明父亲的进一步迫害，这对儒家信徒来说是严重不孝；接受贬谪的命运安排，接受可能的追杀，就是完成了对父亲的孝道，这是儒家信徒必须承担的义务，王阳明要成为忠孝双全的志士。

到了龙场驿站后，生活条件恶劣不说，最令人焦虑的还是刘瑾想杀他，而王阳明大概是无处可逃的。这种生死之危肯定是令人极端焦灼的，否则王阳明就不会在悟道的晚上"不觉呼跃，从者皆惊"。王阳明龙场悟道是典型的"意义疗法"：通过意义的确认获得了生命的超常自由感和创造感，走出一条辉煌灿烂的建功立业之路。

2015年，一位曾经十分成功的证券投资人因巨大亏损而轻生，终年未及不惑。该投资人被同行公认天赋很高，也极为勤奋，对中外证券投资历史和代表人物颇有研究，有很精当的评论。但是，当面临投资失败时，他却以极端方式结束了自己的一生。从他的朋友的表述中我们得知，他之所以轻生，就是因为此次失败让他失去了对自己的信心，感觉自己失去了价值。

所谓生命意义，是对亲人、朋友、同事、社会的责任，是一种付出和给予，它让我们感觉到自己在这个世界上生存是有意义、有价值的。

第三，对待困难和不利因素坚持辩证思维，从积极角度看待困难和不利因素，积极将困难和不利因素转化为优势。

优秀的企业和企业家，往往能够在企业的创业期和成长期将困难和不利因素转化为形成自身独特优势、独特管理模式的契机。

万科早期发展时，坚持"阳光照亮的体制"原则，经常拿到位置偏远的地，有些价格还很高，被调侃为"城乡接合部开发商"。这种不利情况迫使万科转而在内部管理、产品质量和后续服务中尽最大可能挖掘潜力。万科由此成为中国房地产领域适应市场、关注质量、关注物业管理、进行干部职业化和专业化培养最早的公司，并逐渐形成了"专业化＋规范化＋透明度＝万科化"的企业理念，这一理念又成为万科核心竞争力的源泉。

第四，正视自己的性格短板，通过自我纠偏使自己的企业家人格不断成熟。

优秀企业家通常给人的印象是十分强势，在企业日常经营管理中常表现出不怒而威、不令而行的法家风格。台塑集团王永庆的午餐会，实际上是高管的工作汇报会，每次汇报，王永庆都会提出很多问题，令很多高管每到午餐会都"压力山大"。台塑管理达到很高水平后，王永庆考虑到午餐会可能会影响高管进餐，终于把这一曾经十分有效的管理沟通方式取消了。

其实，所谓缺点往往是优点过分延长导致的，只要贯彻"中庸之道"，把握好分寸，就可以在发扬优点的同时有效控制弊端。

《易经》中的大过卦，其实就是强势领导者自我纠偏之道。《易经·象传》是这样解释大过卦的：

> 大过，大者过也。"栋桡"，本末弱也。刚过而中，巽而说行，"利有攸往"，乃"亨"。大过之时大矣哉。

意思是：

> 大过，意思是大而过当。"栋梁弯曲"，就是因为横梁中部太粗，两头太细，不堪负荷。本卦阳爻多，阴爻少，阳刚过盛，但是九二、九五之爻分居下卦、上卦之中位，像人得贞正之道，有谦逊而和悦的品德。秉此行事，"有所往则必有利"，所以又说"通泰"。大过之卦，并容凶吉之象，因此其意义是重大的。

大过卦的六爻几乎都是讲过于强势的问题，其目的是提示领导者要主动纠偏。强势领导者必须主动纠正自己过于强势的问题，纠正"栋桡，本末弱"的问题。企业家过分强势，是不利于下属积极性的发挥的。

2. 鼎盛期和衰落期

当企业主营业务的规模、利润达到较高水平，企业管理制度已经比较完善，管理团队团结高效之时，企业就算历经坎坷进入了鼎盛期。此时的企业很可能已成为某一领域、某一产业的领军企业，在市场上拥有左右局势的能力。另一方面，鼎盛期的企业往往经历了较长时间的发展历程，在形成较为成熟的企业管理制度、经营模式、企业文化的同时，也可能产生路径依赖问题。

在企业的鼎盛期和衰落期，企业家应该如何自我修炼，保持谦虚谨慎、理性冷静状态，使企业始终处于不断自我更新、永续经营的正确轨道上呢？可以从以下几个方面入手。

第一，以中庸精神保持"九五"之位。

《易经》中，乾卦是一个指向组织最高领导者的卦，乾卦最好的爻就是九五爻，被称为"九五至尊"。六十四卦是姬昌将伏羲八卦两两相重而来，伏羲八卦中的三个爻从上到下分别是天、人、地。人处于天地之间，首先意味着人作为从大自然演化而来的万物之灵长，要适应大自然的规律，不能违逆天地大道任性胡为；其次意味着人类掌握自然规律后，可以积极主动地创造自然中本来没有的东西。根据这样的理论框架，乾卦的九二爻和九五爻都是人安居的位置。

具体到企业经营管理，就要求处于最佳状态的领导者时刻将自己的言行和企业的经营管理调试到不偏不倚的中庸状态，使企业机制也处于最佳状态。

儒家所说的中庸不是平庸、庸碌、无所事事、和稀泥，而是使事物、组织处于与各利益相关方和谐的状态，使组织内在机制充满活力，各种新奇思想、新奇事物便会不断涌现。

中庸之道讲究天道与人道合一，其理论基础是天人合一的中和之道。天人合一的真实含义是合一于至诚、至善，达到《中庸》所说"致中和，天地位焉，万物育焉""唯天下至诚，为能尽其性；能尽其性，则能尽人之性；能尽人之性，则能尽物之性；能尽物之性，则可以赞天地之化育；可以赞天地之化育,则可以与天地参矣"的境界。

台塑集团因其管理效率被很多制造业企业作为对标学习的样板。台塑集团创办人王永庆融合儒家、法家思想,结合中国传统的勤劳、节俭品质,以及中华文化的实践理性精神,创造出极具特色的管理模式。

王永庆认为:"什么时候,企业经营偏离了民族信仰和文化,什么时候我们在竞争对手面前就彻底忘记了自己是谁。"[1]《大学》开篇有言:"大学之道,在明明德,在亲民,在止于至善。"王永庆据此总结出台塑的经营管理理念:"勤劳朴实、止于至善、永续经营、奉献社会。"[2]

王永庆的企业经营管理思想源于在极度艰难的环境中求生存、求发展的本能。从卖米开始,王永庆依靠准确及时的客户信息、周到的服务从小小嘉义几十家米店中脱颖而出。二十世纪五十年代进入塑胶行业,中国台湾市场规模小、自身产品质量差、产品滞销,再加上日资企业的倾销、合伙人的撤资,王永庆为了生存,被迫扩大市场、加大投资、延长产业链。在破釜沉舟、背水而战的艰难环境中,王永庆的企业必须尽可能地降低成本、提高效率,如此才可能赢得生存权。

王永庆管理精髓最重要的两个方面——尽可能地降低成本和最大限度地提高效率和质量,就是"止于至善"的具体体现,由此形成了台塑的管理制度体系和管理特色,使台塑不断壮大。

值得指出的是,王永庆经营企业,并非单纯为了利润,他将儒家的"达则兼济天下"的理念转化为企业经营理念。王永庆说:"如果企业的经营理念只是单纯为了赚钱,那么当它赚到庞大财富以后,由于目标已经达成,在经营态

---

[1] 刘瑞冬.王永庆管理的10个关键[J].刊授党校,2009,(2).
[2] 王永庆.一部《大学》管"台塑"[J].中国经济周刊,2013,(33).

度上就有可能因为感觉不错而停滞不前，甚至产生懈怠，造成衰退。反之，如果企业在其经营理念上，能够同时兼顾本身利益的追求以及对于社会的贡献，它才有可能基于对社会的使命感，持续不断努力追求更为良好的投资绩效，在赚取利润的同时，也同步对社会做出更大贡献。所以我们基本这样认为，企业经营所追求者，应在于创造社会需求的满足，以此做出贡献，而在辛苦工作过程中就是管理指挥的开发，并借此谋致良好的运营绩效。"[1]

台塑集团将1500多家下游企业看成"命运共同体"，更将儒家的"中庸之道"转化为鲜活的塑胶产业链的共生共荣，真正实现了《中庸》所说"致中和，天地位焉，万物育焉"的理想境界。

王永庆早期的几次创业，经营都极其艰难。为了企业生存，王永庆在运用儒家思想对员工进行感情教化、熏陶的同时，也使用法家的压力式管理。他以身作则，同时要求所有员工对企业的处境和未来切身体验，强化危机感、责任感。

到了晚年，随着台塑的地位越来越稳固和中国台湾经济社会的发展，王永庆与时俱进，对以往的经营管理方式做出必要的调整，如授权越来越彻底，取消了令很多台塑高管倍感紧张的午餐会……

王永庆辞世之前，考虑到财产信托，2004年5月20日在写给子女的信里，王永庆说："透视财富的本质，它终究只是上天托付作妥善管理和支配之用，没有人可以真正拥有。"他又告诉他的子女："我希望所有子女都能够充分理解生命的意义所在，并且出自内心地认同和支持，将我个人财富留给社会大众，使之继续发挥促进社会进步、增进人群福祉之功能。"

---

[1] 黄德海. 王永庆：止于至善，身教子女［EB/OL］. http://finance.sina.com.cn/roll/20130827/001416567474.shtml?from=wap, 2008-11-28.

王永庆为中国台湾慈善事业捐赠了25亿元新台币；2008年汶川地震，他捐出一亿元人民币。

《中庸》有言："致广大而尽精微，极高明而道中庸。"意思是：文化可以达到宽广博大的范畴同时又能深入细微之处，可以达到极端高明的境界同时又遵循中庸之道。王永庆一生的企业经营管理，为这句话做了极好的注脚。

第二，不断归零，不断自我突破。

《易经》六十四卦的最后两个卦是水火既济卦和火水未济卦，具体到企业经营管理，可以将之解释为一个组织成长的第一阶段和第二阶段两代领导人交接之时的状况。

既济卦的卦象是☲☵，由上卦坎卦☵和下卦离卦☲构成，坎卦象征水，离卦象征火，水上火下，意味着无论是水大还是火大，都必然会有一个结果。"既济"就是"已经过河"的意思，意味着组织的第一代领导人已经完成自己的使命，走完了相应历程。

未济卦的卦象是☵☲，由上卦离卦☲和下卦坎卦☵构成，火上水下，意味着两个卦没有感应关系，没有任何结果。"未济"就是"尚未过河"的意思，意味着组织的第二代领导人刚刚接班，还没有任何功勋业绩，未来是一张白纸，需要他描画新的图景。

中国传统文化"大道之源""群经之首"《易经》的最后一个卦表达的是未完之意，它提示我们：任何已有的功勋业绩、辉煌成就在时间面前都会成为遗迹，需要我们主动归零，自我超越。

中国传统社会就是高度竞争的社会，不断归零事实上已经成为中国人的本能。中国的现代工商业，是在世界工业化大潮的冲击下发展起来的，由于起步晚，资金、技术、人才、管理水平、制度建设等方面都处于弱势，中国企业家有很强的危机感、紧迫感，在不断归零、不断自我突破方面有很强的自觉意识。

近年来，高科技制造业中，越来越多的中国企业开始展露创新实力，就与这种不断归零的意识有关。2017年年初，波士顿咨询公司发布"2016年度全球最具创新力企业50强"，中国企业只有华为上榜，名列第46位；到了2020年，这一榜单中，中国企业数增加至4个，其中华为由第46位提升到第6位，阿里巴巴第7位，腾讯第14位，小米第24位。华为在近年来的困境中还能取得如此成绩，其竞争力可想而知。

第三，以"亢龙有悔"自警。

一个人无论多么优秀、超卓，也只是芸芸众生中的一员，任何人都不要自以为是，误以为自己无所不能。真正的圣者和智者每天都在自我警醒，充分认识到个体的有限性并遵循规律不断自我超越。

著名企业家宋志平在一次企业家读书分享会上引用著名管理学家吉姆·柯林斯《再造卓越》中的一句话"爬一座高山可能需要10天，掉下来却只需要10秒"[1]，告诫企业家要在取得成功后不断自我警醒。

（二）中国企业经营管理面临转型升级的节点

对中国现代企业经营管理百余年的发展历程做一个粗略梳理，可以发现，经历了接力式的发展后，目前中国企业经营管理正处在转型升级的节点。在这个节点上，要进一步激发中华优秀传统文化的潜力，创新和完善中国式企业经营管理思想和模式。

---

[1] 中国建材宋志平：爬一座山需要10天，掉下来只要10秒［EB/OL］. https://baijiahao.baidu.com/s?id=1639452747129269379&wfr=spider&for=pc，2019-07-19.

1. 始于晚清的企业管理只是初步尝试

晚清到民国，中国企业主要在航运、轻工业领域发展，由于战争频仍、社会动荡，企业发展受到很大限制。这一时期出现了著名企业家范旭东、卢作孚、荣氏兄弟、刘鸿生、穆藕初，金融家陈光甫等，他们在企业经营管理中有意识地将中国传统文化与现代企业经营管理进行有机结合，初步探索了中国式经营管理的路径与模式，取得了可贵的实践成果。

2. 中国台湾和中国香港企业管理的发展和进步空间

中国台湾和中国香港两地的企业发展有各自的路径与特点。

中国台湾企业以中小企业为主，企业类型偏于代工制造，发展出具有独特竞争力的代工生产模式。

其中，王永庆创立的台塑算得上别具特色：既是超大型企业集团，又是走自主品牌道路的重化工企业。在资源缺乏、市场狭小的中国台湾，台塑走出了一条艰辛的制造业自我更新之路，也由此探索出始于传统文化"止于至善"精神的高效率、低成本的台塑管理模式。

在代工企业这一领域，可以说中国台湾企业做到了极高水平：通过规模化经营、精细化管理、纵向整合资源，充分挖掘代工制造的潜力，为代工制造业树立了标杆。

2020年世界企业500强中，6家中国台湾制造业企业上榜，都是电子代工企业。根据鸿海集团2019年财报，鸿海集团一家就占了全球2019年电子产品代工市场41.1%的份额。在制鞋代工领域，宝成鞋业是龙头企业，有数据显示，全球名牌运动鞋中平均5双鞋就有1双鞋是宝成集团制造的。

中国台湾企业中，电子行业的华硕、宏碁、HTC等自主品牌曾一度风生水起，但短暂的风光过后，几乎都重归寂寥，引领潮流的仍是代工业。

为什么中国台湾企业与代工制造有如此深厚密切的缠结？为什么中国台湾企业很难走出自主品牌之路？

我们认为，这和经济部门引导、资源、市场、国际产业转移机遇等都有关系，正是在这些因素基础上，中国台湾企业形成了自己的发展特色，进而形成路径依赖，最终既受其益，也受其困。

我们以电子代工为例，可以看出其特征。

中国台湾经济部门从1974年开始谋划电子产业的发展，以承接美国电子产业转移的相关产业链，制订产业发展规划、派专家团队到美国学习、建立专门研究机构、对相关企业给予扶持、建立产业园区。通过一系列扶持和努力，逐渐发展起几大电子代工企业。中国台湾企业的晶圆代工最具竞争力，2021年6月，集邦科技（TrendForce）发布2021年第一季度全球十大晶圆代工厂商营收榜单，三家中国台湾企业上榜，市场占有率共64%；中国大陆企业也有三家上榜，全部市占率为7%。

应该看到，从二十世纪七八十年代起，通过深具前瞻性的眼光，抓住世界高科技产业发展机遇，中国台湾企业成功嵌入世界高科技产业发展的产业链中，在资源有限、市场狭小的条件下找到了最能发挥自身优势的位置。

中国台湾企业在代工制造这一细分领域不断深耕细作，发展出独具特色的代工经营管理模式，打造出成本控制、生产运营、客户响应、后向整合和供应链管理等方面的重要能力。面对竞争，中国台湾代工企业从OEM走向ODM，不仅提供制造服务，还提供设计服务，然后又向EMS发展，提供售后、物流管理服务，使品牌企业对其产生某种程度的依赖性，加深了自己的"护城河"。

但我们也要看到，代工企业毕竟依附品牌企业而生，且利润率太低，代工企业成为中国台湾制造业的主流，无论如何是有缺憾的。

与中国台湾企业以代工制造为主流不同，中国香港企业以房地产、航运、金融、旅游、贸易等行业为主，最近几十年，由于转口贸易逐渐消退，航运业已衰落。

回顾历史，二十世纪四十年代到八十年代，中国香港一度成为亚洲的制造中心，在塑胶、钟表、纺织等行业形成了较为完备的产业链。但这些产业链并不具有太高的技术含量，1978年中国大陆改革开放后，这些产业基本转移到了内地。

在中国香港企业中，郭得胜、李兆基、李嘉诚、郑裕彤创办房地产企业，霍英东、包玉刚创办的企业主要在房地产、航运、进出口贸易方面发展，这些企业的经营管理模式有着更多的传统商业特点，注重宏观形势的判断、注重机遇的把握、注重在商场竞争中纵横捭阖的手段施展。

值得一提的是，由于各方努力，香港的高科技创新创业在近十年有了新起色，由香港高校的教授和学生创立的高科技公司逐渐显示出其竞争力，如香港科技大学走出固高、大疆、李群自动化、云州、逸动科技、第四范式等；香港中文大学走出商汤科技、易视智瞳等。香港数码港从无到有，已发展到有1600多家创科公司。货拉拉、商汤科技等独角兽企业，早期在香港发展起来后，都选择走进内地这个更广阔的市场。

随着粤港澳大湾区建设不断推进，香港的高校人才优势、科研优势将和广州、深圳、东莞、惠州等大湾区城市的产业链、供应链、制造优势，以及内地的广阔市场优势相结合，使香港在高端制造业方面发挥其独有作用。

3. 中国企业经营管理正在转型升级

改革开放40余年，国内外政治经济形势发生巨大变化，政策环境、产业环境、技术环境的变化要求企业经营管理转型升级。

中国企业跨越式走完了西方国家企业1760年第一次工业革命以来的发展历程，形成了世界上最完整的产业链，企业组织形态、制度建设已提升到较为规范的水平，经营管理能力、员工素质等都得到长足的进步。改革开放以来，中国企业的经营管理走过了迅猛变革、不断追赶世界先进水平、不断更新迭代的历程。

放开经营自主权、承包租赁、股改上市、抓大放小，一直到混合所有制改革，国有企业在市场化、规范化、科学化道路上不断进化，国有企业的经营管理水平不断提高，管理模式得到不断探索创新。国企特别是央企在军工、重化工方面有着较强的竞争力，在航天工业、核工业领域的原创科技能力方面具有很强的优势，与世界先进水平差距不大。

经过70多年发展，尤其是改革开放以来，国有企业在经营管理上相较民营企业达到了较为规范、科学的水平，管理团队和员工素质也相对较高，但经营管理水平、经济效益有待进一步提高的问题仍比较迫切。我国近年力推国企改革、混合所有制改革，就是要解决这一问题，使国企活力充分释放。2020年9月，国务院国有资产监督管理委员会发布《关于开展对标世界一流管理提升行动的通知》，要求国有企业开展对标世界一流管理提升行动，加强管理体系和管理能力建设，加快培育具有全球竞争力的世界一流企业。

我国民营企业的相当部分是从乡镇企业、个体工商户发展而来的，起点较低，大部分经历过缺乏资金、技术、人才、资质的作坊式组织形态，还有一部分民营企业由国有企业或集体企业改制而来，另外就是在互联网大潮中借助国内外风险投资发展起来的互联网企业。中国民营企业优秀者已经成为具有较强资本规模、技术水平、人才队伍、品牌声誉的世界级企业，如华为、腾讯、阿里巴巴、联想、海尔、小米、大疆等。2019年3月6日，在十三届全国人大二次会议新闻中心举行的记者会上,国家发展和改革委员会何立峰在回答记者提问时,提到了民营经济的"56789":民营经济贡献了中国经济50%以上的税收、60%以上的GDP、70%以上的技术创新成果、80%以上的城镇劳动就业、90%以上企业数量。这是对民营企业贡献的充分肯定。

同时我们也要看到,民营企业绝大多数是中小微企业,这些企业在资金、技术、人才、组织形态、制度建设、经营管理水平上仍然处于较低水平。在改革开放之初的30多年里,由于国际国内的市场都足够大、市场机会多,民营中小微企业的上述不足还没有充分暴露,而在改革开放40余年后的现在,就需要补齐短板,使企业规范稳健科学地发展,也就需要进行精细化管理,开展价值观和企业精神重塑。

我们以世界500强上榜企业做比较,可以看出中国企业的进步与不足。

纵向比较分析,中国名列世界500强企业的企业数量、整体资产总额、营业收入总额和员工人数总体呈上升态势。2000年,中国大陆企业只有9家上榜,而且全部都是央企,2020年中国大陆企业上榜数为121家,与美国持平。

横向比较分析,世界500强企业的营业收入总额和资产总额在2010年分别约为中国500强企业的5.71倍和7.67倍;2019年分别约为2.73倍和2.97倍,中国500强企业与世界500强企业的差距正在缩小。

中国企业持续加大研发投入力度。2010年到2019年,中国500强企业的研发投入连年增加,从3371.25亿元增加到9765.48亿元,增加了189.67%。2009年国家统计局发布的《科技发展大跨越创新引领谱新篇》报告显示,中国研发人员总量于2013年超过美国,居世界首位,研发投入仅次于美国。中国企业的品牌价值不断升高,世界品牌实验室发布的"中国500最具价值品牌排行榜"统计表明,2010年到2019年,中国500强品牌总价值从42634.54亿元上升到218710.33

亿元；平均每个品牌的价值从85.27亿元上升到437.42亿元，品牌价值增加约4倍；世界级品牌从29个增加到54个。

2021年4月，联合国工业发展组织根据其掌握的各项数据，发布了最新版的"全球制造业竞争力指数（以2018年指标为准）"，报告评估范围包括全球152个国家和地区的生产和出口制成品的能力，技术深化和升级水平。在"技术深化和升级水平""世界影响力"方面，以中国、韩国等为代表的东亚国家，在近些年有了长足发展并脱颖而出。与2012年的数据相比，中国大陆制造业竞争力由全球第5名提升至第2名，中国已经是世界制造业规模最大的国家，完成的行业GDP接近4万亿美元，大约是美国、德国、日本制造业规模的总和。我国的汽车、电脑、手机、空调、洗衣机、冰箱、彩电、钢铁以及其他多项产品的产量都稳居世界第一。不仅如此，我国还是全球最大的商品出口国。

但中国一流企业与发达国家的杰出企业相比，还存在以下差距。

第一，中国一流企业的效益指标不够理想。中国500强企业与世界500强企业相比，企业效益指标整体不够理想。中国内地121家世界500强企业的平均利润不及美国世界500强企业平均利润的一半，同时也低于世界500强企业的平均利润。

第二，中国一流企业行业结构不合理。中国一流企业以国有企业为主，民营企业较少。2020年《财富》世界500强，中国内地121家世界500强企业按所有制划分，国有企业93家，民营企业28家，大型企业集中于少数行业，第三产业较少。

第三，中国一流企业核心竞争力有待加强。这一点尤其体现在原创技术创新方面，无论是国企还是民企，我国上榜世界500强企业从整体上说在世界产业价值链上处于中低端水平，在国际市场竞争中屡屡遭遇被压低价格、反倾销、在核心技术上被卡脖子等问题。科技投入占GDP的比例和投入强度，我国2020年是2.4%，美国是2.79%，北欧一些国家是3%，日本和德国是3.4%，韩国是4.5%。其中，我国用于基础研究的比例只有6.2%，俄罗斯是15%，发达国家是15%~20%。"十四五"期间我国要提高到8%。

第四，我国制造业大多处于中低端价值链上。我国开始全面工业化可以追溯到1953年"一五"计划的156个重点建设项目，到2020年，经过近70年的建设，我国已建立起独立的、比较完整的、有相当规模与技术水平的现代工业体系。但我国制造业还存在大而不强的问题，在自主创新能力、资源利用效率、产业结构水平、信息化程度、质量效益等方面与发达国家相比存在较大差距。因此，国家在2015年召集百余名院士专家制定了《中国制造2025》，努力实现中国制造向中国创造、中国速度向中国质量、中国产品向中国品牌的三大转变。

第五，中国企业品牌价值尚未达到世界一流水平。全球最大的综合性品牌咨询公司Interbrand发布的2018年全球最佳品牌100强，中国仅有华为一个品牌上榜，位列第68位。《福布斯》发布的2019年全球品牌100强中，华为也是唯一上榜的中国品牌，位列第97位。

（三）对儒家文化进行创造性转化和创新性发展

以儒家思想为代表的中国传统文化，是既有精华也有不足的。作为中国传统社会的主流思想体系，儒家思想博大精深，也十分庞杂，而且一直处于发展过程中。儒家思想之所以具有生命力，一直是影响中国政治、中国社会、中国民众的主导思想体系，就在于它是一个开放的体系，能够不断吸纳中国其他思想流派乃至外来思想流派的精髓，不断自我扬弃、自我更新。

儒家思想应用于企业经营管理领域，既有可以进一步发扬光大的部分，也有需要抛弃的消极部分。儒家思想是中国古代仁人志士关于修身、齐家、治国理政的伦理学-政治学体系，这套思想和现代企业经营管理是有着相当大的差异的。因此，将儒家思想的精髓运用到企业经营管理中，需要根据产业环境和企业经营管理的需要，不断进行创造性实践，如此才可能将儒家思想的精髓在企业经营管理中落地，也才可能在实践中发展儒家思想。

我们认为，儒家思想应用于企业经营管理，以下几个方面的问题是需要重点解决的。

1. 科学精神的培养与强化

科学是可检验的解释和对客观事物的形式、组织等进行预测的有序知识系统，是已系统化和公式化了的知识。

中国传统文化从伏羲时代开始，一直到中国传统文化的成熟时期——春秋战国时代，其基本思维方式是经验总结式的。儒家、道家、法家、兵家、墨家等都对人类社会生活的历史、经验进行反复的、广泛的、深入的总结梳理，可以说，中国传统文化中历史学极其发达，以至于有"六经皆史"的说法。同时，中国传统的主要思想流派对自然科学关注不多。

中国历史上著名的发明，如指南针、造纸术、火药、印刷术，都是技术发明，是经验总结，背后缺乏科学理论支撑。

儒家思想从本质上来说是一套伦理学-政治学思想，主要讨论的是社会精英的价值观、政治理想、人格修炼，以及治国安邦问题，其中缺乏对自然科学问题的讨论。

但中国传统文化的核心理念是"经世致用"，也就是实践理性，这使我们经历了近代以来的反复挫折后接受了现代科学思想和科学体系，并逐步建立起以现代科学技术为基础的现代工业体系。

当然，同时也要看到，正是由于传统文化中科学思想和科学精神的不足，在现实生活中，在企业经营管理中，对原创科学技术研究的重视仍然不够。

因此，在对儒家思想进行创造性转化和创新性发展的工作中，必须高度重视科学精神的培养与强化。

2. 工匠精神的发扬和强化

中国传统社会是有工匠精神的，也有鲁班、李春这样的世界级工匠，但工匠精神并未为精英文化特别推崇。以儒家为代表的传统精英文化，有上下尊卑的偏见，对传统社会中的农业、手工业的技艺没有给予足够重视。

随着现代企业兴起，企业家在实践中认识到工匠的重要性，不少企业家也身体力行地践行工匠精神，如中国化学工业先驱范旭东、侯德榜。国有企业中也涌现了不少优秀工匠，如青岛前湾集装箱码头有限责任公司"金牌工人"许振超、沪东中华造船（集团）有限公司的首席技师秦毅等。

在中国企业由价值链的中低端向中高端升级的过程中，工匠精神的发扬和强化是一个至关重要的因素。因此，2016年3月，《政府工作报告》中首次提出要弘扬工匠精神。2019年1月，国务院印发《国家职业教育改革实施方案》，鼓励培育和传承好工匠精神。2020年10月，《中共中央关于制定国民经济和社会发展第十四个五年规划和二〇三五年远景目标的建议》也提出要弘扬科学精神和工匠精神。

儒家思想中有深厚的敬业、严谨、诚信、重视教育与注重终身学习等思想资源，以适当的途径和方式是完全可以将这些思想资源转化为工匠精神的。

德国和日本是高端制造业发展得很好的国家，这两个国家在工匠精神上都有可圈可点之处。德国高端制造业的发达，与其理工类高校数量多、水平高有关，同时也与德国的职业教育十分发达有直接关系。

2010年10月，《国务院关于加快培育和发展战略性新兴产业的决定》中已经提出了加快培育和发展战略性新兴产业的思路。2020年10月，《中共中央关于制定国民经济和社会发展第十四个五年规划和二〇三五年远景目标的建议》再次提出要发展战略性新兴产业，并将战略性新兴产业确定为新一代信息技术、生物技术、新能源、新材料、高端装备、新能源汽车、绿色环保以及航空航天、海洋装备等产业。公开数据显示，2020年，我国这些战略性新兴产业的技能型人才缺口超过1900万人，预计2025年接近3000万人。

正是在这种情况下，我国的职业教育迎来了重大转机。2018年11月14日，中央全面深化改革委员会第五次会议强调：要把职业教育摆在更加突出的位置，对接科技发展趋势和市场需求……着力培养高素质劳动者和技术技能人才，为促进经济社会发展和提高国家竞争力提供优质人才资源支撑。

企业借助这样的利好政策和国家产业升级趋势，结合自身生产经营需要，并辅之以员工培养机制完善与薪酬制度变革，就可以将儒家思想中的有益思想资源有效地转化为经营管理急需的工匠精神，培养大批高端技术人才。

3. 经世致用与急功近利

中国传统文化是在人口多、资源少的背景下产生、发展的，从传统文化诞生伊始，中华民族就面临着旱涝灾害、外敌入侵种种威胁。在生产力低下的农业社会，维持社会的正常运转、保证民众基本温饱，还要解决治水和抵御外侮问题，使得中国传统学术无暇考虑与紧迫的社会危机距离较远的问题。重视应用、重视解决迫在眉睫的现实问题，成为中国学术的必然选择，用学术性的语言表述就是，经世致用、实践理性成为中国传统文化的突出特征。

在历史上，中国学术的重大变革以及重大改革都是迫切的社会危机倒逼的结果。春秋战国时期百家争鸣是因为礼崩乐坏，"道术将为天下裂"（《庄子·天下》），儒家、道家、法家、兵家、墨家、阴阳家等各派思想，试图从不同角度解决当时的社会问题。

经世致用、实践理性的优点是务实，"子不语怪力乱神"（《论语·述而》），重视思想的现实针对性，拒绝迷狂极端的思想；缺点是过于务实，缺乏对于宇宙自然、人类社会追根问底的理论探讨旨趣，在理论形态上有较为明显的欠缺。这种欠缺表现在现实生活中就是过度急功近利，在整体社会氛围上缺乏潜心问学、专注纯理论研究和基础科学研究、扎实做好基础工作的价值取向。

改革开放以来，1979年到2018年的40年，中国经济以平均每年9.5%的速度增长，就是经世致用精神的最好体现。强调速度、强调解决方案能够立竿见影、重视机遇的把握，在企业运营中强调灵活机变、讲求弯道超车，使中国经济和中国企业迅猛发展。但过度急功近利也造成大而不强的问题，需要我们彻底纠偏。

因此，在中国企业由中低端向中高端升级、中国制造向中国创造升级的过程中，在发挥传统文化经世致用优势的同时，要特别注意防范急功近利的弊端，要将儒家文化中敬畏、严谨、笃实、坚韧等思想资源继承下来并创造性地运用到企业经营管理的各个方面，使中国企业在生产、经营、管理、营销等方面产生质的变化，突破低端产品、低端服务的瓶颈，实现有序升级。

4. 企业运营中的公司治理和规范管理问题

国有企业在公司治理方面的问题主要体现为行政型治理模式，行政型治理与作为市场竞争主体的企业之间存在诸多不适应之处，影响企业经营业绩和管理效能的充分发挥。近年来国有企业混合所有制改革的目的就包括不断完善公司治理结构，强化规范管理。

同时，也须加大力度推动民营企业运营中的公司治理结构优化和规范管理。

儒家文化以家族文化、人治文化为重要特征，这一特征在企业运营中有其优势，但企业一旦发展到较大规模，特别是上市成为公众公司后，就应当积极主动地进行公司治理结构的再造和经营管理模式的规范化工作。一些大型民营企业已经充分认识到这一点，华为、腾讯、阿里巴巴、小米、京东、大疆等都建立了较为完善的公司治理结构，实现了科学规范管理，取得了良好业绩。但中小民营企业在这一点上还有较大差距。深圳市公司治理研究会联合南开大学中国公司治理研究院于2020年11月28日发布的《深圳市上市公司治理评价报告（2020）》显示，深圳市上市公司治理整体水平领跑全国，但发展依旧存在明显的不平衡，中小企业治理存在短板，信息披露相关性不足，存在潜在的治理风险。

公司治理和规范管理问题与民主思想和法治思想有关，在儒家思想中，孟子的"民贵君轻"思想有重视人民权利、权益的民主倾向，荀子的礼制思想则直接启发了后来的法家思想，是我们制度管理、规范管理的本土文化资源。将这些原生的思想资源与现代公司治理理念进行有效对接，可以生发出具有中国特色的公司治理结构和规范管理模式。

在将儒家思想的优质文化资源运用于企业经营管理中时，不能只是简单照搬经典说法，毕竟儒家思想起源于约2500年前，本源性的儒家思想是适应中国传统社会形态的伦理—政治学说，将之运用到现代企业管理中，就必须进行创造性转化和创新性发展。具体来说，就是要把儒家经典的理论原则与现代企业经营管理的具体实践、具体要求、具体流程等有机结合，在现代企业经营管理的语境中继承和发展儒家思想。比如，华为的"灰度"理论毫无疑问是对儒家"中庸"精神的创造性解读和发展；华为和OPPO提倡的批判精神则与《易经》的变易创新思想有关。

本书中，我们还会探讨更多的案例、场景，为儒家文化在现代企业经营管理中的继承发展提供更多更新的思考。

（四）现代企业管理需要中国声音、中国智慧、中国方案

中国企业跨越式走过了西方国家企业自1760年以来260余年的发展历程，打造了全世界门类最齐全的产业体系，形成了庞大的企业数量和人才队伍，积累了宝贵的经营管理经验。其中优秀企业已经可以与世界一流企业同台竞争，更多的企业则处于转型升级的过程中。

中国企业的迅猛发展，改变了世界经济格局和产业格局。近几年，世界范围内出现了逆全球化思潮，我国也在这种百年未有之大变局背景下提出了以国内大循环为主体、国内国际双循环相互促进的经济发展战略，我国企业也需要调整发展思路，补齐短板，提高经营管理水平。

在现代社会中，国家强盛的一个很重要的表现就是优秀企业不断涌现，并能贡献出具有鲜明特色、强劲生命力的企业经营管理理论和模式。

改革开放40多年以来，中国企业在虚心学习世界先进管理经验、理论、模式的同时，已经自觉融入了中国传统文化的精髓，探索出很多有益的做法、模式，为中国企业的下一步发展奠定了坚实基础。在中国制造向中国创造、中国速度向中国质量、中国产品向中国品牌的转型升级道路上，中国企业需要解决

的问题更多、困难更大，需要更多的自我归零、自我更新、自我超越。

在这种情况下，我们一方面要始终关注世界科技发展最前沿的进展，掌握世界产业发展趋势和世界先进企业的发展动向，另一方面也要从中国传统文化中汲取智慧，将传统文化中的有益成分与企业经营管理相结合，进行创造性转化和创新性发展，使中国企业改革开放的下半场更加精彩、更加绚烂。

最近几年，我国企业界出现了一股国货品牌热潮，其中既有老国货品牌的重新激活，也有新国货品牌的全新塑造。国货品牌热潮的出现和日渐高涨，是中国社会日渐自信的必然结果，也是中国传统文化在新时代创造性发展和创新性转化的最佳体现。

对产品的品质、个性化、差异化的需求也随之出现并不断强化，这也倒逼中国制造业的升级。

这些变化既是利好因素，也是对中国企业的巨大挑战。在这种种机遇与挑战共存的时代，中国传统文化中的自信、敬业、诚信、执着、勤奋、创新等原创性精神资源，就有了空前的被挖掘、弘扬，以及创造性转化和创新性发展的必然性和必要性。

新时代世界经济政治格局巨变，需要新的智慧来补足中国企业在经营管理上存在的短板，化解各种已有和潜在的风险，使中国企业的经营管理跃上新的台阶。

在后面的章节里，我们将以案例研究的方式，着重从企业家的角度，从儒家思想与企业战略管理，仁礼思想与企业组织能力建设，自强不息思想与企业抗挫折能力，诚信、敬业思想与企业经营管理，创新精神与现代企业创新，文化自信与品牌打造，天下大同思想与企业国际化发展七个方面，探讨中国企业经营管理转型升级的路径与方法,研究传统文化在新时代企业经营管理中应用发展的空间。

第二章 儒家战略思想与企业战略管理

在中国汽车制造业中，总部位于河北省保定市的长城汽车是一家低调而不能被忽视的企业。保定并非中国传统的汽车制造业基地，长城汽车起源于一家乡镇企业，起初经营汽车改装业务，为什么它能在竞争激烈、强手如林的中国汽车行业突出重围、走向世界呢？

答案是：长城汽车的战略管理做到了极致。

本章讨论的是儒家战略思想如何在企业战略管理中落地的问题。

一、儒家战略思想资源与企业战略管理

儒家战略思想资源主要体现在《易经》中，可以说《易经》是中国战略思想的鼻祖，春秋时期的老子和孙子将《易经》战略思想进一步发展，形成了道家和兵家战略思想，由此形成了我国早期原创战略思想体系。春秋战国时期，以孔子、孟子为代表的儒家学派，在礼崩乐坏的全面社会危机面前，讨论"内圣外王"学说，关注价值观体系的建立、君子人格的养成、道德心性的提升，在战略思想方面有所忽略。但治国平天下必然少不了战略思想的支持，因此，在儒家思想最后一个创造性革新大师王阳明那里，战略思想在他的政治、军事功业中得以体现。

（一）《易经》战略思想

《易经》是商末周初之际百年左右时间里形成的一部战略著作，主要由周文王姬昌和他的儿子周公姬旦完成。这部著作以伏羲八卦为基础，将八卦两两相重形成六十四卦，每个卦有六个爻，六十四卦就有三百八十四个爻。"文王拘而演《周易》"（司马迁《报任安书》），可以说《易经》是一部引领人于绝境中找到突破僵局的思想、路径、方法的著作，这部书对政治智慧、人生智慧、战争谋略进行了系统梳理，并以简洁精练的方式呈现出来，以指导周人族群的生存、发展、壮大。

《易经》被称为"群经之首""大道之源",成为传统社会的"帝王书"。在这部著作的指导下,经过姬昌、姬发两代人的努力,周人推翻了商朝,建立了周朝,并且延续了将近800年。

《易经》的战略思想,对现代企业经营管理者来说,以下几个方面很有启发意义。

1. 大道至简的思维方式

《易经》将宇宙自然与社会人生进行高度抽象,提炼出"阴""阳"两个元素。在《易经》六十四卦中,阳爻用不断开的一根横线"—"表示;阴爻用断开的两根横线"--"表示。"阳"代表积极主导的元素,在伏羲八卦中,"阳"本初的意思就是太阳,因此,有太阳的时候和有太阳的地方都是"阳"。"阴"则正好相反,代表的是辅佐完成的元素,在伏羲八卦中,"阴"本初的意思就是没有太阳,因此,晚上、阴天、下雨天、下雪天都是"阴"。从"阳"积极主导、"阴"辅佐完成这两个特点不断推演,就形成了中国人对世界的一种基本认知模式——《易经》二进制的思维方式。这种二进制的思维方式可将上下、左右、尊卑、内外、亲疏、男女、长幼、夫妻、兄弟姐妹、父子、君臣、师生、长期与短期、言与行、激进与中庸、积极与保守、敌我、和战、胜负、生死、利害、进退、强弱、攻守、动静、虚实、劳逸、饥饱、众寡、勇怯等相互对立而又相辅相成的因素进行错综复杂又高速高效的推演梳理,帮助决策者做出正确的战略决策。

《易经》与二进制的关系,最早是法国传教士白晋和德国数学家、哲学家、逻辑学家莱布尼茨提出来的。1698年,在北京传教的法国传教士白晋写信给莱布尼茨,认为如果将《易经》中的阴爻看作"0",阳爻视为"1",就可以将六十四卦变成相应的二进制数字。莱布尼茨对此说十分重视。1701年11月

4日，白晋从北京给莱布尼茨寄了两张易图。莱布尼茨收到后在伏羲六十四卦次序图的旁边，逐一注上了二进制编码。1703年，莱布尼茨发表《论二进制算术》一文，进一步阐述了二进制算术的原理和实践。

对于《易经》与二进制的关系，莱布尼茨在《给德雷蒙先生的信》中是这样表述的："在伏羲的许多世纪以后，文王和他的儿子周公以及在文王和周公五个世纪以后的著名的孔子，都曾在这六十四个图形中寻找过哲学的秘密……这恰恰是二进制算术。这种算术是这位伟大的创造者所掌握而在几千年之后由我发现的。在这个算术中，只有两个符号0和1。用这两个符号可以写出一切数字。"因此，我们可以说莱布尼茨根据二进制的理论，认识了《易经》六十四卦中蕴含的二进制的思维方式。

计算机之所以采用二进制是因为：第一，计算机是由逻辑电路构成的，逻辑电路通常只有两个状态，即开关接通与开关断开，这两种状态正好可以用"1"和"0"表示；第二，二进制的运算规则十分简单，采用二进制有利于简化计算机内部结构，可以提高运算速度；第三，二进制的符号"1"和"0"恰好与逻辑运算中的"对"（True）与"错"（False）对应，便于计算机进行逻辑运算。

这种二进制的思维方式体现在中国现实生活中的很多方面，哲学讲阴阳，中医、太极拳也讲阴阳。起源于中国的围棋，只有黑白两种棋子，但它的变化数量约是10的170次方种，西方国际象棋的变化数量约是10的47次方。IBM的超级计算机"深蓝"于1997年战胜了国际象棋大师卡斯帕罗夫，直到约10年后，计算机才战胜了围棋世界冠军。2016年3月，谷歌开发的围棋人工智能程序阿尔法狗（AlphaGo）以4比1的成绩击败围棋世界冠军、职业九段棋手李世石；2016年年末到2017年年初，阿尔法狗在中国棋类网站以"大师"（Master）为注册账号与中日韩数十位围棋高手进行快棋对决,连续60局无一败绩;2017年5月,在中国乌镇围棋峰会上,阿尔法狗与当时排名世界第一的柯洁对战,以3比0的总比分获胜。阿尔法狗之所以能够取胜,就在于运用了大数据、云计算及人工智能的新技术。阿尔法狗通过"深度学习",获得了运算实力的实质性飞跃。

要注意的是,不能把《易经》的二进制思维方式简单地看作二进制计算方式。二进制计算方式是一种很精确的数学计算方式,《易经》的二进制思维方式则是将宇宙自然和人类社会的所有事物高度抽象后形成的二元结构的思维模式,这种思维方式不以精确的数学计算为目标,而以在错综复杂的环境中快速找到破局的对策为根本宗旨。因此,《易经》的二进制思维方式更接近博弈论。

《易经》的核心精神,是讨论如何在多个竞争对手(两个和两个以上)并存的条件下生存、发展、胜出的问题,对比现代博弈论的基本思想和理论框架会发现,《易经》的核心精神正是博弈论的主旨。

博弈(Game)就是个人、组织在一定环境条件和博弈规则的制约下,同时或先后,一次或多次,选择最符合实际情况的行为或策略并加以实施,取得相应结果的过程。

博弈包括以下元素:博弈的参加者(博弈方)、博弈方各自可选择的全部策略或行为的集合、进行博弈的次序、博弈方的收益。

博弈论就是研究利益关联(包括利益冲突)的主体间的对局的理论,是分析博弈中的理性行为的理论,是讨论人们在博弈的交互作用中如何决策的理论。

博弈论在二十世纪二十年代至四十年代由冯·诺依曼和摩根斯坦创立,并应用到了经济领域,后来进一步延伸到了政治、军事、社会管理等领域。博弈论是在市场经济从自由竞争阶段进入寡头垄断阶段后诞生的一种理论。

对比来看,博弈论的核心理念在中国春秋时期就已经出现,田忌赛马就是最典型的博弈论运用案例。齐国大将田忌和齐威王赛马,由于田忌的马总体水平比齐威王的差一些,因此每次比赛都败给齐威王。谋士孙膑给田忌献计,让田忌以自己的上等马和齐威王的中等马比赛,中等马和齐威王的下等马比赛,下等马和齐威王的上等马比赛,这样就以二胜一负取胜。(如图2-1所示)

中国古代传统社会的特征之一是人多资源少,这就使得中国传统学术在相当程度上聚焦于人类个体及各种团体、组织之间的竞争博弈。东周时代,还没有博弈论这个术语,也还没有战略这个词语,但中国的战略思想和博弈论思想已经成熟并被运用得十分娴熟。

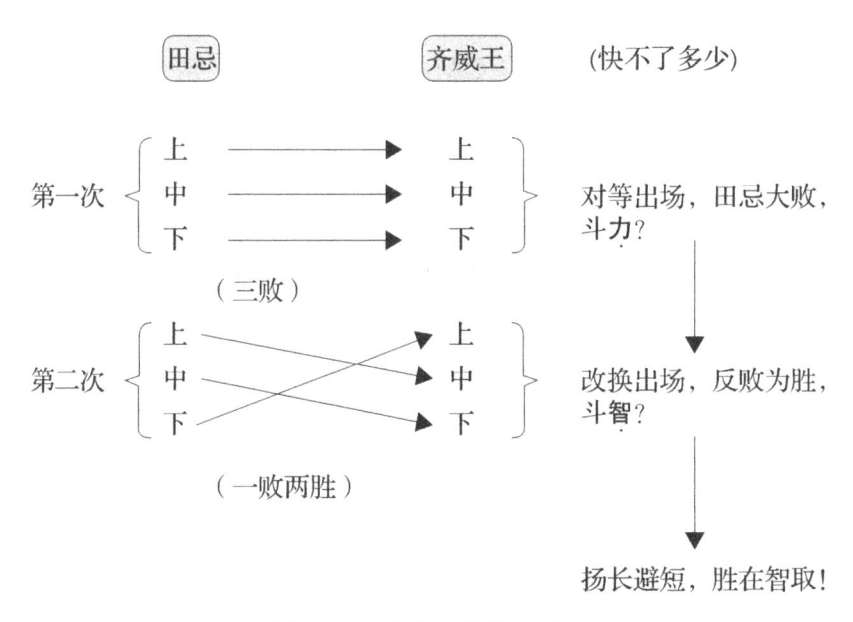

图2-1 田忌赛马战略分析

2. 贯通宏观、中观、微观的战略视角

《易经》六十四卦体系，可以从三个层次把握其理论架构：第一个层次是整个六十四卦这一完整体系，这是对宇宙、自然、人生、社会最高层次的宏观把握；第二个层次是六十四卦中每一个具体的卦，这是对中观层次的把握；第三个层次是构成卦的爻，这是对微观层次的把握。

《易经》六十四卦体系的完整结构如图2-2所示

先来看最高层次的宏观把握。这一层次的重点在于六十四卦的结构和顺序，通过对六十四卦的结构和顺序的理解和把握，人们可以对一个国家、一个组织、一个家族或家庭、一个人的历史、现状、未来形成一个全面完整的理解，从而做出战略预测，确定战略方针。

上经

乾卦 第一	坤卦 第二	屯卦 第三	蒙卦 第四	需卦 第五
讼卦 第六	师卦 第七	比卦 第八	小畜卦 第九	履卦 第十
泰卦 第十一	否卦 第十二	同人卦 第十三	大有卦 第十四	谦卦 第十五
豫卦 第十六	随卦 第十七	蛊卦 第十八	临卦 第十九	观卦 第二十
噬嗑卦 第二十一	贲卦 第二十二	剥卦 第二十三	复卦 第二十四	无妄卦 第二十五
大畜卦 第二十六	颐卦 第二十七	大过卦 第二十八	坎卦 第二十九	离卦 第三十

咸卦 ䷞ 第三十一	恒卦 ䷟ 第三十二	遯卦 ䷠ 第三十三	大壮卦 ䷡ 第三十四	晋卦 ䷢ 第三十五
明夷卦 ䷣ 第三十六	家人卦 ䷤ 第三十七	睽卦 ䷥ 第三十八	蹇卦 ䷦ 第三十九	解卦 ䷧ 第四十
损卦 ䷨ 第四十一	益卦 ䷩ 第四十二	夬卦 ䷪ 第四十三	姤卦 ䷫ 第四十四	萃卦 ䷬ 第四十五
升卦 ䷭ 第四十六	困卦 ䷮ 第四十七	井卦 ䷯ 第四十八	革卦 ䷰ 第四十九	鼎卦 ䷱ 第五十
震卦 ䷲ 第五十一	艮卦 ䷳ 第五十二	渐卦 ䷴ 第五十三	归妹卦 ䷵ 第五十四	丰卦 ䷶ 第五十五
旅卦 ䷷ 第五十六	巽卦 ䷸ 第五十七	兑卦 ䷹ 第五十八	涣卦 ䷺ 第五十九	节卦 ䷻ 第六十
中孚卦 ䷼ 第六十一	小过卦 ䷽ 第六十二	既济卦 ䷾ 第六十三	未济卦 ䷿ 第六十四	

图2-2　易经六十四卦

六十四卦之间有着内在的逻辑和顺序。

比如，第一卦乾卦是创始之卦，可以象征组织的最高领导人，也可以象征家庭中的父亲；第二卦坤卦是辅佐完成之卦，可以象征组织中的重要副职，也可以象征家庭中的母亲。如果我们把第一卦看作父亲，第二卦可以被看作母亲，第三卦屯卦就是父母结合之后，母亲孕育新生命。母亲怀孕有种种不适，且生育在古代更是一件极其危险的事情，因此屯卦有艰辛艰难之意，可以理解为有"创业艰难百战多"。第四卦蒙卦是"蒙昧"之意，意思是刚生下来的小宝宝什么也不懂，大脑如一张白纸，因此我们把小孩开始学习叫作"开蒙""启蒙"。

第二个层次是卦的层次，六十四卦就是六十四个主题。

比如六十三卦既济卦讲的就是一个组织的第一代领导人即将完成自己一生功业，马上要交班给年轻一代了。这个卦由伏羲八卦的坎卦和离卦构成，卦象是☵☲，下离上坎，象征着水在上火在下，水是往下流的，火是往上烧的，这就意味着：或者是水大把火浇灭了，或者是火大把水烧干了。不管是火大还是水大，必然有一个结果，因此这个卦被命名为"既济"，就是"已经渡过河"的意思，象征着老一代人已经完成了历史使命。而第六十四卦把既济卦的结构一颠倒，就变成了下坎上离的未济卦☲☵。这个卦是给年轻一代接班人的卦。上离下坎，象征着火在上水在下，火在上往上烧，水在下往下流，就意味着二者之间没有感应关系，因此名为"未济"，意思就是年轻的接班人尚无尺寸之功，还没有取得足够的权威，未来还有很长的路要走。

第三个层次是爻的层次，一个卦有六个爻，象征着每一个卦有六个发展阶段，每一个爻讨论的就是在具体某个卦中的某个阶段应该做什么和怎么做。

比如，第四十九卦革卦是讨论改革问题的卦，革卦的前一卦第四十八卦井卦，象征井井有条，意味着一个组织的体制机制已经僵化，需要彻底更新，革卦的后一卦第五十卦鼎卦，意思是在改革之后必须建立新的体制机制，"革故鼎新"一词就是来源于此。

革卦的卦象是☱☲，下离上兑，离为火、为中女，兑为泽、为少女，寓意二者相克相生，出现变革。

下面来看革卦六个爻的爻辞。

第一爻是初九爻，爻辞是"鞏用黄牛之革"。直译为"用鞣制过的牛皮来捆绑"，可以理解为，一个领导人在准备改革之时，不要着急马上进行，而要先做好准备工作，让大家在思想、观念、感情上与领导者完全融为一体。比如解决一些底层员工最关心的问题（工作环境、福利、发展前途），为改革奠定人和的基础。

第二爻是六二爻，爻辞是"巳日乃革之，征吉，无咎"。意思是：时机成熟的时候，开始实施改革，由于前面的基础打得扎实，因此改革十分顺利，没有出现大的波折。

第三爻是六三爻，爻辞是"征凶，贞厉。革言三就，有孚"。意思是：改革遇到重大挫折，预测未来前景堪忧，等待时机再次发起改革，改革的言论多次得到认同，改革者重新获得各方信任。这一爻分析改革的重要关口，这一关口如果过不去，改革就会前功尽弃、满盘皆输。我们回顾中外改革史，就会发现，改革成功的比例很低，即使是改革成功，也往往要付出巨大代价，比如商鞅被五马分尸，张居正死后家门被封、家人被饿死。因为改革的根本是对利益关系的重大调整，必然带来不同利益阶层的激烈碰撞。如何调整好改革的节奏、方略、措施，处理好不同利益阶层的关系，将改革引向健康、深化的方向，考验着改革者的视野、魄力、大局掌控力。这一爻的爻辞只有十个字，但它包含的是对各种改革经验教训的凝练总结。

按照《易经》的理论，六个爻是从下往上数的，阳爻用"九"来表示，阴爻用"六"来表示。在六个爻中，第一爻是初始阶段，以稳健为原则；第二爻是发力阶段，各种措施、方略必须逐步到位，此时可以适当放手一搏；第三爻和第四爻可以归为一类，是最容易出现危机的阶段，以革卦为例，第三爻是下面离卦的最后一爻，而第四爻则是上面的兑卦开始的第一爻，在这个交接的阶段是最容易发生挫折、困难、意外的，因此，按照《易经》理论，"三多凶，四多惧"，第三爻经常出现凶险的情况，第四爻经常出现恐惧的问题。

第四爻是九四爻，爻辞是"悔亡，有孚改命，吉"。意思是：得到各方信任的改革者再度推进的改革，取得了良好的效果，各种弊端逐步得到解决，改革处于利好状态。按照《易经》的理论，第四爻本来应该是一个潜在的凶爻，但由于革卦第三爻的爻辞后半部分（"革言三就，有孚"）已经解决了三四两爻存在的致命危机，因此第四爻没有出现一般可能发生的危机，而是承接"有孚"的利好形势将改革进一步推进。由此可见，《易经》卦、爻的运作既有一般原则，也讲具体情况下的权变。

第五爻是九五爻，爻辞是"大人虎变，未占有孚"。意思是：改革领导者处于声望最好的状态，像老虎刚换了毛发一样色彩斑斓，此时不用占卜都知道获得了各方拥护。

第六爻是上六爻，爻辞是"君子豹变，小人革面，征凶，居贞吉"。意思是：承接着九五爻的改革利好形势，社会中道德品质好的人的思想观念和行为都发生了很大变化，就像豹子刚换了毛发一样色彩斑斓，那些思想僵化、心胸狭隘、品质低劣的小人在大形势面前也被迫改变了外在的形象，但反对改革的势力依然不小，隐患仍然存在。此时，通过实施正确的路线方针，可以取得良好的效果。

按照《易经》的理论，第五爻一般是一个人或一个事物的最佳状态，因为五处于奇数一三五七九的正中间，可指事物发展最健康、最有活力、最平衡的状态，革卦的第五爻也是这种情况。第六爻则往往是超越平衡之后的凶爻，如第一卦乾卦第六爻上九爻的爻辞"亢龙有悔"，第二卦坤卦第六爻上六爻的爻辞"龙战于野，其血玄黄"都是凶爻。"亢龙有悔"可以理解为，作为组织的一把手，在事业达到巅峰（乾卦第五爻爻辞为"飞龙在天，利见大人"）之后，如果没有足够深厚的修为，不时刻自省自律，不能有效控制好自己的欲望，就一定会打破均衡点，使出各种昏招，导致惨败。"龙战于野，其血玄黄"可以理解为，作为组织的第一副手，在已经达到副职的最佳状态（坤卦第五爻爻辞为"黄裳，元吉"）后，如果自以为是，与一把手分庭抗礼，一定会招致二龙相争必有一死的惨烈结局。

但革卦的第六爻却是吉中有凶、凶中有吉、最终为吉的二元动态爻象。原因是，周文王和周公以其历史意识和政治智慧，十分清楚改革艰难曲折，绝不可能一蹴而就，革卦的九五爻只是表示改革过程中的一个高峰，还需要更长时间、更加艰苦的继续改革。

通过以革卦为例的分析，我们可以看到《易经》这部战略著作三个层次的视角，而这三个层次的视角又是相互联系、相互贯通的。研读《易经》，就是训练读者在分析事物时，将宏观、中观、微观的分析视角有机融合，做到全面、深刻、均衡。

3. 在变易中把握战略动态平衡的思想

《易经》的核心关键词是"易"，"易"有三个意思，第一个意思是"简易"，也就是大道至简；第二个意思是"变易"，指世间万物始终处于变动不居的状态；第三个意思是"不易"，指世间万物只有一件事情是不变的，那就是永远在变易。

《易经》的"变易"思想，体现在太极图中（如图2-3所示）。阴阳相辅相成、相克相生，阴阳之间的分界不是一条直线，而是一条S形线，它提醒我们，阴阳之间是始终处于变易状态的，我们要做的就是使阴阳之间的变易保持在一种动态平衡状态，也就是"中""中和"的状态，这样就可以使事物自然生长，达到万物生意盎然又和谐安定的状态。

《易经》的"变易"思想，贯穿于六十四卦的宏观、中观、微观三个层次。

图2-3　太极图

在宏观层次，六十四卦表现的是不断变易。某一个卦为吉，紧接着下面一个卦很可能就是相反的。如第十一卦泰卦，讲的是国泰民安、顺风顺水，但紧接着的第十二卦就是否卦，主题是挫折、灾难。

中观层次每一卦也是如此，泰卦前五爻都是利好状态，但到了第六爻就出现了盛极而衰的迹象，凶兆显现"城复于隍，勿用师，自邑告命，贞吝"。《易经·象传》的解释是："城复于隍，其命乱也。"意思是：城墙倒塌在壕沟里，因为命令已经乱了。这是一个以利好为主题的卦中出现的凶爻。《易经》六十四卦几乎每个卦都是如此，吉中有凶、凶中有吉，阴阳之间从来都是你中有我、我中有你。唯一一个六爻皆吉的卦是第十五卦谦卦，因为谦卦从一开始表达的就是低调、谦虚、平和、包容的姿态，因而得到了圆满结局。

微观层次的爻，一个爻中危机达到顶点的时候，可能也蕴含变化的契机。如革卦第三爻，爻辞的前面部分为凶"征凶，贞厉"，后面部分转为吉"革言三就，有孚"。要实现从"征凶，贞厉"到"革言三就，有孚"，就需要改革者具备足够的胆魄、视野、大局掌控力。革卦第六爻总体是利好的同时，也含有潜在风险，这就是吉中有凶"君子豹变，小人革面，征凶。居贞，吉。"

《易经》在变易中把握战略动态平衡的思想逻辑可引出以下与战略相关的理念。

第一，既然变易是宇宙自然和社会人生的根本特质，与其被动地适应外部环境的变易，不如拥抱变化，洞察先机，以创新思想和举措主动迎接变化，引领外部变化朝向对自己有利的方向发展。

第二，对组织内部与外部的变化始终保持警醒状态，对潜在的风险环节和风险敞口做好防范化解预案，一旦出现重大风险，能及时有效地应对。《易经》表达了非常强烈的忧患意识，除了前面讲到的各卦各爻的吉凶相倚、阴阳互动的基本特点外，《易经》中还专门有几个卦是讨论逆境求生之道的，如困卦讨论如何应对困境，蹇卦讨论的是在艰难苦恨中砥砺前行，解卦的主题是化解艰难，睽卦的主题是转危为机。

第三，在时刻变易的环境下，领导者必须具备优异的素质，包括心性修为、胆识、处理纷繁复杂问题的分寸感和大局掌控力。六十四卦中的履、谦、复、恒、损、益、困、井、巽九卦，讲的都是在忧患之时提高人的道德境界。这九个卦的意义，先后讲了三次，被称为三陈九德。我们中华民族的先贤很早就意识到艰难困苦、失败挫折，在很大程度上是对一个优秀领导者的磨炼、砥砺。

（二）周的兴起与周朝建立过程中《易经》战略思想的形成与运用

周人的祖先可以追溯到尧舜时代的农业神后稷，姬昌的祖父古公亶父时期，周人居住在豳地（今陕西省咸阳市旬邑县）。也就是从这个时期开始，周人由偏居西北一隅逐步发展壮大起来，经过季历、姬昌、姬发三代人的经营，终于推翻商朝，建立周朝。一般认为，古公亶父是周朝的奠基人，从古公亶父算起来，周部落由弱变强，推翻商朝建立周朝经历了四代人，用了一百年左右的时间。

在整个发奋图强的过程中，周人逐渐形成了自己的战略思想，并成功运用于实践中。

古公亶父时期，周部落生活的豳地与游牧民族戎狄部落临近，经常遭受戎狄侵扰。周部落的根基是农业，当时力量弱小，古公亶父只好以隐忍保全部落。但戎狄变本加厉，不仅索要财物，还要夺取豳地的土地与人民。民众要求反抗，古公亶父反复思考，认为以周部落当时的力量，与强势的游牧民族戎狄对抗的结果很可能是玉石俱焚。古公亶父反复筹划，认为豳地离西戎和北狄都太近，他发现岐山是一个适合周部落韬光养晦、积蓄力量的地方，于是带领部属离开豳地，迁居于岐山（今陕西省宝鸡市岐山县）。

岐山西北是戎狄，东北是附庸于商朝的部落，东部是商，这三方与岐山都有一段距离，岐山的南部和西南是秦岭，一旦有敌人进攻，周部落可以进入秦岭躲避。故而《易经》中形成了"利西南不利东北"的吉凶感应模式，并被后世的风水说继承。

古公亶父带领周部落迁居岐山后，在部落内部设官定制，加强权力的运作。在对外政策上，加强与邻近部落的睦邻关系，对戎狄和商朝两大强势力量采取远交近攻的战略，通过臣服强大的商朝对抗宿敌戎狄。古公亶父理性稳健的内外政策为周的兴起奠定了良好的基础。

古公亶父有三个儿子，分别是长子泰伯、次子仲雍、三子季历。古公亶父欣赏二儿子季历的儿子姬昌，有意将继承权交给姬昌。泰伯、仲雍为了成全父亲的意愿离开了岐山，一直向东迁移，最后落脚到今江苏省无锡市郊的梅里。这就是著名的泰伯奔吴的故事。

泰伯奔吴体现了周人统治集团在战略思想上的高度统一，也表明周人统治集团在战略实施上的务实高效。

古公亶父从豳地迁居岐山，绝非苟延残喘，而是要积蓄力量以建立基业。这一战略决策得到了泰伯和仲雍的高度认同，因此在权力交接问题出现僵局时，泰伯和仲雍能够以和平的方式破局。这一良好传统在周武王去世后得以传承，因武王儿子年龄太小，周公便摄政辅佐。

根据《竹书纪年》以及顾颉刚等人的看法，此时期的周人已经有了"翦商"的战略意图，泰伯奔吴并建立吴政权，就与岐山老家的周政权形成了西、东南两个战略据点，可实现对商的战略包围。

古公亶父去世后，季历继位。他继承古公亶父的战略思想，继续强化与商朝的关系，同时团结临近部落，对戎狄部落展开进攻，进一步加强了自己的实力。商朝对周政权的日渐强大感到担忧，借故将季历杀害。

姬昌继位后，继续对商臣服，以换取积蓄实力的空间和时间。但周的持续强大使商的统治者担忧，于是姬昌被囚禁羑里七年。

正是在羑里的七年，姬昌基于伏羲八卦的理论架构，将周人的历史经验和政治智慧以卦象、爻象以及卦辞的方式总结梳理出来，为《易经》的形成奠定了基础。

由于在狱中保持低调驯服的态度，经周的大臣散宜生的营救，姬昌得以出狱。姬昌在位五十年里，周的实力得到了长足的发展。

姬昌死后，姬发继位，重用太公望、周公旦、召公奭等人，周日益强盛。周对外联合更多势力，壮大力量。后姬发率大军东行向朝歌（商都城，今河南省鹤壁市淇县）进发。大军抵达黄河南岸的孟津（今河南省洛阳市孟津县东北）时，有八百诸侯响应会聚，这就是历史上著名的"孟津观兵"。当时诸侯都力劝姬发立即向朝歌进军，但姬发和姜尚认为时机还不成熟，在军队渡过黄河后又下令全军返回。

"孟津观兵"实际上是周的一次大规模军事演习，姬发借此检验周的号召力。

同时，商朝内部分崩离析：比干被剖胸挖心、箕子装疯、微子出走，姬发知道伐纣时机已成熟。经过牧野之战，灭商建周。

回顾周由弱到强，并最终推翻商朝，建立了延续800年之久的周朝的过程，可以得出以下结论。

第一，周人的战略思想形成和实施期超过百年，最终体现为周朝的建立以及《易经》和礼乐制度的形成。

第二，周人战略思想的形成与战略实施离不开文化建设和思想凝聚的支撑。周人文化建设和思想凝聚首先体现在家族内部和统治集团内部，继而影响整个族群以及相邻的诸侯国。泰伯奔吴、姬昌被囚禁羑里七年而周人保持正常运转、姬发对姜尚等精英团队的凝聚、伐纣过程中的稳健高效、周公摄政的风波及解决等，都显示了周人文化建设和思想凝聚工作的不断强化，也展现了周文化逐渐成熟的过程。

第三，理性、平和、刚柔相济、对问题的思考全面深刻、追求超越性与实战性有机融合的智慧，是《易经》的核心理念与根本价值。周人从古公亶父时期起，很长一段时间内有两大强敌——戎狄和商朝，后人反复被这两大强敌压制、凌辱，多次面临重大危机。周的四代领导人在面对欺凌、危机时，始终保持战略定力，以冷静理性的心态处理危机，渡过了一系列艰难险阻。在应对两大强敌时，周人先采取联商抗戎的战略解决戎狄问题，在自身进一步强大后，再举兵灭商。

第四，周人的战略实施离不开团队建设的支持。从古公亶父时代以家族内部精英为主到姬发时代重视家族内部精英的同时广泛网罗天下英才，周人的战略实施获得了坚实的人才队伍支撑。正是周的人才团队由家族精英向外部精英扩展所形成的外溢效应，配合正确的对外政策，使得周凝聚了大批诸侯国，成为反商盟主。

二、儒家战略思想在现代企业战略管理中的应用：以长城汽车为例

在现代企业经营管理中，企业战略管理可以分为战略分析、战略选择、战略实施、战略评价和调整四个部分，这四个部分既有相对独立性，又相互联系，贯穿于整个企业战略管理过程中。与现代企业战略管理具有专业性、复杂性不同，中国传统战略思想的优势主要体现在战略思维上。战略思维就是从全局、从宏观、从长远的角度观察事物、思考问题、解决问题的思维，就是要在错综复杂的环境中找到关键问题，找到问题的突破口，从而根本解决问题。中国传统战略思想的不足之处是缺乏可操作的战略管理工具、管理流程、管理方法，西方的企业战略管理中则有很多战略管理工具和方法，可以弥补中国传统战略思想的不足。

下面我们通过对中国本土汽车企业长城汽车股份有限公司（以下简称长城汽车）在战略管理上的举措分析，来看中国企业如何将中国传统智慧与现代企业管理深度融合。

（一）战略分析

战略分析是企业战略管理的基础。战略分析包括对企业所处内外部环境的分析，外部环境分析包括企业所在行业的产业格局、技术要求、产业发展趋势、政策导向等；内部环境分析主要是对企业自身的分析，包括确定企业的使命和目标，理解企业自身的地位、资源、战略能力等。战略分析还可以研究国内外同行在企业经营管理中的成功与失败的经验，并将之吸收到本企业的发展战略中。

长城汽车从一个汽车改装厂，经过长期努力，成为中国汽车自主品牌中的领军企业，其成功在很大程度上就是将自身汽车的战略管理做到了极致。

曾负责长城汽车销售业务多年的王凤英在2020年12月"福布斯中国女性领袖论坛"主题演讲中谈到，回顾长城汽车的历史，长城汽车做对了三件事：第一，让企业做减法；第二，让决策有共识；第三，让执行不走样。

让企业做减法就是在企业战略上聚焦核心业务；让决策有共识就是在企业战略上统一思想；让执行不走样就是通过制度建设、企业文化建设打造超强的企业组织能力，保证企业战略得到有效执行。

长城汽车能在战略管理上取得如此成效，战略分析功莫大焉。但实战中的长城汽车战略分析，并不是一群高管坐在会议室里闭门造车、灵机一动做出来的，而是在企业经营的摸爬滚打中、在残酷的竞争中逐步摸索出来并不断完善起来的。

1990年，做过制造业工人、管理者的26岁年轻人魏建军在家人的帮助下承包了位于保定城南的南大园乡长城汽车厂，当时该厂有60名员工，因经营不善负债累累。

从1991年到1994年，魏建军的乡镇小厂依靠汽车改装业务，缓慢地积累着原始资本。在这个过程中，发现了轿车制造业的机遇，长城汽车厂开始尝试生产轿车并销售到周边省份。1994年，国家出台《汽车工业产业政策》，规定：汽车工业企业必须按照"汽车产品型式认证制度"的要求，提出认证申请。负责实施汽车产品认证的机构向认证合格的产品颁发认证证书和认证标志，并发布目录。作为乡镇企业的长城汽车厂生产的轿车上不了目录，企业生存面临危机。

迷茫中，魏建军出国考察，发现在美国以及欧洲、东南亚等国家和地区皮卡的普及程度非常高。当时国内的汽车重点企业都主攻轿车业务，还未顾及皮卡这种"边缘产品"。长城汽车厂反复研究分析，认为皮卡制造是一个机遇。

在当时国内市场上，无论是汽车消费者还是生产者，对皮卡这种车型都不了解。价位在二三十万的进口皮卡，合资企业生产的皮卡，由于国产化程度低，价位也比较高，市场推广并不好。

长城汽车团队对国内当时的皮卡车市场做了极为详尽的调查，将自己和竞争对手的资源、机制、推广、质量等因素进行了细化比较，得出的结论是完全可行。

考虑到长城汽车当时有限的资源，魏建军的想法是：聚焦皮卡单一市场，通过提供高性价比的产品，成为中国皮卡市场头部企业。

长城皮卡推向市场之后，将售价定在6万元到7万元。1996年，长城汽车第一辆皮卡迪尔（Deer）下线。到1998年，由于市场定位准确，长城皮卡就成为市场领军者。也正是凭借皮卡的市场占有率，长城汽车于2003年12月在香港联合交易所有限公司上市。

皮卡聚焦战略成功了，但皮卡车在很多大城市是被限制进城的，这大大压缩了皮卡在国内市场发展的空间。长城汽车再次面临寻找新的市场增长点的问题。

2001年，中国加入WTO，中国汽车市场走向开放，国内汽车产业进一步发展，中国家庭汽车数量迅猛提升。从2002年起，中国汽车产业保持了近10年的高速增长，汽车产销年均递增20%以上。

对市场极其敏锐的长城汽车在面临皮卡发展瓶颈的同时，也看到了中国汽车市场宏观形势的巨大利好。

长城汽车团队经过分析，认为SUV（运动型多功能车）是长城汽车未来发展的新领域。SUV比起皮卡，档次更高，利润更为丰厚，还能开进大城市，没有限行问题。

通过广泛深入的研究，长城汽车团队发现国内SUV价位一般都在20万元以上，10万元以下是一个空白。长城汽车从皮卡制造开始，就形成了汽车质量较高而价格较低的优势，这一优势完全可以复制到SUV的生产中。

2002年6月，长城汽车推出了8万余元的赛弗SUV，上市仅一年，销量就超过了3万辆。2003年年底，长城汽车相继推出了功能、定位不同的赛影RUV、赛骏SUV等系列产品。到2011年，不断对标丰田汽车、在研发上坚持"过度投入"的长城汽车推出了SUV产品线中的爆款车型哈弗H6，保持了累计100个月获得SUV销量冠军的佳绩。

（二）战略选择

战略分析解决的是认清企业所处的内外环境、企业拥有的资源与不足等问题，战略选择要解决的则是企业要做什么和怎么做的问题。

战略选择包括愿景选择、战略目标选择、业务战略选择、发展能力选择四个方面。

1. 愿景选择

愿景选择就是企业长远的规划，即要成为一个什么样的企业。愿景为企业提供的是发展方向和精神动力。

按照这样一个理论框架，我们可以看到，周人在古公亶父时期就已经建立了由弱变强、建立自己的王朝的愿景。正是因为有了这样的愿景，周人才能在一百多年中一次次忍辱负重，在韬光养晦中对内凝聚人心、强化内力，对外实行睦邻友好策略，终成大业。

2. 战略目标选择

战略目标选择是企业为实现愿景在一定时期内要达成的目标值，包括企业发展速度与发展质量。

在古公亶父时期，周人的战略目标是从四战之地豳地迁居岐山，避开当时强大的戎狄，使周部落获得相对和平的生存环境。到了季历时期，获得东方商朝支持的周人开始扩大势力范围，通过征战戎狄，削弱敌手势力，同时对周边诸侯国实施睦邻友善政策，打造西部地区领导者地位。到姬昌时代，周人已经开始由西部地区领导者向更大范围的盟主地位发展，到了姬发时代周人由盟主发展为灭商建周的领导人。周人的愿景在百年历史中是逐步推进的，每一步都十分稳健，节奏把握得很好。

在长城汽车的发展历程中，我们同样看到了这样的演进过程。从开始改装汽车到试水轿车制造，是摸索试错阶段。1995年确定聚焦皮卡制造后，长城汽车的战略目标选择就显示出了稳健持续推进的特点。一方面，长城皮卡根据用户反馈不断推出新车型，另一方面，长城汽车在研发、制造上狠下功夫，使皮卡汽车价低但质量有保障。这种稳健推进的做法使长城汽车的战略目标得以较好地落地。因此，2001年中国加入WTO、中国汽车市场环境变得宽松利好后，长城汽车顺势推出的SUV汽车也能很快得到市场认可。

3. 业务战略选择

业务战略选择指企业在业务发展方面的重大选择、规划及策略，包括产业战略、区域战略、客户战略和产品战略四大方面。

这个理论是针对现代企业经营管理发展提出来的，可以更具体细致地指导企业战略选择。

长城选择了汽车制造行业，产品选择了皮卡和SUV，用户开始选择的是中低端消费者，最近几年开始向中高端转向，区域选择开始是中国的二、三线城市，接着进入俄罗斯、中东、非洲等国家和地区，现在也开始向一、二线城市进军，在国际上也向发达国家发展。

4. 发展能力选择

发展能力选择指企业为实现愿景、战略目标、业务战略，在企业职能方面的重大选择、规划及策略，包括技术研发战略、生产制造战略、市场营销战略、财务投资战略和人力资源战略的选择。

这个理论也是针对现代企业经营管理发展出来的，也是为了更具体细致地指导企业战略选择。

发展能力选择根本上就是在愿景、战略目标、业务战略的指导下，全面强化企业自身实力，使企业在外部环境利好之时能够趁势而起，在外部环境恶劣的情况下能够保持稳健活力。

周从古公亶父至伐纣的成功，就是周由小部落到建章立制到成为地区盟主再到成为天下盟主，最终灭商建周的过程。在这个过程中，周的核心能力（政治、军事、经济等）、文化凝聚力、对外软实力不断积累强化。

长城汽车的核心能力就是非常了解中国汽车市场情况、理解目标客户的需要，并且能够根据客户需求研发生产高性价比的汽车。

因此，发展能力其实也就是核心竞争力，是企业的立身之本、强体之根。下面从五个方面阐述。

（1）技术研发战略。

技术研发战略对制造业尤其是中高端制造业尤为重要。长城汽车在皮卡、SUV领域的成功，其技术研发战略就是一个关键因素。长城汽车的成功，也为我国民营企业在中高端制造业的发展提供了一个有益的借鉴。

长城汽车坚持在技术研发上采取"过度投入"战略，注重有效研发，追求领先。在发动机、变速器、整车造型、整车设计、CAE、试制试验等各个环节都形成了自主的技术、标准以及知识产权。截至2019年年底，长城汽车累计申请专利10243项，授权专利7512项，覆盖60多个国家和地区。长城汽车加大研发设施建设，在日本、美国、德国、印度、奥地利、韩国设立海外技术中心6个，全球化研发布局进一步完善。

汽车是所有工业制成品中最复杂的一个品类，一辆汽车涉及的零部件有上万个，几乎涵盖所有工业门类。汽车产品应用了第二次工业革命以来的各类重要技术，涉及冶金、石油、机械、金属加工、化工、橡胶、仪器仪表、电器、电子（芯片、软件、视听、全球定位系统等）等领域。技术创新往往是汽车产业革命的先声，因此，汽车产业被认为是制造业的明珠。

我国汽车制造业起步之初在技术研发、工艺制造水平上都与国际先进企业相距甚远，改革开放后，不得不从最基本的技术、生产工艺开始向发达国家学习。当初汽车业龙头企业上海汽车与德国大众合资生产桑塔纳时，中方人员就发现，生产方向盘，国内厂家测试指标只有6个，而桑塔纳有100多个。当时，为了让上海、北京、南京、湖北、吉林、贵州等地上百家零部件厂达到德国标准，大众公司组织退休专家到中国帮助解决了大量技术管理问题。

大型国企的技术水平与发达国家同行都差距如此之大，更何况草根出身的长城汽车。在相当程度上，长城汽车在研发上的"过度投入"战略，既是领导团队的主动选择，也是倒逼的结果。长城汽车财报显示，长城汽车2018年研发投入达到39.6亿元，占当年营收的4%；2019年上半年研发投入18.7亿元，占比营收的4.5%；2020年，研发投入达51.5亿元，约占总营收的5%。

在研发投入持续扩大的基础上，研发范围也随之扩大——涵盖发动机、变速箱、三电系统、车联网、自动驾驶等方面。除国内保定和上海的研发中心之外，长城汽车先后在日本、美国、德国、印度、奥地利和韩国设立了海外研发中心，组建了由全球数百位顶尖汽车工程师、设计师和IT专家构成的自主研发团队，构建了全球化人才体系。

长城汽车生产皮卡时，用的是华晨汽车绵阳工厂生产的发动机，但后来因为和华晨自己的产品线冲突，发动机断供，长城汽车不得不走上自主研发的道路。后来长城汽车决定生产SUV，由于国内资料匮乏，长城汽车引入国外技术资料，逆向开发丰田汽车Hilux Surf，制造出了第一代赛弗。

制造赛弗时，为了解决赛弗产品的密封性问题，长城汽车找到国内某零部件供应商，希望该厂商为长城汽车配套开发生产赛弗全车密封条，对方提出1亿元的开发费，而当时长城汽车年利润不过4亿元。长城汽车被迫自己研发。

长城汽车于2018年8月正式发布新能源汽车品牌欧拉，为了将占整车成本比重最大的动力电池核心技术掌握在自己手里，长城汽车在2018年将2012年组建的动力电池事业部独立为蜂巢能源科技有限公司，该公司作为第三方公司，除向长城汽车提供产品外，还独立向其他企业供应动力电池等核心零部件。

创业时期的弱小倒逼长城汽车建成了自身庞大的零部件供应配套体系，在某种程度上，正是当时的不利条件造就了今天长城汽车技术研发的成就。

（2）生产制造战略。

生产制造战略包括产能规划与布局战略选择、生产工艺战略选择、生产运行战略选择、成本战略选择等。

在百余年的汽车发展史中，美国、日本和德国的汽车制造业都占有极为重要的地位。美国由于在两次世界大战中都没有在其本土发生战争，因此在汽车制造业处于一骑绝尘的优势地位，通用、福特、克莱斯勒成为世界车企巨头。德国人以严谨、专业著称，大众、奔驰也是著名大型车企。日本汽车企业属于成功追赶模式，在欧美车企已经发展了半个多世纪后日本车企才开始大规模进入该领域，在技术、人才、资金、生产组织等各方面都处于劣势。经过几十年的追赶，日本车企在二十世纪七十年代进入国际汽车市场竞争，1980年到1993年，日本汽车出口超过美国，令美国车企一度视为心腹大患。在这些日本车企中，丰田公司是典型。日本车企在引进欧美技术并对之吸收、整合和创新，通过工艺打磨和生产及供应流程再造，生产出了高质量、低成本的产品。以丰田为代表的精益生产方式，强调学习文化，求新求变，精益求精，一心一意找到问题根源并彻底解决。丰田的生产方式与日本传统文化与极大关系，日本文化强调忠诚、服从、集体意识，与之相关的制度安排是终身雇用制、年功序列制、企业内工会，这三项制度被称为日本式经营的"三大神器"。欧美国家企业学习丰田生产方式，几乎都效果一般，原因就在于缺乏相同的文化基因。

长城汽车在生产制造战略选择上经过反复学习、思考，最后决定把丰田作为学习标杆。这一选择是很合适的。长城汽车与当年的日本车企一样，都是追赶型企业，在技术和生产工艺、生产组织方面起步水平都较低。中国文化和日本文化又有很多共通之处，如强调忠诚、集体意识，而且两家企业起步之初的社会经济发展背景也较为类似，整个社会处于向上爬坡阶段，各类人群都愿意用辛勤劳动换取生活水平的提高。

2004年起，魏建军带领长城汽车开始学习丰田精益生产方式。

首先是培训，请专家授课指导。其次是读书，下发并要求员工学习专家推荐的有关精益生产的书籍，学完后考试。由于当时国内市场这方面的书籍不多，魏建军到日本出差时，花了1万多元买了一批日本原版的精益生产书籍，又请人翻译成中文供员工学习。通过学习，长城汽车在生产制造战略上达成了共识。

为了使丰田精益生产方式在长城汽车落地，公司还成立了精益生产促进部，由有经验的专业人士组成，对员工进行指导和全面监督。促进部制定了奖惩制度，用刚性指标促成全员思想上的认同，促使全员参与。

比如员工每个月必须提合理化建议。建议可以涉及任何方面，但必须能够目视化，然后由评审小组评审。对员工所提意见，相关部门和人员必须给予回复，如果不采纳意见，必须有理由说服建议者；如果采纳建议，则记录入档并与绩效挂钩，或者马上兑现奖励。

丰田精益生产方式的学习，使长城汽车生产制造能力不断提高，具备了发动机、前后桥、变速箱等核心零部件自主生产与配套能力。

（3）市场营销战略。

市场营销的目的就是要在客户心中营造良好的形象，将产品精准高效地推送给目标客户，实现销售业绩目标。

市场营销战略选择包括品牌战略选择、推广战略选择、价格战略选择、渠道战略选择、客服战略选择等。

长城汽车很长一段时间在市场营销战略上选择的是高性价比基础上的口碑营销，没有直接投放大量硬广告。长城汽车采取了类似小米的研发、生产模式，让用户参与到汽车的研发、改进过程中。比如哈弗品牌中，H6是最畅销的一个车型，哈弗H6下面又细分了数十款不同车型，为什么开发这么多款式？这是长城汽车积极听取消费者的问题反馈，并及时更新完善的结果。除了线上沟通，长城汽车每年还会邀请部分车主到保定座谈，技术部和研发部的人员当面听取意见。

近几年，国内外汽车市场的竞争更加激烈，汽车消费者也由50后、60后、70后、80后为主，逐渐转变为85后、90后为主。市场环境和消费者的变化促使长城汽车在市场营销战略上产生重大变化，由偏传统的品牌传播模式升级为更多借助新技术的用户互联网生态模式。这个新模式，将原来的用户转化为粉丝，围绕粉丝的需求，组织各种品牌传播和市场营销活动，如2019年推出的高端越野皮卡品牌长城炮就打造了品牌与粉丝的交流平台"炮火联盟"，车友可以通过这个平台进行休闲娱乐、保险救援、改装支持分享、爱心互助等多维度的交流，同时也可与厂家深度沟通。面向年轻女性车主的新能源品牌欧拉推出了车圈首个开放式女性文创共创生态IP"欧拉好物研究所"，实现从产品供给到生态供给，打通征集、评选、生产、销售、分成等共创、共赢的链条。

（4）财务投资战略。

财务投资战略是企业在财务投资职能方面的重大选择、规划及策略。

财务投资战略选择通常包括筹资战略选择、投资战略选择、财务运营战略选择、资本运营战略选择等。

在筹资战略选择上，长城汽车于2003年和2011年分别在香港联合交易所有限公司H股和上海证券交易所A股上市，为企业发展争取畅通的资金来源。

长城汽车对蜂巢能源的财务投资战略也值得一说。由于看好动力电池的未来，长城汽车在2018年2月将原来的动力电池事业部独立为蜂巢能源科技有限公司。蜂巢能源凭借强劲技术实力，在三年时间里推出了高速叠片工艺、无钴电池、热阻隔电池包等技术产品，创新思路渗透到了材料开发、工艺革新、智能制造升级等多个维度。从2020年4月到2022年1月，蜂巢能源累计融资200亿元，投资方包括长城汽车、大族激光、星宇股份、三一重工、小米集团等。

（5）人力资源战略。

人力资源战略是企业在人力资源职能方面的重大选择、规划及策略。

人力资源战略选择通常包括组织发展战略选择、人员配置战略选择、人员激励战略选择、人员开发战略选择等。

长城汽车从二十世纪九十年代创立之时起，就深知人才的重要性，一边从国内车企吸纳人才，一边自己培养人才，这是长城汽车从乡镇小厂进入中国自主品牌汽车企业第一阵营的重要原因。2019年9月，长城汽车人才战略升级，发布股权激励计划草案，计划首次激励对象1928人，包括公司董事、高级管理人员、中层管理人员及核心骨干人员，以及公司董事会认为应当激励的员工。

相对互联网及其他高科技行业，属于传统制造业的汽车行业在股权激励方面相对落后。此前长安汽车、广汽集团、比亚迪等都有过尝试，但激励人数和金额总数都不大。汽车业作为涉及技术门类繁多且依靠技术进步推动的产业门类，没有完善有效的股权激励制度是很难在竞争中持续进步并设法赶超世界一流车企的。

近年来，蔚来、理想、小鹏等造车新势力崛起，还有一些互联网公司也加入造车领域，传统车企面临着空前的人才争夺战。

另一方面，汽车业又面临着电动化、网联化、智能化的新形势，这一新形势对所有车企既是机遇也是挑战，应对的关键还是要建立规模足够大、专业足够齐全、能力足够强的人才队伍。

长城汽车的首次股权激励在2020年落地，授予人数2517人。2021年7月长城汽车通过二期股权激励，授予人数8878人。两次股权激励人数授予对象超过万人，期权价值超过300亿元，覆盖了50%的核心员工。两次股权激励的行权考核年度都是三个会计年度，主要从销量、净利润指标进行考核。

长城汽车股权激励金额之大、范围之广，在传统企业中独树一帜，在汽车企业中更是名列前茅。以2021年为例，实行股权激励的四家中国车企中，激励金额分别是：长安汽车约13亿元，上汽集团在15亿元到30亿元之间，吉利约45亿港元（约37亿元人民币），长城汽车约180亿元。

2020年8月3日，首批"科技长城专家天团"正式亮相，长城汽车旗下16位汽车行业各领域顶级专家组成"专家天团"，这些专家包括长城汽车在整车造型设计、动力总成、智能网联、智能驾驶、新能源五大领域的核心人才，其中不少是外国专家。

（三）战略实施

战略实施就是将战略转化为行动，这是企业战略管理最为关键的环节。

很多企业领导者对市场格局、产业趋势、政策导向都把握得很准确，战略规划也做得不错，但规划好的战略一落到实施环节，就逐渐走样，最后不了了之。

战略实施是一个系统工程，关系到一个企业管理团队的领导力、企业文化的凝聚力、企业内部各部门各层级的分工协作能力和执行力、企业激励机制度的有效性、员工队伍素质等各个方面。只有在战略实施上稳健有效地推进，才能保证企业行稳致远、做强做大。

普华永道会计师事务所发布的《2011年中国企业长期激励调研报告》显示，中国中小企业的平均寿命为2.5年，集团企业的平均寿命为7到8年，欧美企业的平均寿命为40年。2013年原国家工商行政管理总局发布的《全国内资企业生存时间分析报告》显示，中国企业近六成平均寿命为5年。中国企业寿命低于发达国家水平，其原因包括企业经营管理在总体上还处于向发达国家企业学习、追赶的状态，在战略管理方面也同样如此，还有很多短板需要逐步解决。

长城汽车在战略实施上是做得比较稳健的一个企业。

在长城汽车的战略实施上，以魏建军为首的管理团队领导力是很强的，并且管理团队长期处于比较稳定的状态。在很长一段时间里，魏建军主管战略制订和实施、研发、生产等工作，王凤英主管市场营销，形成了长城汽车高层管理的双核结构。

在战略推进上，从1995年聚焦皮卡，到2002年拓展到SUV，再到近几年向中高端品牌升级，长城汽车的战略节奏是稳健有效的。产品、品牌得到市场认可的背后，是长城汽车在研发上的积极投入和在生产制造上对丰田精益生产方式的消化吸收。研发、生产的高效，背后的逻辑则是长城汽车的企业文化、思想共识、人才队伍建设和激励机制的与时俱进。

在团队建设和企业文化建设中，长城汽车一直根据企业战略需要坚持稳健务实的精神扎实推进。在长城汽车发展的前20年里，产品聚焦在中低端皮卡和中低端SUV上，较高产品质量和较低价格的产品定位要求企业在生产上提高效率降低成本。这一时期，长城汽车以河北特别是保定地区的员工为主，同时通过高强度的军训和企业文化培训使员工入职后在思想感情上完全认同长城汽车的文化。当时长城汽车的《企业文化手册》有24页，内容包括企业使命、愿景、基本理念、企业精神、行为规范等。值得一说的是，长城汽车企业文化绝非仅写在纸上的条文，而是贯穿于所有员工整个任职于长城汽车的过程中，长城汽车通过对手册中相关规定的严格执行，将企业文化彻底内化于全体员工心中，外化为员工的言谈举止。

长城汽车从一开始就崇尚廉洁文化，在手册中明确规定不允许因任何原因与供应商私下吃饭，更不允许收受贿赂。长城汽车专门成立了经营监察本部，有七八十人，分为多个组，对员工廉洁自律方面的表现进行全方位监察，有效地保证了企业的健康运营。

正是这种近乎严苛的文化与制度的落地生根，保证了长城汽车自1996年3月就确立的"每天进步一点点"核心理念企业发展进程中得以实现，使一个乡镇小厂得以进入中国自主品牌车企第一阵营。

下面我们再以长城汽车近几年在新能源车、智能车产业链上的战略布局举措进一步分析长城汽车战略实施稳健务实的独特优势。

长城汽车的战略规划，到2025年长城汽车80%销售车型是新能源智能车。2021年长城汽车新能源车销量占比仅10.7%，2025年的战略目标毫无疑问是相当有胆魄的，能否实现也有待观察。长城汽车之所以在战略上有如此大手笔的规划，与其此前的布局是有很大关系的。

我国新能源汽车的启动可以追溯到2001年，当年国家启动了电动汽车重大科技专项。2007年，国家发展和改革委员会颁布《新能源汽车生产准入管理规则》，鼓励企业研究开发和生产新能源汽车。2009年1月，我国启动新能源汽车"十城千辆节能与新能源汽车示范推广应用工程"。2012年，国务院印发《节能与新能源汽车产业发展规划（2012—2020年）》。2013年颁布《关于继续开展新能源汽车推广应用工作的通知》，提出2013年至2015年继续开展新能源汽车推广应用工作。2015年，中国新能源汽车产量达到了37.9万辆，销售33.1万辆，成为全球最大的新能源汽车产销市场。此后，在相关政策的推动下，中国新能源汽车市场进一步爆发。2021年，中国新能源汽车销量突破350万辆，新能源汽车出口31万辆。

中国新能源汽车产销爆发与"双碳"目标的提出密切相关，同时，新能源汽车也是中国汽车与老牌汽车强国竞争的重要契机。长城汽车新能源车布局就是在这样一个大背景下实施的。

长城汽车从2009年成立新能源汽车小组，专攻新能源领域的技术难点问题。此后，长城汽车陆续建成了电芯、机理分析、PACK、BMS试制实验室以及电池试制车间、试验中心、分析中心等。考虑到新能源车在国际市场的发展潜力，长城汽车根据不同国家和地区使用场景需求，采取纯电+混动+插电混动+氢能源多技术路径并举的发展模式。

在新能源汽车战略布局中，长城汽车深刻认识到动力电池对新能源汽车制造的重要性，从2012年就开始进行动力电池的预研，并在2018年将公司旗下的动力电池事业部独立为蜂巢能源科技有限公司，该公司除了为长城汽车提供高技术高质量动力电池，也向国内外车企提供产品和服务。

基于此，长城汽车的新能源车板块表现优异。2018年，长城汽车将旗下欧拉品牌独立，向新能源化、电动化转型。2021年，长城新能源车销量13.7万辆，位居全国第五，比2020年增长140%，新能源车销量占长城汽车整体销量已达10.7%。

（四）战略评估和调整

在企业战略管理过程中，战略评估贯穿于战略分析、战略选择、战略实施全过程，这里主要讨论战略实施中的战略评估和调整。

企业战略管理应当是先略后战、边战边略、战后再略的。也就是说，在实施战略规划前要先做好战略分析和战略选择。但所有预先制定的战略都有可能只是主观愿望，未必完全符合实际。即使完全符合当时的情况，但在战略实施的过程中，企业内外部环境都会发生变化，也可能出现原本正确的战略不适应变化了的环境的问题。因此需要"边战边略",也就是对最初的战略进行评估,对不适应的部分进行纠正、调整、完善。另外,在一个阶段的战略目标完成后,需要对已经完成的战略规划进行评估,总结经验教训,以制定下一步的战略,这就是"战后再略"。

战略评估的内容包括:战略是否与企业的内外部环境相适应;从利用资源的角度分析战略是否恰当;战略涉及的风险程度是否可以接受;战略实施的时间和进度是否恰当;战略是否可行。

由于战略管理本身的全局性、系统性和长远性,在进行战略评估时也必须贯彻全面系统的原则,在确定评估指标时,要把日常指标和战略指标、动因指标和结果指标、财务指标和非财务指标、短期指标和长期指标、内部指标和外部指标等进行综合平衡的考虑。

美国学者罗伯特·卡普兰和大卫·诺顿在二十世纪九十年代开发的平衡计分卡就是从财务、客户、内部运营、学习与成长四个角度,将企业战略落实为可操作的衡量指标和目标值的一种战略绩效评估体系。它的基本逻辑是:企业战略是否有效,可以在企业的财务指标中得到显示;要实现企业的财务指标,就要实现客户与市场指标;要实现财务与客户指标,就要建立能满足客户需求的、富有竞争力的业务流程;实现财务、客户和内部业务流程的目标,则需要企业和员工通过不断学习和成长来保障。平衡计分卡的理论架构实际上较好地体现了战略管理的全局性、系统性和长远性,在进行企业的战略评估时可以借鉴。

长城汽车30多年的发展体现了一个企业战略不断反省、调整、完善的过程,在这个过程中,有弯路、有挫折、有失败,但整体来看,长城汽车的战略思想和战略实施是在不断成熟的。

到目前为止,长城汽车最成功的战略就是差异化的走高性价比汽车发展之路，通过技术研发，将企业产品由中低端稳步向中高端提升。

长城汽车的皮卡和SUV是在这两类产品相对边缘化时及早识别并选择差异化高性价比之路获得成功的。事实上，2000年时长城汽车也进入了轿车领域，但发现以长城汽车当时的人才队伍、技术积淀、制造能力的资源状况，难以多元发展，于是决定主攻皮卡和SUV业务，这才有了后来长城汽车的市场地位。

从2014年开始，长城汽车决定向中高端产业链进军。在SUV品牌哈弗中开发了H9、H8、H7等15万元到20多万元的车型，这些车型打破了哈弗车中低端、高性价比的品牌形象，但在技术、质量上与同价位的国外品牌相比还有距离，因而长城汽车的这次品牌升级未能如愿。

2016年，长城汽车决定推出全新品牌"魏牌"，主打中高端车型。这次战略实施的成功之处是推出了高端越野车型"坦克"，后来"坦克"独立出来运营，获得了成功。坦克品牌的成功仍然是基于差异化高性价比战略，也就是在高端越野车型中找到尚未得到有效满足的那部分车主的需求，以较好的质量、较低的价格占领目标用户心智。剥离了坦克品牌之后的魏牌继续在试错、探索中寻找正确之路。这种寻找就体现在2020年长城汽车在企业文化、组织架构、人才制度等方面的全面变革。

在企业文化上，长城用21个字重新表述全新企业文化：使命愿景——"绿智潮玩嗨世界"、核心价值观——"廉信创变共分享"、企业精神——"每天进步一点点"。"绿智潮玩嗨世界"就是坚持对绿色、清洁能源产生的研发投入，以智能产品为核心，打造全场景高智能产业生态，捕捉时代潮流，并在智能科技的加持下让车更好玩，同时赋予产品文化内涵，走向世界。"廉信创变共分享"中，"廉信创变"是长城本身的基因，"共分享"是首次提出的。"每天进步一点点"是1996年就确定的核心理念。

在组织架构上，实行加速执行轮岗机制、建立干部选拔导向与标准，实施内部称谓"去总化"，鼓励员工结合角色/岗位属性取花名等措施。打通作战单元，形成"一车一品牌一公司"，让每一款车、每一个品牌都形成一个集成团队、一个"创业公司"，在机制的推动下，每一个队长都向"创业公司"的"老板"转身，以更加扁平化的组织架构，更高效地面向用户和市场。

在人才制度上，长城汽车启动股权激励、轮值总裁制度，提高员工积极性。

通过上面的简要介绍可以看到，在国内国外政策环境和产业环境剧烈变化、人力资源市场和消费者需求也发生巨变的时候，长城汽车感知到机遇与挑战并存，主动进行了全方位、深层次的战略变革。比如，长城汽车在管理风格上原本是具有鲜明传统文化气质的，其高度管控的管理模式实际上渗透着儒法思想。但2020年长城汽车对外公布的改革方案已经明显吸收了90后甚至00后青年文化的特点，也积极吸收了行之有效的互联网企业的管理风格和管理理念，如内部称谓"去总化"，鼓励员工结合角色/岗位属性取花名、"潮玩"概念。

作为传统制造业中具有鲜明传统管理特征的企业，长城汽车这一变革的力度是极大的，相信也会遇到很多困难。然而，不变必"死"，变则可能开出新路，不妨拭目以待。

（五）对长城汽车战略管理的总结

总结长城汽车在战略管理上的经验，可以得出以下几点结论。

第一，准确把握国内外经济形势、汽车产业政策，在吃透市场特点的基础上，根据自身企业的资源情况进行精准定位，实施聚焦战略。

《易经》战略思维的一大特点就是宏观、中观、微观的视角贯穿始终，使战略管理更加全面、深刻、精准。

长城汽车在30余年的发展过程中，最核心的战略方向就是走差异化高性价比的造车之路，前20年的皮卡、赛弗、哈弗的成功如此，近期成功的长城炮、坦克、欧拉也是如此。长城汽车作为民企，在与国企、外企的竞争中，在人才队伍、技术积淀、资金等各方面都处于弱势，必须将有限的资源集中在少数一两个领域进行差异化发展。汽车产业既是传统制造业，又是技术密集、资金密集型产业，从中低端价值链向中高端价值链发展，需要足够长的时间，保持足够的耐心、采取足够精细化的管理、付出足够踏实稳健的努力才可能取得可感知的进步。长城汽车从1996年就确立的"每天进步一点点"企业精神实际上就是这种战略思想的具体而又深刻的体现。

第二，战略管理有一个持续的过程，"一招鲜，吃遍天"在市场环境变幻莫测的今天已经完全不可能。密切关注国内外经济形势，对新形势做出新的分析判断是保持基业长青的基础。

《易经》的核心理念就是"易，穷则变，变则通"（《易经·系辞》），这一点已被中国优秀企业家内化为精神本能，长城汽车正是如此。

从1995年聚焦皮卡到2002年发展SUV，再到近年发展高端的魏牌、坦克、长城炮，长城汽车在战略管理上不断自我跃迁。

第三，勇于面对战略管理上的失误，"知耻近乎勇"，通过对战略失误的反省倒逼战略决策的科学化、精准化。

周人从古公亶父到武王伐纣成功的百年历史中屡受挫折，但每次挫折之后都能复盘总结经验教训，避免重蹈覆辙，终于由弱变强。

战略管理从来就是动态的，有一个不断试错、不断纠偏、不断完善的过程。战略管理当然需要先略后战，但更需要边战边略、战后再略，从战争中学习战争、从管理中学习管理是更加有效、更鲜活的学习、成长方式。

长城汽车从不回避自己在战略分析上的失误。长城汽车总部竖有"前车之鉴"碑，这块碑立于2010年，被内部员工俗称"耻辱碑"。碑上镌刻着长城汽车在不同发展时期不同类型的"失败"：2002年，由于对客车行业经营特性分析不充分，盲目进入客车市场，导致客车项目经营失败；2007年，因对顾客价值识别不充分，导致精灵车型产品定位不准确、市场销量低、生命周期短；2009年，因市场调研不充分，导致酷熊车型造型设计过于个性化，量产后市场表现不佳；2009年，因技术研究院对K5新内饰设计评审不充分，导致项目重新设计。

长城汽车在2020年的全面变革，实际上就是长城汽车在面临从中低端价值链向中高端价值链升级遇到种种新问题时的一次全面自我更新。

第四，战略上达成共识，执行上能保证战略落地。

和周人的发展历程一样，长城汽车通过制度建设和组织文化建设使战略达成共识，执行上能保证战略落地。

长城汽车前20多年的制度建设和企业文化建设上有着明显的传统文化特征，高度管控的管理风格保证了长城汽车的高效率低成本，使差异化高性价比的战略得以实现。从中低端价值链向中高端价值链升级的转型中，在保持固有优势的同时，长城汽车要解决如何将中高端价值创造所需要的更宽松的工作环境与氛围、对个性的包容、与员工分享利益的理念融入原有企业基因，在新的发展阶段达成共识等问题。

第五，将传统战略思维与西方现代企业战略管理理论结合起来。

长城汽车在战略管理中，除了传统战略思维，也吸收了艾·里斯的定位理论、日本丰田汽车的成功管理经验，使传统思想更好地落地现代企业经营管理。

第三章 儒家仁礼思想与企业组织能力建设

每一个企业领导者都希望自己的企业能够上下同心、同舟共济，员工能够做到不令而行、知禁而止。但我们经常看到的是企业好不容易在激烈竞争中站稳脚跟，就出现种种组织体系的紊乱问题。或者是高层意见分歧乃至分庭抗礼，核心高管出走；或者是中层干部各怀心思、人浮于事；或者是基层员工怨声载道，没有归属感。企业的核心竞争力，说到根本，是由企业中的人打造出来的，人是企业最核心、最关键的资源。只有把企业中的人有效组织起来，形成最佳结构，才能把企业的潜力发挥到极致。

本章要讨论的是儒家思想如何对现代企业经营管理的组织能力建设发挥有益作用。

一、儒家有关组织能力建设的思想资源

组织能力指一个组织基于人力资源管理体系形成的"组织记忆",它能产生特有的组织群体模式,使组织在竞争中拥有同行所不具备的优势,实现更高的工作效率,生产出更高质量的产品,从而在竞争中脱颖而出。

(一)先秦儒家思想与组织能力建设

先秦儒家有关组织能力建设的思想主要体现在孔子、孟子、荀子以及《大学》《中庸》中。

1. 仁

仁学思想是儒家学派创始人孔子的一个重要思想贡献。孔子说自己是"述而不作,信而好古"(《论语·述而》),他要表达的是,周文王、周公所创立的周文化已经十分完善了,我只需要把周文化的精髓阐述出来就可以了,不必再创造新的理论了。但是,仁学思想确实是孔子对周文化的礼乐思想的一个重大完善,在强调上下等级尊卑的礼乐制度中加入了仁爱思想,强调身居高位的领导者应当具备仁爱良善之心,将仁爱原则贯彻到行政事务以及日常生活的方方面面,并且率先垂范影响教化组织中的所有人,形成整个组织内部相互谦让、关爱、帮助的和谐状态。

孔子在其仁学思想中,首先提出了"仁者爱人"的命题。这个命题对"仁

者",也就是对一个社会、一个组织中的精英、领导者提出了要求。

关于如何做到"仁",孔子又提出了两条原则,"己欲立而立人,己欲达而达人"(《论语·雍也》)和"己所不欲,勿施于人"(《论语·颜渊》)。

"己欲立而立人,己欲达而达人"是从积极角度来说的,应用到现代企业管理中,可以理解为,自己希望成功、通达,将心比心,自己的下属、员工也希望成功、通达,因此,在自己成功的同时,也要为下属和员工创造条件,积极帮助他们实现自己的愿望。

"己所不欲,勿施于人"的意思是,自己不愿意承受的事情,将心比心,也不要勉强别人承受。

《论语·乡党》中记载着这样一个故事。孔子在鲁国做官时,有一次马厩失火,孔子回家后,第一句话问的就是"有人受伤了吗?",没有问马的情况。对孔子来说,人是最重要的,马只是财物而已。"人命关天"的理念在中国根深蒂固,与儒家思想有极大关系。

《孔子家语·致思》记载了另一个故事。孔子要出门,遇上下雨,门人建议孔子向弟子子夏借伞,孔子拒绝了。他说:"子夏这个人因为家庭过于贫困,对各种器物十分爱惜。我觉得与人相处,要充分发挥别人的长处,避开别人的短处,这样才能相处得长久。"在这个故事中,子夏作为孔子晚年一个优秀学生,老师向他借伞,他肯定会借的。但孔子很清楚,子夏因为家中贫困,对所有东西都十分爱惜,如果把伞借给孔子,会担心出问题。万一伞被弄坏了,子夏肯定会痛惜,如果老师给他补偿,他肯定也会过意不去。因此,向子夏借伞,实际上就是带给子夏困扰。孔子将心比心,不向子夏借伞。

在这两个很典型的故事里,我们发现,孔子从来不会因为自己是鲁国大司寇,或者是学生们尊敬的老师,就颐指气使,而是时刻以仁爱之心关心、体恤下属和学生。

孔子做到了"吾日三省吾身"(《论语·学而》),时刻反省、检点自己的言行是否达到了仁爱的标准。

创作于战国时期的《大学》将孔子"己所不欲,勿施于人"的理念进一步发展为"絜矩之道":

> 所恶于上,毋以使下;所恶于下,毋以事上;所恶于前,毋以先后;所恶于后,毋以从前;所恶于右,毋以交于左;所恶于左,毋以交于右。此之谓絜矩之道。

意思是:

> 厌恶上级对待自己的态度,就不要用同样的态度去对待自己的下属;厌恶下属对待自己的行为方式,也不要用同样的行为方式对待自己的上级;厌恶前面的人对自己所做的事情,也不可以对自己后面的人做那些事情;厌恶后面的人对自己所做的事,就不要对前面的人做那些事;厌恶右边的人所做的恶事,就不要把同样的恶行加在左边的人身上;厌恶左边的人所做的恶行,就不要把同样的恶行加在右边的人身上。这就叫絜矩之道。

絜矩之道对打造相互尊重、谦让、和谐的组织氛围很有益处。

孟子进一步发展了孔子的仁学思想。

孟子对仁的定义是:"恻隐之心,仁之端也。"(《孟子·公孙丑上》)恻隐之心就是对别人的不幸、灾难油然而起的哀痛、同情之情。孟子认为,恻隐之心人皆有之,将恻隐之心"扩而充之"就是仁。孟子也常以"不忍人之心"来定义仁:"人皆有所不忍,达之于其所忍,仁也。"(《孟子·尽心下》)"不忍"之心和恻隐之心一样,都是对他人的不幸产生的哀痛、同情之情。

在孟子这里,"不忍"之心和恻隐之心都是对他人遇到不幸、灾难这种特殊境遇时自然产生的悲悯同情之心，是仁的开端。不断培育这种仁爱的种子，使它长成参天大树，这个人才算是仁者，也就是君子。仁者、君子是时时刻刻都在关爱、帮助别人的人。

孔子的仁学思想是基于宗法血缘关系的人与人之间的仁爱关系，继而通过由亲至疏、由内而外的层层推演，扩大到"泛爱众"的层面。孔子的学生有子将孔子的仁学思想概括为"孝悌也者，其为仁之本矣"（《论语·学而》）。孟子对孔子思想的重大突破在于，更强调对普通民众的关爱、悲悯与同情。因此，孟子的仁学更多体现为领导者对民众关爱、帮助的责任，如果领导者不愿或者不能履行这种责任，民众对他们可以不予尊重，可以将他们看作路人。如果领导者倒行逆施，民众甚至可以揭竿而起。《孟子·离娄下》说的就是这个意思："孟子告齐宣王曰：'君之视臣如手足，则臣视君如腹心；君之视臣如犬马，则臣视君如国人；君之视臣如土芥，则臣视君如寇雠。'"

孟子认为，君主是君臣关系的主要方面，其行为起着主导作用。"君仁，莫不仁；君义，莫不义；君正，莫不正。一正君而国定矣。"（《孟子·离娄上》）品德高尚、能力超群的领导者对组织的成败起着关键作用。

但孟子并不认为君主的地位天然高于臣子和普通民众，孟子认为君臣关系是一种对等的关系，君主与臣子和普通民众的关系是否良好建立在君主是否履行好了自己应当履行的责任上。履行好责任就是好君主，履行不好责任就是不称职的君主，倒行逆施、胡作非为，导致怨声载道、民不聊生就不是君主，而是独夫民贼。

《孟子·梁惠王下》记载了孟子和齐宣王的一次对话。齐宣王问："商汤流放夏桀，周武王讨伐商纣，真的有这些事件吗？"孟子答："史料中有这种记载。"宣王问："臣子犯上杀死君主，行吗？"孟子答："破坏仁的人叫作

'贼',破坏义的人叫作'残',毁仁害义的残贼,叫作'独夫'。只听说把独夫纣处死了,却没有听说是君主被臣下杀害了。"

因此,孟子很自然地就得出了"民为贵,社稷次之,君为轻"(《孟子·尽心下》)的结论,提出了"得民心者得天下"的命题,而要得民心,就必须"所欲与之聚之,所恶勿施尔也"(《孟子·离娄上》),充分考虑人民的愿望。

孟子心目中最理想的领导者是"乐民之乐者,民亦乐其乐;忧民之忧者,民亦忧其忧。乐以天下,忧以天下,然而不王者,未之有也。"(《孟子·梁惠王下》)也就是想民众所想,痛民众所痛,乐民众所乐,始终与民众的切身利益紧密相连、忧乐相通。

从这里我们可以看到,孟子对民众的权利十分重视,已经有了可贵的民主意识。孟子这一思想是对孔子思想的极大突破,是对"君君臣臣父父子子"身份等级制度的颠覆。这在有保守倾向的儒家思想体系中无疑具有石破天惊的震撼意义,而在现代社会,这些思想更值得我们继承发扬。

2. 义

"义"的繁体字是"義",这是一个会意字。《说文解字》:"义,己之威仪也。从我、羊。""羊"代表祭祀,"我"是兵器,又表示仪仗。《释名》:"义,宜也。裁制事物,使各宜也。" 孔子说:"义者宜也,尊贤为大。"(《中庸》)义的本义是正义、威仪、合宜的道德、行为或道理。

义是孔子思想的重要内容之一。

如果说仁是对君子关怀、关心、帮助他人的品德要求,那么义就是根据这样的品德要求引申出来的行为规范、原则、道理。孔子说"义者宜也","宜"就是适宜、合宜、合适的意思,也就是合乎"仁"的要求、合乎"仁"的本质。

孟子将孔子关于义的一思想做了进一步阐述："仁，人之安宅也；义，人之正路也。"（《孟子·公孙丑上》）"仁，人心也；义，人路也。"（《孟子·告子上》）"居恶在？仁是也。路恶在？义是也。居仁由义，大人之事备矣。"（《孟子·尽心上》）"谓理也，义也。圣人先得我心之所同然耳。故理义之悦我心，犹刍豢之悦我口。"（《孟子·告子上》）在孟子看来，仁是人安顿灵魂的精神家园，义是人生的正路。"居仁由义"的意思是，心中有信仰，行动有力量。满怀信仰的君子是一定会按照符合道义的原则去行动的。因此，仁和义二者之间有密切关系，仁是根本，义是由仁衍生出来的行为规范、原则和道理。

孔子将义的原则运用到个人修养、政治治理，以及处理义利关系上。

在个人修养方面，孔子认为"君子喻于义，小人喻于利"（《论语·里仁》），义是对君子的本质要求，践行义的原则是君子的使命，是其人生价值的体现。因此主张"君子义以为上"（《论语·阳货》），"君子义以为质"（《论语·卫灵公》）。孔子在讨论义的时候还提出了"成人"的概念："今之成人者，何必然？见利思义，见危授命，久要不忘平生之言，亦可以为成人矣！"（《论语·宪问》）所谓"成人"就是道德完美的人，"成人"的标准是，面对利益的诱惑要考虑获利是不是符合道义，面临危险能够挺身而出付出生命，长久地处于贫困之中能够不忘初心、坚定信仰。

在政治治理上，孔子主张管理者要遵循义的原则开展工作。孔子说："上好礼，则民莫敢不敬；上好义，则民莫敢不服；上好信，则民莫敢不用情。"（《论语·子路》）管理者遵循义的原则人民就不敢不服从。管理者推行自己的主张也要遵循义的原则，"行义以达其道"（《论语·季氏》）。管理者指使民众要符合公平正义，"有君子之道四焉：其行己也恭，其事上也敬，其养民也惠，其使民也义"（《论语·公冶长》）。

在管理工作中，怎么做才算是优秀的管理者呢？孔子给出了答案："质直而好义，察言而观色，虑以下人。在邦必达，在家必达。"（《论语·颜渊》）孔子认为，优秀的管理者应当是正直的，要坚持正道，善于体味他人的言外之意，观察他人的脸色，总是想着如何谦恭待人，这样在国家做官就一定能事事通达，在大夫家做事也一定能事事通达。在这里，我们可以看到，孔子把正直、坚持正道放在了首位，但紧接着又加上了"察言而观色，虑以下人"，这两条是絜矩之道在管理工作中的具体应用，而絜矩之道本身是仁这一理念的内容。由此可见，第一，仁义之间密切联系，相互支持；第二，孔子始终坚持，在管理工作中，既要讲原则，也要有权变，这样才能保持团队的和谐和组织的健康运行。

在义利关系上，孔子推崇义、提倡义，但也肯定追求利益的合理性。他说"富而可求也，虽执鞭之士，吾亦为之。如不可求，从吾所好。"（《论语·述而》）按照杨伯峻《论语译注》的解释，"执鞭之士"在孔子时代有两种：一是天子或者诸侯出入时在前面挥鞭鸣响使行人让路的人；二是市场的守门人，手执皮鞭维持秩序。不管是哪一种，"执鞭之士"都属于"贱职"。孔子的意思是，如果财富可以通过正道获取的话，即使是做"执鞭之士"这样低贱的工作，他也愿意。但是如果财富不能通过正道获取，就不会考虑了。这种思想在《论语》中反复出现："富与贵，是人之所欲也；不以其道得之，不处也。贫与贱，是人之所恶也；不以其道得之，不去也。"（《论语·里仁》）"不义而富且贵，于我如浮云"（《论语·述而》），"见利思义"（《论语·宪问》），"见得思义"（《论语·季氏》）。强调的都是义在利前，追求利益不能伤害道义。

3. 礼

儒家思想的核心是仁礼学说。礼是中国古代约束人们行为的社会规范体系，既体现为国家大典、各种制度、法律条文，也体现为族规家训、乡规民约。在中国历史上，礼提供了中国社会的规则、秩序和法律，更渗透着中国的传统核心价值观，礼对中国社会、中国民众的心理和文化性格影响至深。

礼起源于远古的祭祀活动。殷商甲骨卜辞中就有"礼"字。《说文解字》曰："礼，履也，所以事神致福也。"由此可见，礼最初是对神灵的祭祀求福。孔子说："殷因于夏礼，所损益，可知也；周因于殷礼，所损益，可知也。"（《论语·为政》）"周监于二代，郁郁乎文哉，吾从周。"（《论语·八佾》）孔子这两段话说的是，礼的传统是不断继承扬弃的结果，周公制礼作乐是在夏商礼文化基础上进一步完善的结果。

周的礼制和商的制度相比有重大创新，商礼重神、重敬、重刑，也就是偏重威慑、敬畏和刑罚，周公总结商覆灭的经验教训，深刻体会到，一个政权能否基业长青，不在于神秘难测的"天命"，而在于领导集团能否实行德政，让民众休养生息，能否引导、教育人民遵纪守法、和睦相处。因此，周的礼制在保留重敬传统的同时，增加了重情、重德、重教三个新的特点。重情指周礼在强调上下等级尊卑之时，也强调血缘亲族之间的温情；重德是为周代商提供合法性依据，同时也时刻提醒周人"天命靡常""聿修厥德"（《诗经·大雅·文王》）；重教是周的统治者认识到一味使用威慑和刑罚会激化矛盾，因此周礼更侧重对社会各阶层的教育感化。周公制礼作乐，就是在实行严格烦琐的礼制时，通过音乐来缓解上下等级尊卑造成的紧张感、僵化感。

因为礼渗透着一个社会的核心价值观，维系着一个社会的秩序、规则，因此在礼崩乐坏的春秋时期，孔子"知其不可而为之"（《论语·宪问》），以

"克己复礼"（《论语·颜渊》）作为自己一生的使命。

春秋时期，由于铁器的使用，生产力得到很大发展，个体的欲望开始不断膨胀，原来规范人们社会行为的礼乐制度被不断冲决。不仅周天子被原本是下属的诸侯欺凌，各诸侯国内部也同样不断出现以下凌上、政纲混乱的局面。失去了有效约束的各诸侯之间更是攻伐频仍、你争我夺。《史记·太史公自序》："春秋之中弑君三十六，亡国五十二"，这就是《孟子·尽心下》说的"春秋无义战"。

正是在这样的情势下，深具使命感和救世情怀的孔子继承和发展了周朝的礼乐传统，并通过引仁入礼将礼乐传统中的重情、重德、重教的精神进一步强化，希望以此实现以礼治国、以德治国的目标。对此，孔子说过一句很著名的话："道之以政，齐之以刑，民免而无耻；道之以德，齐之以礼，有耻且格。"（《论语·为政》）意思是：用政令来治理百姓，用刑罚来制约百姓，百姓只是求得免于犯罪受惩，却不会有廉耻之心；如果用道德来引导百姓，用礼制来约束百姓，百姓不但有廉耻之心，而且会纠正自己的错误。

应当说，孔子的礼教思想很有价值，无论是对古代还是对现代的政府管理、社会治理中都能发挥有益作用。这里要讨论的是，礼制作为一种规范体系，其刚性约束的作用在孔子这里确实被有意识地忽略了。不妨设想一下，当一个社会、一个组织面临信仰缺失、人欲横流、尔虞我诈、盗贼公行之时，只用道德教化能否根本性地解决问题呢？无论从史实还是日常经验，我们都知道这是完全不可能的。孔子一生，除了五十多岁在鲁国短期做过官外，大部分时间推行他的理想都屡屡碰壁，孟子也同样如此。这与孔孟思想对礼学思想中刚性约束的忽视是有关系的。

因此，对儒家礼制思想而言，还需要一个更具现实主义精神的人来解决礼崩乐坏的问题。这个人就是荀子。

荀子生活于战国末期，他死后17年，秦始皇统一中国。荀子活跃的时期也正是战国七雄纷争最激烈的时期，因此，出于救世情怀，荀子融汇了道家、法家思想，将孔孟开创的儒家思想发展到既不放弃其高标之理想、又具有切实可操作性的新阶段。冯友兰先生在其《中国哲学简史》中专门列出第十三章，题目是"儒家的现实主义派：荀子"，很精准地概括出荀子学说的特质。

荀子是赵国人，其祖上是晋国贵族荀息，被封荀国故地，以地为氏。三晋之地（韩、魏、赵）为刑名法术之学的大本营，法家大师申不害是郑国人，但在韩为相19年，以重"术"著称；慎到和荀子一样也是赵国人，早年曾"学黄老道德之术"，是从道家分化出来的法家；商鞅是卫国人，早年曾侍奉魏国国相公叔痤任中庶子。

韩、魏、赵处于七国纷争的中心位置，竞争之激烈、博弈之残酷无出其右。注重功利、强调实用、追求立竿见影的法家思想成为此地的特产。

在这个时代、在这种环境下，荀子将儒家由高蹈迂阔的孔孟儒学发展为深接地气、注重实操的荀子儒学。

和孔孟一样，荀子也追求内圣外王，但荀子深刻地认识到孔孟所强调的"仁""礼""义"固然美好温馨，但在礼崩乐坏的战国末期，对绝大多数芸芸众生来说实在过于虚幻缥缈，而用这些学说去游说焦虑狂躁的七国君主，也是缓不济急。

说得再简单一点，西周早期，人口不多，人与人之间、诸侯与诸侯之间的竞争还没有那么激烈、残酷，人的欲望还没有那么膨胀，因此仁义礼等软约束还比较有效，但经过六七百年的发展，到春秋后期，周公制定的礼乐制度早已崩溃，人的贪嗔痴等原始欲望如洪水猛兽般喷涌而出，此时，如果还抱残守缺地幻想用仁义礼等软约束去说服、教化、引导上至诸侯国君、中至各级官员、下至平民百姓，那无异于扬汤止沸。

人与人的竞争、国与国的竞争，已经是欲望与欲望的博弈、利益与利益的争夺、实力与实力的对抗了。当此时，儒家思想必须与时俱进，从软约束进化跃迁到软约束与硬制度、仁义礼制与刚性法治相结合的阶段。

于是，荀子放下身段，在坚持仁义、坚持内圣的同时，开始强调对人的已经膨胀的欲望的约束、对欲望膨胀后造成的罪恶的制裁惩罚，于是，荀子将孔子的偏于软约束的礼发展为偏向硬约束的制度，并进而发展为刚性的法治规范。

为了解决人们的争斗抢夺，荀子提出两种方法。一是"分何以能行？曰：义。"（《荀子·王制》）另一是"分莫大于礼。"（《荀子·非相》）。前一种侧重于道德教化；后一种侧重于礼法制度。

据此，荀子提出了"隆礼尊贤而王，重法爱民而霸"（《荀子·大略》）的命题，这个命题包含两层意思。

第一，礼法并举、王霸统一。荀子认为"治之经，礼与刑，君子以修百姓宁。"（《荀子·成相》）"礼以定伦"（《荀子·致士》），法能"定分"，二者可以相互为用。只是法的特点表现为通过赏罚来维护等级秩序。

第二，礼高于法，礼为法之大本。只讲法治，不讲礼治，百姓只是畏惧刑罚，一有机会仍会作乱。他把"法治"称作"暴察之威"，"礼治"称作"道德之威"（《荀子·强国》）。法治至其极也不过为"霸"，而不能成"王"。如果以礼义为本，则法治就可以更好地发挥作用了，"故礼及身而行修，义及国而政明，能以礼挟而贵名白，天下愿，会行禁止，王者之事毕矣。"（《荀子·致士》）

以上论述说得直白一点就是：对于积极向上、自觉性好的人，就以教育引导为主，对于恃强凌弱、屡教不改的流氓混混就绳之以法，以此对社会不安定因素起震慑作用。

从组织能力建设的角度看，荀子的思路无疑是更符合实际、更具操作性的。事实上，此后中国传统社会政府管理的基本模式确实是按照荀子思路建立的。

儒家"两个半圣人"中的一个——王阳明，其理论来源是孔孟一系的，特别是他的心学，深受子思、孟子的滋养。王阳明晚期思想"致良知"学说源于《大学》的"致知"和《孟子》的"良知"。但王阳明在湘赣闽粤平定内乱时所用的基本方略，却是荀子的礼法并举、王霸兼用。王阳明认为，人人皆有良善之心，那些落草为寇的人只不过是因为在特殊情况下被私欲蒙住了良善之心，因而走上了歧途。王阳明从一开始就知道"破山中贼易，破心中贼难"，要根本解决当地的匪患问题，从长远看，一定要把教育、引导、感化工作做到位，做扎实。王阳明开始实施平定策略的时候，用的却是强制性手段甚至是暴力手段。暴力手段就是军事行动，将已成燎原之势的几伙匪寇重点清除，形成震慑效应。强制手段就是十家牌法之类的强制推行的社会治理手段，以十户人家为一个单位，相互监督，相互呼应，一家通匪，九家连坐，以此杜绝普通百姓给匪寇的通风报信。

因此，我们在讨论儒家礼学问题时，在充分肯定孔子礼制思想的意义时，也要充分认识到荀子思想的重要性，要把制度建设和制度施行落到实处、做到细处，才可能解决组织的凝聚力、战斗力、效率问题。

4. 道德教化

注重对组织成员的道德教化是儒家思想的一大杰出贡献，长期不懈的道德教化能够使组织内部产生强烈的凝聚力，使组织成员形成共同的价值观，进而提高组织的战斗力。

儒家关于道德教化的思想本来归属于礼制思想中，由于礼制思想十分丰富，道德教化在中国传统社会中的作用又十分重要，因此我们将道德教化思想单独提出来阐述。

孔子在道德教化思想中首先强调一个组织的领导者必须率先垂范，以身作则。孔子指出："政者，正也。子帅以正，孰敢不正？"（《论语·颜渊》），管理的本质既是"正己"又是"正人"。

一个组织的最高领导者对组织起到关键作用，领导者要有战略眼光、有胆魄、有能力之外，还必须在道德修为上不断完善自己，由此为组织成员认可、信赖。因此，孔子又提出了"其身正，不令而行；其身不正，虽令不从"（《论语·子路》）的命题。儒家对领导者提出的"内圣外王"理想，在这个表述中得到了体现。领导者的威信一定是在领导者不断的自我约束、自我提升、自我更新的过程中建立和巩固起来的。

对此，孟子也有一段很好的阐释，"爱人不亲，反其仁；治人不治，反其智；礼人不答，反其敬。行有不得者皆反求诸己，其身正而天下归之。诗云：永言配命，自求多福。"（《孟子·离娄上》）意思是：我爱别人而别人却不亲近我，这时候就要反思自己是不是真有仁爱之心；我管理别人却没管好，这时候就要反思自己的方式方法是不是合适；我礼貌待人，别人却不理睬我，这时候就要反思自己的态度是不是足够恭敬。任何行为得不到预期效果，都应反躬自问，检点自己。诗经说：要想能够永远地与天命相配，就要不断自己努力。

曾国藩在与太平天国作战时，曾经发生过这样一件事。

1860年6月，曾国藩以兵部尚书衔署理两江总督。曾国藩认为祁门东连浙江，南达江西，既可有效地节制两江属下的江西、江苏、安徽三省，也可控制浙江，周围还有天然屏障，是一个理想的军营驻扎之地。

但实际情况是，祁门地势像一个锅底，只有一条官马大道、一条蜿蜒小径、一条极窄的小河与外界相通，如果这三条出路被切断，祁门就成为兵家所说的绝地。曾国藩的首席幕僚李鸿章发现这一问题后，当即劝说他改变大营驻地。曾国藩也认识到这一错误，但是奏折已上报朝廷。并且，曾国藩此前与朝廷的关系并不和谐，1857年曾因向朝廷要官被免职，现在好不容易重新获得信任，被授予署理两江总督的职务。署理就是代理，前任两江总督何桂清失职被杀，由曾国藩暂时代理，代理得好就正式任命，代理不好就回任原职。在这种关键时刻，绝对不能再出纰漏。因此，尽管幕僚极力劝诫，曾国藩还是只能一条道走到黑。

1860年11月30日，李秀成部将刘官芳率大军进攻，离祁门大营仅几十里距离，曾国藩留守祁门的部队只有3000多人。曾国藩手下将士纷纷逃跑，首席幕僚李鸿章借故离去，著名学者、纵横家王闿运偷偷溜走，再这么下去，曾国藩就会变成光杆司令了。这时，幕僚建议杀一儆百以阻止将士外逃。

曾国藩左思右想，不但没采纳杀一儆百的建议，反而贴出告示允许属下离开，而且预支三个月饷银，大营安全后，想回来的，随时可以回来。告示一贴出去，虽然有少数人还是跑了，但大多数人留下来了。因为大家看到，曾国藩连遗书都写好了，要恪尽职责，却给了部属生机。

毫无疑问，这是曾国藩一生中最凶险的时刻，也是曾国藩最成功的一次危机应对。曾国藩的成功应对就在于换位思考、反求诸己。祁门大营选址是自己定的，自己是两江地区最高领导人，恪尽职守、以身殉职是本分，没有决策权的下属在危难中逃离也情有可原，况且此前幕僚极力劝谏过。在此危急关头，杀一儆百反而可能造成哗变，于是曾国藩选择了退一步海阔天空。

而在此事件中，曾国藩前期的道德教化发挥了基础作用。曾国藩创立湘军后，每月三日、八日都要把军队召集到操场上亲自训话，用"杀身成仁、舍生取义"的孔孟之道和"不要钱，不怕死"的精神激励将士。

由此可见，道德教化的第一步是率先垂范，以身作则，以此影响下属，对整个组织的成员产生影响。《论语·宪问》记载："子路问君子。子曰：'修己以敬。'曰：'如斯而已乎？'曰：'修己以安人。'曰：'如斯而已乎？'曰：'修己以安百姓。'"这段话体现的正是孔子通过教育培养士人，使其担当起教化民众的责任进而改造社会的思路。那么如何安人、安百姓呢？

孔子认为应在"富之"的基础上"教之"使安，《论语·子路》记载："子适卫，冉有仆。子曰：'庶矣哉！'冉有曰：'既庶矣，又何加焉？'曰：'富之。'曰：'既富矣，又何加焉？'曰：'教之。'"这段对话的意思是：孔子看到卫国人口众多，十分感慨，学生冉有问，人口多了以后应该怎么做，孔子说要让他们生活富裕，生活富裕后，再进行教育感化。这个思路和管子的"仓廪实而知礼节"的理念是一致的。

儒家强调对全体民众的教育感化，是为了从根本上提高民众的文化道德素养，使民众达到较高的价值观认同水平，从而实现社会和谐。《论语·为政》："道之以政，齐之以刑，民免而无耻；道之以德，齐之以礼，有耻且格。"强调的就是这个意思。也正是在这样一个思想基础上，儒家主张对下属的违规行为也是以教育为主、惩罚为辅。《论语·尧曰》："不教而杀，谓之虐。"意思是：没有经过教育感化就对违规者实施激烈的惩治是一种暴虐行为。

儒家的道德教化在传统社会中有一个完整的体系，几乎涵盖一个人的整个人生，真正实现了无死角全覆盖，具体体现为家庭教育、学校教育、科举考试、政府倡导与表彰。

中华民族是一个高度重视教育的民族，中国传统的家庭教育不仅是文化知识教育，还包括为人处世之道、良好道德品质教育。上至统治集团成员、中至士大夫、下至普通民众，其家庭教育都高度重视道德品质的培养，也正因如此，产生了《颜氏家训》《朱子家训》这样的家训名作。中国传统家庭教育把素质教育转移和分解到每个家庭，在全社会建立起一个家家有责、人人践行且代代相传的广泛而长效的社会教化机制。这是一种自组织状态下低成本、高效益的教育模式，是中华民族对人类文明的杰出贡献。

传统社会的学校教育包括私塾教育和政府学校教育，这二者都注重文化知识和道德品质的培养。科举考试很重要的内容就是对儒家经典的测试，到了明清，四书五经更是成为考试的唯一内容。

政府还对践行儒家道德理想的行为进行倡导和表彰，体现在对这些家族、家庭、人物追封追谥、树碑立祠、抚恤宣慰、宣付国史、永久祭祀等。

比如，一个家族的成员累世和睦同居，会被朝廷旌表，可称"义门"。浙江金华市浦江县郑氏家族长达十五世聚族而居，历时340余年，以孝义治家闻名于世，被称为郑义门。郑氏家族的事迹载入《宋史》《元史》《明史》，明太祖朱元璋亲赐"江南第一家"牌匾。郑氏家族世代繁衍，发展至今形成以郑姓命名的郑宅镇。郑义门现在已经成为全国重点文物保护单位、浙江省廉政教育基地以及浙江省爱国主义教育基地。

郑义门创造如此成就，一个重要的原因就是编制了《郑氏规范》和《郑氏家仪》，分别作为郑氏家族的行为准则和礼仪规范。这两部郑氏家族的"法典"，其核心精神是"孝义"和"廉正"。

《郑氏规范》将儒家的"孝义""廉正"理念转换成操作性极强的行为规范，经过几代人创制、修订、增删，最终定格为168条，涉及家政管理、后代教育、冠婚丧祭、生活学习、为人处世等方方面面，是一套极为完备的家族管理制度。

为了保证子孙后代为官清正廉洁，《郑氏规范》第八十六、八十七、八十八三条规定：做官不能贪污；如果为官的俸禄不能自给，由公堂资助；如果贪污受贿，就在谱图上削去其名，死后不许入祠堂。在如此严格具体的规定和有效的教育下，从宋、元到明、清，郑义门约有173人为官，尤其是明代，出仕者47人，官位最高者位居礼部尚书。郑氏子孙中，没有一人因贪墨而被罢官。

（二）对儒家仁礼思想的评价

由上面的讨论我们可以看到，儒家有关组织能力建设的思想主要体现为仁义思想、礼制思想、道德教化思想，它们都可以概括到仁礼思想中。要充分发挥儒家仁礼思想的组织能力建设作用，必须具备以下条件。

第一，最高领导者必须深刻领会仁礼思想并切实实施。

在中国历史上，周文王、周武王、周公、汉文帝、唐太宗、康熙帝就是这样的领导者。

第二，必须有一个高度认同仁礼思想的管理团队。

第三，必须将价值观引领和健全的制度管理有机结合。

孔孟之道的不足之处是缺乏制度化的抓手，只是道德教化会导致空泛虚化；只用强制性手段管理，会积累不满、激化矛盾。汉朝建立后，并没有废除秦朝的制度法规，而是发挥儒家价值观引领作用的同时，继承完善秦朝的制度法规，才有了两汉400余年的基业。

第四，一个组织要想长治久安，必须充分考虑民众利益。

清朝是少数民族入主中原建立的王朝，到康熙时代已经基本获得民众的认同，其中很重要的原因是康熙皇帝对民众比较宽厚，注意减轻对普通民众的赋税。康熙五十一年（1712年），清政府颁布了"滋生人丁永不加赋"的诏令。到雍正年间，又将康熙的诏令进一步发展为摊丁入亩政策，中国实行两千多年人头税（丁税）被彻底废除。这一制度的实行，减轻了无地、少地农民的经济负担，促进了人口增长，促进了社会经济发展。

二、中国企业运用传统文化资源建设企业组织能力的状况

企业的组织能力就是企业作为一个团队所发挥的整体战斗力，它是企业竞争力的基础，是企业能够明显超越竞争对手、为客户创造价值的能力。企业组织能力专家杨国安提出了组织能力的三角框架，认为企业组织能力建设可以从三个方面着手：员工能力、员工思维模式和员工治理方式。

员工能力建设就是要解决培养员工能力的问题；员工思维模式建设就是要解决员工价值观和企业凝聚力的问题，目的是让员工在每天的工作中关心、追求和重视的事情与公司所需的组织能力匹配；员工治理方式建设要解决的是企业的组织架构和关键业务流程等问题，目的是使企业架构和关键流程与企业战略高度吻合，达到最佳运行效果。

杨国安的组织能力三角框架为我们研究中国企业组织能力建设提供了一个分析架构。

在这个组织能力三角框架中，中国传统文化对三部分都有运用空间，尤其在员工能力、员工思维模式部分运用空间更大。在我们研究的中国企业中，有不少企业在组织能力建设中都运用了儒家思想和法家思想，也取得了正面效

果。但同时也存在一些问题，如一些企业在运用儒家思想时，仅将儒家思想作为管控员工的手段，没有认识到儒家思想是一种价值观体系，儒家思想的底色是仁者爱人，是追求组织的和谐发展。当一个企业以儒家思想为其企业核心理念时，如果员工感受不到企业对员工的关爱、感受不到中高层管理者对儒家思想的真诚践行，在企业的制度设计和实施中感受不到员工的地位、利益、职业生涯得到了合理的考虑，甚至高管存在腐化问题且得不到及时解决，毫无疑问，这种传统文化的企业实践是要大打折扣的。

还有不少企业在组织能力建设中较多地借鉴了法家思想，通过严格、细致的制度设计和严厉的制度施行提高企业的生产经营效率、提高部门和员工的执行力。改革开放以来，我国企业特别是民营企业大多处在价值链的中低端，生存压力、竞争压力很大，因此采用法家式管理的企业数量较多。我们在肯定这种企业管理模式曾发挥的积极作用的同时，也要看到，法家式管理往往呈现过度军事化的弊端，会造成员工过分紧张、焦虑，导致员工频繁流失。更何况人口红利已经逐渐消失，90后、00后已经不会再像他们的60后、70后父母那么吃苦耐劳，这在制造业中体现得更为明显。

另外，无论是儒家还是法家，都有明显的等级身份倾向，在运用传统文化进行企业管理时如果不能有意识地摒弃这些负面因素，就会造成企业官僚化的弊端，不利于员工对企业产生凝聚力，更不利于员工积极性和创新能力的发挥。

当下人们的平等意识、民主意识、权利意识有了长足进步，运用传统文化进行企业管理必须取其精华去其糟粕，走出推陈出新之路。

在运用传统文化进行企业管理时，如何在注重统一员工思想、规范管理、精细化管理的同时，主动融入现代理念，引入人性化因素，使企业的生产经营效率、部门和员工的执行力提升，员工的获得感、幸福感、凝聚力也相应提升，真正把组织能力建设做到最优，无疑是当下中国企业需要急迫解决的问题。

下面我们就看看德胜洋楼是如何做的。

三、德胜洋楼以优秀传统文化思想建设组织能力的实践及意义

德胜（苏州）洋楼有限公司（以下简称德胜洋楼）成立于1997年，从事现代木（钢）结构住宅的研究、开发设计及建造。德胜洋楼从创办之日起，就自觉地将儒家仁礼思想融入企业组织能力建设中，企业创始人聂圣哲和管理团队在德胜洋楼的经营管理中不断探索，创造出具有鲜明特色的德胜管理模式。这一模式体现为《德胜员工守则》，该书于2005年由安徽人民出版社出版，截至2012年底，重印28次，销量达50万册。2013年，德胜公司根据新的管理实践和理念，推出了《德胜员工守则》全新版，由机械工业出版社出版。该版增删了部分规章制度与企业文化方面的内容，其中规章制度由原来的21条增加到32条。

从2005年起，德胜洋楼管理模式就受到了管理学界和企业界人士的关注，出现了不少研究论著，常有学者、专家、企业管理者到德胜洋楼参观、调研、学习。日本管理学家河田信在指导他的博士生时，只做三个典型案例研究：泰罗制、丰田汽车管理模式、德胜洋楼管理模式。他认为这三种企业管理模式分别体现了美国、日本和中国各自的文化特点。

德胜洋楼管理模式的核心理念是儒家仁礼道德教化思想与法家思想的有机融合，这一基本思想理路在王阳明湘赣闽粤平乱时就已经得到了很好的实践。德胜洋楼管理模式的价值在于将这一基本理路在现代企业管理中创造性地落地，

在落地过程中根据所在行业生产、管理的特点，一点一滴地探索制度化管理与人文关怀相结合的所有细节，在这一过程中同时将现代文明的各种积极健康的理念、措施融入其中。德胜洋楼管理模式较为圆满地实现了对优秀传统文化的创造性转化和创新性发展，也正因为如此，学习德胜洋楼管理模式的难度较大。

（一）将儒家积极价值观管理理念真正落到实处

儒家仁礼道德教化思想是中国传统文化的主流思想，注重价值观引领，强调社会和组织的秩序与和谐，认为领导者率先垂范可提高组织成员整体的道德水平和综合素养，从而可形成组织凝聚力，提高组织战斗力。

德胜洋楼企业文化的根基是中华优秀传统文化，德胜洋楼模式成功的关键正在于将儒家积极价值观管理理念真正落到了实处。

1. 将价值观引领落到实处

儒家十分重视价值观引领的作用，而要想让价值观真正落地，必须制定有针对性的制度并持之以恒地实施。制度不严密，容易让人钻空子；有制度不执行，会使制度流于形式。德胜洋楼在这方面真正将价值观引领落到了实处。

德胜洋楼的核心价值观是"诚实、勤劳、有爱心、不走捷径"，这四点在儒家思想中都能找得到对应的表述。更为重要的是，这四点都是品行方面的要求，一个人只要心存善念、持之以恒自我修炼，都可以做到，这毫无疑问与儒家"人人皆可以为尧舜"的思想是相通的。

德胜洋楼核心价值观的形成、完善有一个不断探索、调整、定型的过程。2000年，德胜最初提出"能力、学历、有爱心、不走捷径"，"能力""学历"毫无疑问不属于道德品质范畴。德胜洋楼作为建筑企业，其员工相当大部分是木工，还有一些瓦工，对这些员工来说，学历不是最关键的，诚信、敬业、严谨、踏实才能保证德胜洋楼产品质量的优秀水平。于是，2002年年底，"能力""学历"被更换为"诚实""勤劳"，从2003年开始，"诚实、勤劳、有爱心、不走捷径"成为德胜洋楼的核心价值观并一直被严守。

在德胜洋楼，"诚实、勤劳、有爱心、不走捷径"核心价值观通过企业的培训、会议、工作流程、管理制度的制订和实施、奖惩等各个环节被不断重复、强化，最终内化为员工的个人品质。

比如"诚实"，德胜洋楼通过集体培训、老员工传帮带、监督检查机制、奖惩机制，使坚守诚信内化为德胜员工的职业本能。对诚实守信的员工，公司及时给予表彰奖励。2019年1月1日，德胜洋楼公布2019年第1号嘉奖令，对员工徐强军进行了表彰和奖励。奖励的事由是，徐强军主动要求将公司多给自己计算的79小时的加班报酬退回。

2015年10月10日，德胜公司召开第三届工作例会。聂圣哲做了专题发言，其中讲道："堕落是怎么发生的？首先我们要分析自己内心深处的喜好，我们要懂得内心的需求有没有给周围的人带来祸害。堕落和人的追求方向是密切地联系在一起的。"[1]这段话其实就是儒家"慎独"理念的现代版。

《大学》有言：

> 所谓诚其意者，毋自欺也。如恶恶臭，如好好色，此之谓自谦。故君子必慎其独也。
>
> 人之视己，如见其肺肝然，则何益矣。此谓诚于中，形于外，故君子必慎其独也。

---

[1] 德胜公司官网.2015年大事记［EB/OL］.http://www.tecsunhomes.com/abouttecsun.html，2015-12-31.

意思是：

使意念真诚的意思是，不要自己欺骗自己。要像厌恶腐臭的气味一样，要像喜爱美丽的女人一样，一切都发自内心。所以，品德高尚的人哪怕是在一个人独处的时候，也一定谨慎。

别人看你自己，就像能看见你的肺和肝一样清楚，掩盖有什么用呢？这就叫作内心的真实一定会表现到外表上来。所以，品德高尚的人哪怕是在一个人独处的时候，也一定谨慎严格地要求自己，保持良好的操守。

《中庸》有言：

是故君子戒慎乎其所不睹，恐惧乎其所不闻。莫见乎隐，莫显乎微，故君子慎其独也。

意思是：

所以，品德高尚的人在没有人看见的地方也是谨慎的，在没有人听见的地方也是有所戒惧的。越是隐蔽的地方越是明显，越是细微的地方越是显著。所以，品德高尚的人在一人独处的时候也是谨慎的。

人性都有懈怠、放任的倾向，一个组织要想保持警醒、敏锐、活跃的状态，就必须时时刻刻将人性中的懈怠、放任清除。因此，管理从来都是劳心劳力的事情，价值观引领必须时时讲、天天讲、月月讲、年年讲，这样才能让价值观真正落地扎根、开花结果。

德胜洋楼的经验并不复杂，难的是坚持不懈20余年的实践。

2. 仁者爱人

儒家的仁者爱人理念在德胜洋楼的核心价值观中表述为"有爱心"。要想让员工对家人、对同事、对顾客有爱心，领导要带头。一个企业的领导真心诚意替员工着想，员工一定会感受得到，也一定会将这种仁爱之心回馈到工作中、回馈到企业内外的人际关系中。

孟子说："君之视臣如手足，则臣视君如腹心；君之视臣如犬马，则臣视君如国人；君之视臣如土芥，则臣视君如寇雠"（《孟子·离娄下》）这个说法之所以被民众广泛认同，就是因为其中表达的君臣关系也是上下级关系的对照，领导者的地位并非天然高于员工、高于下属，对员工的尊重、体贴、关爱、帮助是领导者的分内之事。但是，在现实中我们还是会看到，企业领导没有对员工给予足够的关爱，还嫌弃员工缺乏奉献精神、缺乏奋斗精神。正因如此，如果一个企业能够真正地将这一对等原则落地，那么员工因而产生的感念之情和认同的力量就会是巨大的。德胜洋楼成功的关键就在于此。

德胜洋楼曾经发生过一件这样的事情。一名木工因操作不当被严重烧伤，烧伤面积达95%，上海、苏州的专家诊断后都说性命难保。德胜创始人聂圣哲仍不放弃，千方百计联系到了顶级专家救活了这位员工。按惯例，企业给木工30万元抚恤金，就可以了结这件事了。但聂圣哲难以安心。他考虑的是，如果能够及时规范那个环节的操作程序，让每个工人熟练掌握，就不会发生这种事故了。最后，企业决定，要照顾好这位员工以后的生活，除了400多万元治疗费，企业每月还给这个员工发两份全额工资，其中一份给他母亲，相当于公司替这位员工照顾老人。

孟子有言"老吾老以及人之老，幼吾幼以及人之幼"（《孟子·梁惠王上》），讲的就是领导者的职责。

德胜洋楼模式的成功没有秘密，没有诀窍，只是将心比心地把仁爱原则落到关键时刻。而这与创始人聂圣哲的早年经历有关。

聂圣哲1965年出生在安徽省休宁县农村，自幼家贫。1981年，聂圣哲被四川大学化学系录取，他带着东拼西凑的16元钱和30斤全国粮票，挑着草席、铺盖，来到川大。聂圣哲后来在不同场合说："是川大给我买了蚊帐，是川大给我发了棉袄，是川大让我吃饱了每一顿饭……并且，每逢端午、中秋佳节我还能将省下来的助学金寄上几元给我的母亲，那是一个辛劳的农村妇女多么快乐的时刻。"[1]因为自己出身农村、曾经家境贫寒，考入大学后得到了学校、社会、老师、朋友的帮助，得以改变命运，聂圣哲对此一直感念在心。因此，当他创办企业的时候，很自然地将心比心地从员工的角度考虑他们最关心、最在乎的事情。

1988年，聂圣哲创办了合肥四达应用化学研究所，为乡镇化工企业提供技术服务。仅一年多的时间，四达先后研究开发出新技术30多项，帮助浙江、江苏、山东、四川、湖北、甘肃、广东、安徽等省建起10多家化工企业。效率如此之高和四达的组织能力建设到位有关。四达是一家科技服务企业，是一个人才密集型机构，这些专业人士对职称比较重视，而当时民营企业员工解决职称问题困难较大。聂圣哲为了留住人才，反复与相关部门沟通，最终解决了这一难题。

程细进2001年加入德胜洋楼。加入公司之前他曾经做过小包工头，按照德胜的制度，要从在样板房展示区拔草开始工作，上岗前还有一个星期的培训，程细进感觉这和别的企业很不一样，他一度不适应，想离开德胜。但半年后他留了下来，这一留就是20多年，还成为公司的工程总监。

程细进之所以留下来，是因为德胜洋楼营造出来的诚信、和谐、对员工关爱的氛围使他有了归属感。在德胜洋楼，除了按规定为员工缴纳养老保险外，公司还向工作10年以上的员工支付一笔养老金。

3. 道德教化

德胜洋楼的经营管理在相当程度上是以做教育的心态来操作的。这种心态

---

[1]　胡宇萌.理性狂想者聂圣哲[J].中国人力资源开发，2013，(10)．

源于两个方面：第一，儒家道德教化思想及成功实践；第二，聂圣哲培养现代产业工人的情结。

我们先来看德胜公司对儒家道德教化思想及成功实践的继承发展。

德胜有意无意地借鉴了曾国藩组建训练湘军的经验，也借鉴了王阳明平定湘赣闽粤内乱时的经验。

曾国藩组建湘军时，招募士兵明确规定不录用兵油子、城里人，专门到湖南农村招募没有受到不良习气影响、天性淳朴的青年农民。这些农民成为湘军士兵后，每月初一、十五都由曾国藩亲自训话。

德胜洋楼的员工主要是安徽人，一般不进行社会招聘，员工有两个主要来源。一是德胜木工学校的毕业生。木工学校每年从社会招收16岁左右的初中毕业生，大部分是安徽人，通过两年封闭式培训和学习，使他们成为合格技工，这些毕业生有一部分会进入德胜洋楼。另一种员工来源是在职员工推荐。录用时主要看应聘者是否诚实、勤劳。正式入职后，每月1日、15日晚间召开公司制度学习会，每次学习某一方面的公司制度条例，时间为半小时。会议采取接龙形式，由参会员工每人朗读一条制度，以保证大家的注意力不分散。

聂圣哲本人从来没说过他对曾国藩经验的借鉴，但二者之间确有英雄所见略同之感。

我们再来看聂圣哲培养现代产业工人的努力。

中国目前普通高中录取率不足60%，这一比例在农村会更低。农村学生如果不经过职业训练就进入职场，难以成为现代产业需要的技术工人。出身农家的聂圣哲有志在力所能及的范围改变这一状况。

4. 制度管理与人文关怀的融合

企业有令不行、有制度不落地，会造成人浮于事、效率低下的问题。但制度过于严苛,效率提升了,员工怨声载道,流失率高,也不是什么好事。如何在严格精细的制度管理中贯穿人文关怀,在保证高效率、高竞争力的同时,提升员工的凝聚力、获得感、幸福感,是企业经营管理需要切实解决的难题。

德胜洋楼以"把话说透,把爱给够"的做法解决了这一难题,真正将制度管理与人文关怀融为一体。

德胜洋楼十分重视制度的制定和落地,通过培训、监督检查、奖惩等方式使制度在所有员工中做到内化于心、外化为职业行为。比如,马桶要刷7遍;每15分钟给客人倒一次茶;规定两个钉子之间距离是6英寸[1],就不能在6.5英寸、7英寸处钉钉子。这种严格、精细的制度保证了德胜产品的高质量和企业的强大竞争力。

值得一说的是,德胜洋楼在制定制度的时候就已经考虑了员工的利益,这是让员工心服口服、自觉遵从的根本原因。

如:

不实行打卡制;

可以随时调休;

可以请长假去其他公司闯荡,最长可达3年,保留工职和工龄;

费用报销不必经过领导审批,签上自己的名字即可,涉及证人的需加上证人的签字;

公司不能接受员工办公事自己垫钱的事情发生。

工人发现劳保用品、劳保设备欠缺或质量太差无法使用,可以拒绝工作,在此期间仍享受正常的上班待遇;

带病工作不仅不受表扬,而且可能受到相应处罚;

---

[1] 1英寸=2.54厘米

公司不认同职工冒着生命危险抢救集体和他人财产的价值观，奉行"生命第一"的原则；

公司对包括执行长在内的施工现场工作人员实行强制休息法，强制休息期间享受休息补助，但不允许逛街或娱乐。

还有一些情况是，制度本身很严格，但在执行中仍然体现人文关怀。德胜对员工的考核遵循国际通用的"1855规则"：10%的员工到年终要重奖，80%的员工予以肯定，5%的员工受到批评，处于末位的5%员工要被解聘。这处于末位的5%员工指有意怠慢工作或者工作不努力、未能完全履行自己职责的员工。

很多企业都实施这一类末位淘汰制，德胜洋楼仍然为被解聘的员工设置了回归的机制，这就是德胜洋楼的"吃一年苦工程"。被解聘员工在外面工作一年后，如果真心愿意改正错误，公司可以再度接纳他们。冷硬的末位淘汰制和教育感化的人文关怀在这里得到了有机融合。

春节值班是所有单位都头疼的事情。德胜的做法是，愿意到苏州总部以外的项目部和分公司去值班的员工，可以把配偶、父母、子女接到值班所在地过春节，由此产生的往返交通费用，全部由公司报销，这在很大程度上激发了员工的积极性。

5. 君子喻于义

德胜洋楼在利润方面的追求是把每年的销售利润率控制在20%左右，德胜认为超过25%就意味着暴利。2015年，聂圣哲的一个朋友推荐他投资股票。聂圣哲分析股票投资最后有三种结果：血本无归、回本、发横财暴富。聂圣哲认为即使发横财暴富，公司的员工也会有样学样，就没人愿意踏踏实实工作了。

在义利之间坚持义在利前，对需要通过盈利来保持生存和发展的企业来说，是会不断经受诱惑和考验的。由于工程质量过硬，德胜声誉日盛，订单纷至沓来。2002年前后，德胜洋楼的订单超过了公司的生产能力，公司对项目的把控力有所下降，工程质量明显下滑，2004年发生了好几起返工事件。德胜洋楼经过反思，摈弃"以销定产"，坚持"以能定产"，"当管理与发展发生矛盾的时候，永远牺牲发展而保障管理"。在2004年德胜洋楼的第七次战略发展会上，聂圣哲提出建立程序中心，设立质量督查长职位，以保证工程质量。根据这样的原则，德胜的订单部只有一个员工，他的工作主要是对项目进行优选，因此，现在订单部更名为订单筛选中心。也正因为如此，德胜一直控制着员工数量和每年的销售额，保持着典型的中小企业水平。

聂圣哲明确提出，德胜应该是一家君子公司，德胜的所有员工都应当以君子的标准来要求自己，德胜的领导先带头，"君子喻于义"成为德胜的企业基因。

（二）对儒家仁礼思想的创造性转化和创新性发展

以上我们从价值观引领、仁者爱人、道德教化、制度管理与人文关怀的融合、君子喻以义五个方面分析了德胜洋楼如何将儒家仁礼思想落地到企业经营管理的各个方面，打造出高效的企业组织能力，形成了强大的竞争力。

儒家思想有其不足之处，如孔孟思想更倾向于用教化的方式引导感化下属，对制度化管理有所忽视；传统儒家还有"万般皆下品，唯有读书高"的倾向。儒家思想是一套基于家族血缘亲情衍生出来的伦理-政治思想，这一思想体系重视亲情、过分推崇身份等级制，与现代社会讲求法治、追求平等、重视个体权益的理念有冲突。

对儒家仁礼学说必须本着取其精华、去其糟粕的原则，在企业经营管理中积极主动地将现代价值观、现代社会规则、现代管理理念和传统文化中其他思想体系的有益成分与之融合,以此实现对儒家仁礼思想的创造性转化和创新性发展。

德胜洋楼在这方面做到了较为理想的状态。

1. 严格的制度管理

主流儒家思想更倾向于用教化的方式引导感化下属,对制度化管理有所缺失。注重制度管理、精细化管理的法家思想在短期为秦实践后,在中国传统社会里基本被压制。

中国传统的自然经济生产模式,没有经历工业化大生产的规范管理、精细化管理的洗礼,严格的制度管理建设在中国仍然在进行中。

聂圣哲上大学前做过木工,在创办德胜公司之前也办过企业,对木工的工作流程、对企业的经营管理有自己的朴素见解。同时,受过高等教育并在高校执教,在美国上学和企业工作的经历,使他在创办德胜公司后,就决定用规范的方式来经营管理这个企业。

聂圣哲说过:"中国人很注重这些写意性的东西。写意性往往就变成了随心所欲。……我们一定要从写意性中解脱出来,我们要写实,要走油画的道路,要走一板一眼、一笔一画的道路,要执行这个程序。"[1]

德胜洋楼2004年成立程序中心,负责把所有工作程序写成文字,并监督程序是否执行到位。大到施工流程,小到化粪池多长时间吸一次粪、空调吸尘器多长时间清理一次,屋顶的鸟粪怎么清扫,全部都要按照程序管理起来。程序中心每年还要根据企业出现的一些新的情况不断更新或增加一些程序。比如有一次苏州大雪,园区内一些厂房因屋顶积雪被压塌,程序中心就要总结,多厚的雪会压塌屋顶;应该用什么样的支撑材料、用多少、如何支撑。把这些都梳

---

[1] 作为中国企业人性化管理的典范,德胜洋楼是如何管理员工的[EB/OL]. https://www.12reads.cn/38531.html,2016-05-13.

理清楚以后，写成雪灾预防程序以备下次使用。

德胜洋楼编制了80多页的《美制轻型木结构操作规程细则》，从地基与基础、主体结构及装饰、水电安装、燃气管道安装、油漆喷涂等五大方面，逐一详细规定，所有员工人手一本，严格按照标准施工作业。

从德胜洋楼官网的公司大事记栏目可看到，从2008年到2013年，德胜就编制如下制度：《关于使用公司车辆造成事故的经济赔偿规定》《德胜（苏州）洋楼有限公司数码办公用品采购规则》《德胜（苏州）洋楼有限公司医疗保险理赔规定》《德胜（苏州）洋楼有限公司员工调休规则》《德胜（苏州）洋楼有限公司接待中心接待工作口袋书》《国际采购中心工作程序手册》《私家车费用报销规则与职工病假规定及工资补助草案》《终身员工退休养老补助方法试行条例》的征求意见稿和《学徒制学徒学艺试行条例》。

德胜洋楼的制度管理最特别的地方在于，它不仅是对工作流程、工程质量的管理，它还包括对员工生活习惯、行为方式的管理。这是德胜洋楼特色所在，也是其价值所在。

《德胜员工守则》第三十五条规定："凡接受公司价值观并准备进入公司的人员，在决定接受培训之前应阅读《德胜公司新员工再教育规则》，在对其各条款认同并发表声明后方可受训。"员工接受了这条规定，就意味着公司对员工价值观的塑造开始启动。价值观塑造是通过严格到苛刻、刻板的制度完成的。德胜公司采取9个老员工带1个新员工的方式，为新员工创造全新的生活、工作氛围，同时对新员工未履行规定的行为及时纠正。

德胜公司制度体系由制度要求条款、实施执行细则、监督检查程序三部分组成，三部分的比例约为1∶2∶3，这就意味着每一个制度要求对应着相关的执行细则和监督检查程序，而且三部分之间是越来越精细的趋势，保证了所有制度要求条款得以切实实施。德胜的督察员选择正直、坚持原则的人来担当,保证了德胜制度管理的高效。这说明德胜实行制度化的管理,强调养成的过程重在监督。

德胜的这种做法类似于中国传统的家规做法,上文提到的浙江金华郑氏家族的《郑氏规范》中,就有对家族成员言行的详细规定,并建立了完整的监督、检查、奖惩机制,设立了相应职位。《郑氏规范》明显接受了荀子强调刚性管理的礼制思想,通过严格的措施,培养孝义、廉正的家风。

《郑氏规范》第二十八条规定:"立《劝惩簿》,令监视掌之,月书功过,以为善善恶恶之戒。有沮之者,以不孝论。"意思是:设立《劝惩簿》,由监视掌管,每月将家族成员的功与过记载在《劝惩薄》上,以此达到扬善惩恶的目的。如有人阻止,则以不孝论处。这里的"以为善善恶恶之戒"一语,来源于《荀子·强国》:"彼先王之道也,一人之本也,善善恶恶之应也,治必由之,古今一也。"由此可见《郑氏规范》对孔孟思想与荀子思想的有机结合。

《郑氏规范》第二十九条规定:"造二牌,一刻'劝'字,一刻'惩'字,下空一截,用纸写贴。何人有功,何人有过,既上《劝惩簿》,更上牌中,挂会揖处,三日方收,以示赏罚。"意思是:制作木牌二块,一块刻"劝"字,一块刻"惩"字,下半部空出一段。什么人有功劳,什么人有过失,不仅记入《劝惩簿》,还要写在纸上分别贴到"劝""惩"两块牌子的下半截空白处,在家众会拜处悬挂三日,以示赏罚。

德胜要求员工每天上班必须佩戴工牌,还要随身携带纸笔,以便需要工作交流时记录,并且回复别人做还是不做,什么时候做,能不能做到对方要求的程度。这个要求由督察负责检查落实。2005年,德胜一年之中对员工的处罚总数中约有一半是因为没有戴工牌、没有带纸笔。

严格到苛刻、刻板的制度管理推动了德胜员工严格按程序操作、严格按制度办事的良好习惯的形成,保证了整个组织有令必行、有禁必止,进而极大提高了组织的战斗力、竞争力。

值得其他企业借鉴的是,德胜洋楼在执行处罚时,为体现公平、公正的原则,对职工的违规行为和因工作原因引起的纠纷问题实行听证会制度。由听证会调查处理,保证当事员工的合法权益。2006年德胜公司全年召开了8次听证会。

对违规行为严格处罚的同时,德胜对严格依规办事的员工也给予大力表彰。有一次,德胜一个建筑工地新进了一批材料,材料已由公司一位领导检验样品合格。督察员在检查时,发现其中一些材料不合格。他立即阻止卸车,准备退货。但工地负责人认为工期很紧,要求卸一车材料先用,其余的退回去重新验货。督察员坚决不同意,双方发生了激烈争执。最终这批货没有使用,供货商重新更换了货品。聂圣哲听说这件事后,派专人专车,到工地当着所有人员宣读表扬公告,并当场发给督察员1000元奖金。

还要指出的是,在德胜洋楼严格甚至严苛的规定中,也包含对员工生命安全、对突发事件预防的考量。如:第二天从事高空作业、起重作业的员工,以及厨师,我们规定夏天必须在九点半前休息,这是硬性规定,如果违反就要受到处罚。

从以上分析中可以看出,德胜在制度的制定、执行上既吸收了荀子礼制思想、法家思想、传统家规成功经验,同时也把现代社会注重法治、公平、公正,保护个体权益的理念和做法吸收进来,并且进行了有机融合,形成了具有鲜明德胜特色的制度体系。

2. 对劳动意义的高扬

中国的传统文化可以分为大传统和小传统,大传统就是以知识分子为主体、以儒家思想为主导的传统,小传统则是通行于民间的、为普通民众认可、尊崇的传统,小传统体现为普通民众的价值观、生活习俗等,包括推崇勤俭持家、劳动致富。

三百多年里在民间影响至深的《朱子家训》就有对勤劳的推崇："黎明即起，洒扫庭除，要内外整洁"，还有对劳动成果的珍惜："一粥一饭，当思来处不易；半丝半缕，恒念物力维艰。"曾国藩的祖父是地地道道的农民，他留下的八字家训"猪、蔬、鱼、书、早、扫、考（祭祀祖先）、宝（处理各种人际关系）"中，"猪、蔬、鱼、早、扫"五个方面都和勤劳、体力劳动有关。

因此，对中国传统文化要分析，要把有关劳动尤其是体力劳动的好的传统在当下环境中继承发扬，并将其转化为企业价值观的有机组成部分。

2018年9月，全国教育大会提出，要培养德智体美劳全面发展的社会主义建设者和接班人，要在学生中弘扬劳动精神，教育引导学生崇尚劳动、尊重劳动，懂得劳动最光荣、劳动最崇高、劳动最伟大、劳动最美丽的道理，长大后能够辛勤劳动、诚实劳动、创造性劳动。2020年3月，中共中央、国务院发布的《关于构建更加完善的要素市场化配置体制机制的意见》提出，着重保护劳动所得，增加劳动者特别是一线劳动者劳动报酬，提高劳动报酬在初次分配中的比重。这些重要举措都在强调必须在价值观上凸显劳动的价值和意义。

德胜洋楼的业务主要是木结构建筑建造，其员工相当大的部分是木工、瓦工等体力劳动者。聂圣哲出身贫寒农家，自己曾经做过木工，深知对劳动者尤其是体力劳动者来说，尊重劳动、尊重劳动者可以让他们获得自信和尊严，可以让劳动者对自己的工作产生自豪感，并由此创造君子企业，培养出君子员工。

正是基于此，聂圣哲与休宁县政府联合创办的德胜-鲁班（休宁）木工学校，对毕业的学生颁发匠士学位，就是为了激发学生对劳动的敬畏与自豪。

2020年，我国重点领域的技能型人才缺口超过1900万，而且这一数字还在不断扩大中，预计2025年将接近3000万。我国产业结构转型升级、制造业向中高端迈进、5G等新一代技术引领科技革命，要求职业教育必须与时俱进。

2014年5月，国务院发布的《国务院关于加快发展现代职业教育的决定》提出，加快构建现代职业教育体系，研究建立符合职业教育特点的学位制度，形成定位清晰、科学合理的职业教育层次结构。

2019年1月，国务院印发《国家职业教育改革实施方案》，鼓励有条件的普通高校开办应用技术类型专业或课程。方案指出，职业教育与普通教育是两种不同教育类型，具有同等重要地位。

2019年6月，教育部公布首批15所本科职业教育试点高校更名结果，它们由"职业学院"正式更名为"职业大学"，同时升格为本科院校。

2020年6月，教育部正式批准了第二批6所本科职业教育试点高校更名结果，它们由"职业学院"正式更名为"职业大学"，开展本科层次职业教育试点。

2020年，专科层次职业教育在校生达到1480万人，接受本科层次职业教育的学生达到一定规模。

《中华人民共和国国民经济和社会发展第十四个五年规划和2035年远景目标纲要》提出要"增强职业技术教育适应性"。近年来，本科层次职业教育实质性往前迈了一大步，已有27所职业院校独立举办本科层次职业教育，职业教育的专科"天花板"被逐步打破。2021年，5所独立学院或与高职专科高校合并转设为职业本科学校。

德胜洋楼对劳动意义的高扬，对职业教育的重视和践行，与国家倡导方向是一致的。

3. 建立规范健康的企业契约关系

契约最初指双方或多方共同协商订立的有关买卖、抵押、租赁等关系的文书，以书面形式约束相关方，规定各方应尽的义务和责任。契约关系的建立遵循自由原则，契约关系中的各方是平等的，对整个交易的顺利进行负有共同责任，没有哪一方可以只享有权利而不承担义务。西方的契约观念有两个来源。一个是古罗马来源，罗马法最早概括和反映了契约自由的原则。古罗马来源提供的是西方契约观念的法律基础。另一个是古希伯来来源，《旧约圣经》讲的是上帝和古希伯来人立约，古希伯来人信奉耶和华神，遵从神的旨意，耶和华神则庇佑古希伯来人，实现他们的愿望，神与人建立了契约关系后，都要承诺承担责任和履行义务。古希伯来来源提供的是西方契约观念的宗教基础，建立了契约的神圣价值。

西方契约关系既包括约束人的买卖、抵押、租赁等关系的经济契约，也包括约束人的社会伦理行为的社会契约，它们的共同特点都是契约一旦订立，就是强制性的，违约就要承担法律责任。

在这种历史背景和文化传统下，西方社会契约精神的内涵是自由、平等、守信、救济，这是西方现代社会的主流精神。

中国传统社会是身份等级社会，每一个人在具体的家族、官府、朝廷中都有固定的身份等级。尽管中国很早就出现了契约，并且契约行为一直存在于整个传统社会，但由于身份等级的限制，西方契约精神的自由、平等、守信、救济等原则很难完全得到实现，契约常常受到有身份、高等级人物和组织的破坏，强买强卖、胁迫交易屡屡发生，白居易《卖炭翁》是最典型的写照。因此，中国传统社会在契约精神上是有所欠缺的。

中国传统文化与契约精神有密切关系的内容包括儒家始终强调的诚信精神，但儒家的诚信精神更多诉诸君子的自我约束，属于道德自律范畴。中国传统社会主要是以家族为基本单位的乡土社会，人与人之间都是熟人。当背信违约行为在熟人环境中发生的时候，道德压力还能够产生一定的约束力，但如果发生在陌生人之间，道德约束则作用不大。

如果说西方现代社会是契约社会，中国传统社会是身份等级社会和人情社会，契约社会重视契约、规则、制度等硬性规范，中国传统社会更重视权力、关系、人情、变通。中国传统社会的这些特点在当前的企业经营管理中有所体现，其中一个方面就是企业所有者与企业员工没有建立起平等健康的企业契约关系，雇主和雇员都没有很好地约定各自的权利与义务，导致在企业实际运营中彼此埋怨、矛盾升级，最终不欢而散。

我们在前面的论述中讲到，一味使用法家手段容易让上下级关系紧张，员工有怨言、流失严重，只用孔孟的教育感化手段容易流于空泛虚化。在企业经营管理的实践中我们常常看到，很多企业创业时大家拧成一股绳，创业小有成就后就发生创始人之间因利益、管理理念、发展战略等方面的冲突而分崩离析，使企业受到重创。如何让企业上下一心、同舟共济、长治久安？我们认为引入现代企业契约理念、建立契约关系是有效方法。

聂圣哲说过："我绝对不会虚伪地说，我们是兄弟。我们永远不是兄弟，这个必须讲清楚，我办公司一开始就是按这个原则办的。"[1]《德胜员工守则》中明确写道："公司始终不认为员工是企业的主人。公司认为，企业主和员工之间永远是一种雇用和被雇用的关系，是一种健康文明的劳资关系，否则，企业就应该放弃对职工的解雇权。"这两段话似乎很没人情味，但却渗透着德胜洋楼建立规范健康的企业契约关系的深刻用心。

出身乡村，又曾经有过创办企业经历的聂圣哲深知传统社会重权力、重关系、重人情、讲变通的弊端对现代企业经营管理可能造成的负面影响，从创办德胜伊始就确立了要在企业与员工之间建立规范健康的企业契约关系的理念。

---

[1] 德胜员工守则语录［EB/OL］. https://www.oh100.com/a/201505/239383.html, 2017-05-11.

我们前面讲到的德胜制度体系的建立就是要实现这一目的。

重视制度管理、精细化管理现在已经逐渐成为中国企业的共识，但随之而来的就是过度严格甚至严苛的管理带来的员工精神过度紧张、员工与管理者的矛盾加深乃至激化，导致员工对企业的认同度降低、员工流失率增加，最终影响企业组织能力发挥和企业竞争力提升。

在企业与员工建立的契约关系中，除了双方签订的书面契约如劳动合同，实际上双方还存在着心理契约。心理契约是美国著名组织心理学家克里斯·阿吉里斯教授提出的一个概念，后来由英国学者莱文森等完善。心理契约指存在于企业和员工之间的一系列无形、内隐、不能书面化的期望，是在企业中各层级间、各员工间任何时候都广泛存在的没有正式书面规定的心理期望。企业对员工的期望包括工作中的投入、忠诚、维护企业的形象、业绩/产出优良等。员工对企业的期望包括被公平对待、升职、加薪、舒适且安全的工作环境、良好的福利、健全的培训等。

在企业与员工的关系中，一般来说，企业处于强势地位，可以通过规章制度等管理手段使员工为企业的发展目标努力工作。如果企业只考虑企业的经营管理目标而不考虑员工的预期，就很容易导致员工满意度降低等后果。

德胜洋楼充分考虑员工的心理期望，通过制度安排较好地建立起企业与员工之间的规范健康的契约关系。因此，很多员工一开始到德胜时感到不自由、不习惯，觉得德胜的管理太严格、太琐细，但经过较长时间的工作体验，反而会深度认同德胜的做法。

4. 对公正、平等的社会关系的追求

儒家文化强调尊卑贵贱、身份等级，与现代社会推崇公正、平等的理念有冲突，而且容易形成官僚主义作风。儒家对家族文化的推崇也容易形成小圈子、小团体，不利于现代企业健康、规范的人际关系的形成。

为了在企业建立起公正、平等的社会关系，德胜洋楼最初在制定制度时，不仅将禁止事项写出来，还把要禁止的理由也写清楚，这样就可使员工在思想、感情上理解认同公司制度，最终将之内化于心、外化为言行。如"同事关系法则"中规定：不得与同事经常聚餐（原则上每个月不得超过一次），因为这样会使你与同事的关系变得复杂。借贷关系、胡乱揣测同事的脸色、话语等都是被禁止的行为，理由也是会让同事关系变得复杂。禁止员工业余时间打牌玩游戏，理由是"私赌者都会输去大量时间"。

聂圣哲对官僚主义深恶痛绝。他说："当你有了权力对别人漠视就是官僚文化；当你有了权力对别人不尊重就是官僚文化；当你很多的事情不想亲自去做，就是官僚文化。官僚文化的危害很大，它不仅会毁掉人与人之间的真诚，而且使公司的效率低下。官僚文化只能使庸人得到满足，使官迷们如鱼得水，却不能使真正有才干、有实干精神的人脱颖而出。"[1]

为了杜绝官僚主义，德胜制定了管理者顶岗制度，要求干部每个月在一线顶岗一天，体会一线工作的辛苦。德胜很多管理者往往身兼数职。

反对官僚主义还体现在工牌上，管理人员的工牌上有一句话："我首先是一名出色的员工。"这句话是提醒管理者不要高高在上，而要对每一名下属平等相待，对每一名员工的请求及时回复，认真处理好每一件事情。

5. 对阳光、廉洁的组织文化的追求

中国著名经济学家和教育家王亚南先生在《中国官僚政治研究》一书中写道："历史家倡言一部二十四史是相砍史，但从另一个视角去看，则又实是一部贪污史。"[2] 中国传统社会的贪腐问题是腐蚀组织文化、社会风气的精神癌症，

---

[1] 杨壮，王海杰. 德胜洋楼——中国式管理的新范本[J]. 商业评论，2012，（7）：129.
[2] 王宁：中国古代贪污探源——《中国官僚政治研究》读书有感[EB/OL]. https://www.doc88.com/p-9671361074204.html，2017-02-10.

解决贪腐问题，要从组织文化上、制度上下功夫。

《德胜员工守则》中第十九条和第二十条是关于商业往来行为规则的，其中的规定十分具体，便于操作。如第十九条规定："员工须与客户保持一定的距离。未经上级批准，不得宴请客户，不得给客户送礼（包括敬烟）。公司只以认真的工作作风及向客户提供高品质的产品和服务获得客户的尊重。"第二十条规定："员工不得接受客户的礼品和宴请。"具体规定为："不得接受20支香烟以上、100克酒以上的礼品，20元以上的工作餐。"

在与所有供应厂商、客户首次洽谈供应业务时，都要签署"禁止回扣同意书"。德胜洋楼还会向所有供应商和客户寄送反腐公函及反馈表，每半年一次。对其中10%左右的供应商，德胜还定期派专人上门调查或暗访采购员的品行操守。

尽管如此，每年还会有一些客户出于感激、欣赏向德胜员工赠送礼物。德胜公司收到这些礼物后，首先把礼品情况以简报形式向员工通报，然后举行公司内部拍卖会进行拍卖，所得款项全部捐献给长江平民教育基金会。这样做，既杜绝了员工受贿，也照顾了客户的一片心意，员工也以实惠的价格买到了合适的物品，还为长江平民教育基金会增加了捐款。

前面讲到德胜的报销制度，德胜报销单据不需领导签字，员工可自行到财务部门报销。那么如何保证所有员工都能诚实守信呢？德胜建立了一套"个人信用分析系统"，这套系统可以分析员工报销单据的真实性以及费用发生的必要性，还可以分析员工的报销习惯，进而对异常情况进行预警。

德胜的这些举措，营造了公司阳光、廉洁组织文化。2005年，德胜一名员工在北京工地登记运土车次，一名司机提出要他多记20车，每车给他50元报酬，这名员工拒绝了。公司得知此事后，发布公告奖励了这名员工1000元。

上海一家公司是德胜的供应商。该公司负责人发现某销售人员的报销费用很高，销售人员解释说，为了开展业务，对相关公司的人都要给好处。他给出的好处名单里有德胜洋楼,负责人十分怀疑,立即与德胜方面核实,最终发现,德胜没有收受过那位销售人员的任何好处。该销售人员贪腐行为就此败露,被追究了刑事责任。

(三)对德胜洋楼组织能力建设的总结

总体来说,德胜洋楼运用儒家文化进行组织能力建设是成功的,其成功有以下几个原因。

第一,对儒家仁礼学说的深度认同与身体力行。在相当程度上,德胜洋楼的成功是创始人极力推行的结果,德胜管理风格中有明显的儒法融合的色彩。聂圣哲曾在《南方周末》刊发一篇谈论苹果公司企业文化的文章,文中阐释了他的理念:"公司政治是需要专制的,只不过要求独裁者有过人的智慧和对专制的专业。一般规则是,在公司发展方向的确立与战略调整上,实行绝对的独裁;牵涉员工福利、个人权益保护、日常运转等问题,往往是广泛的民主讨论。"[1]

第二,对现代文明理念的执着追求与践行。

第三,对规范管理制度管理的持续追求。

第四,德胜的市场地位保证了公司在制度管理、员工福利方面的底气。

第五,德胜具有从学校培训到主业的一条龙模式优势。德胜员工大多是木工,德胜从木工学校开始培养年轻学生,部分毕业生进入德胜工作,这种模式保证了员工思想、价值观塑造的连续性和有效性。

第六,德胜将公司控制在中小规模,生产流程相对不太复杂,管理难度可控。

---

[1] 聂圣哲.苹果为什么不曾烂掉[N].南方周末,2011-10-13.

第四章 儒家自强不息思想与企业抗挫折能力

2022年1月,英国品牌估值与咨询机构Brand Finance发布《2022年全球品牌价值500强报告》,华为居排行榜第9名,与2021年相比上升了6名。华为的逆势前行只是中国无数杰出企业的缩影,有更多的中国企业正在逆境中创造着新的辉煌。

在多种挑战叠加的当下,中国企业应当如何从儒家思想中汲取养分,成功应对?本章对这一问题展开讨论。

一、儒家自强不息思想及其影响

（一）儒家自强不息思想

儒家自强不息思想在《易经》中有充分的体现。

《易经》第一卦乾卦对应的是天、父亲或各种组织的最高领导者，它是六十四卦中的主导性卦象，意指推动万事万物生存发展、蓬勃壮大。因此《易传·象传》中对乾卦卦象的解释是"天行健，君子以自强不息"。

在乾卦第三爻的爻辞是"君子终日乾乾，夕惕若，厉无咎。"一般来说，一个卦的第三爻和第四爻往往是最凶险、最容易出意外的地方，因为《易经》六十四卦是由两个八卦两两相重而成，每一卦的第三爻和第四爻正是下面的八卦和上面的八卦相互连接的地方，相当于两个重要阶段交接的时刻。这就是易学所说的"三多凶，四多惧"的原因。

在这隐含凶险危机的时刻，杰出领导人能做的就是，白天努力奋斗，傍晚处理完公务后，保持警惕状态，将自己一天经历的事情、自己一天的言行复盘，看看有哪些差池不妥，发现后及时补救，这样做，即使出现问题，也不会发生灾难性的后果。

《易经》思想对组织、民族生存发展过程中可能遇到的风险有很强的预防意识。《易传·系辞》说："作易者，其有忧患乎？"意思是：创作《易经》的人，他一定有很深的忧患意识。《易经》的两个主要作者周文王和周公的人生经历曲折，《易经》总结的周人的发展历程更是充满了苦难和艰辛，因此，《易经》六十四卦中，除了谦卦是六爻皆吉，其他六十三卦都凶吉相倚、祸福交替的。

自强不息的阳刚进取精神和忧患意识紧密相连，忧患意识使有为君子时刻让自己处于警醒奋斗的状态。自强不息的阳刚进取精神又和厚德载物的柔韧包容精神相互配合，构成君子人格中阴阳相生、刚柔并济的完美结构。

厚德载物源于《易经》第二卦坤卦的象辞："地势坤，君子以厚德载物。"坤卦对应的是大地、母亲或各种组织的领导层的副职，它们起的是辅佐、完成、完善的作用。

如果说自强不息强调的是创立、进取，厚德载物强调的就是有为君子在不断积极主动地往前开拓、不断进阶的同时，要不断修炼自己的心性德行、智慧、心理承受能力、抗打击能力，使自己能够成功应对任何艰难险阻。六十四卦中有九个卦，即履、谦、复、恒、损、益、困、井、巽，讲的都是在忧患之时，君子应当如何修炼自己的心性品德和获得人生智慧，以冲出险境的。还有三个卦讲的也是君子应当如何应对不利环境，即前后相连的睽、蹇、解。

第三十八卦睽卦，睽的本意是违背、不合、乖离，睽卦的卦象是☲☱，上面的八卦是离卦，下面的八卦是兑卦。离卦象征火，火是向上燃烧的；兑卦象征泽，泽中的水是向下流的，这就意味着睽卦上下两个八卦之间严重不和、相互乖离。面对这种困境，君子只能首先承受它，调整好心态，等待形势变化。

第三十八卦的不利环境延伸到第三十九卦蹇卦，蹇的原义为跛，引申为困难、艰险、行动不便。《易传·象传》对蹇卦的解释是："蹇，难也，险在前也。"这意味着从第三十八卦延续的不利状况更严重了。《易传·象传》给出的建议是："君子以反身修德。"就是把灾难和不幸当作自己人格的磨刀石，使自己精神刀剑的锋刃砥砺得更加锋利。

经过第三十八、三十九两个卦的煎熬，灾难终于在第四十卦解卦中消解了。解就是消解、化解、解决之意。《易传·序卦传》说："物不可以终难，故受之以解。解者，缓也。"意思是：灾难、不幸一定会有终了，灾难的终结就是消解和化解。《易传·彖传》说："解，险以动，动而免乎险，解。"意思是：有危险而行动，有行动就脱离了危险，这就是解卦，讲的就是面对风险时要积极主动地解决。

需要指出的是，在这三个前后相连的卦中，前面两个卦说的都是不利环境，而且问题越来越严重，到了第四十卦，《易传·彖传》才说"解，险以动"，这就意味着，重大风险和严重危机往往不会在短时间内得到解决。重大风险或严重危机，往往有很长的酝酿期，有极其复杂的原因，而且这些风险和危机一旦出现，也会有足够的能量产生破坏作用，这就自然会使君子在相当长一段时间里处于不利环境中。君子在不利环境中首先要活下去，接着要积蓄能力，然后在时机成熟时水到渠成地解决危机。

周人从古公亶父到武王伐纣建立周朝，一直在不断化解风险、危机。

从《论语》来看，孔子有关自强不息、厚德载物的思想渗透在各种言谈中，但更重要的是体现在他的行动中，形成了孔子坚忍执着的人格特征。

《论语·宪问》记载了这样一段对话"子路宿于石门。晨门曰：'奚自？'子路曰：'自孔氏。'曰：'是知其不可而为之者与？'"意思是，子路夜里住在石门，看门的人问："从哪里来？"子路说："从孔子那里来。"看门的人说："就是那个明知事情没法干但还是要去干的人吗？"

这段对话告诉我们，孔子在春秋末期已经有了"知其不可而为之"的名声。孔子"为"的是什么？就是要把他的仁礼学说落实到现实世界中，要实现他的修齐治平的政治理想。

孔子在五十三岁至五十五岁之间曾经受到鲁定公的赏识，担任了鲁国大司寇。齐国担心鲁国强大对齐不利，就送了一批美女给鲁定公，鲁定公从此沉溺美色、疏于国政。孔子进谏后被鲁定公疏远，就带着弟子开始了长达十四年的周游列国，希望向其他国君宣传推广自己的政治理想。

孔子从鲁国出发，大致到了卫国、曹国、宋国、齐国、郑国、晋国、陈国、蔡国、楚国等地。十四年中，孔子多次陷入险境，至少两次有性命之忧，更不用说遭遇到的讽刺、挖苦、冷遇，但孔子从来都没有放弃自己的信念，在困厄中依然用理想信念鼓励弟子坚持到底。

孔子两次几乎有性命之忧的困厄，一次是匡地之围，一次是陈蔡之厄。

匡地之围是因为匡地百姓误认孔子为曾经祸害过匡地的阳虎，孔子和弟子被围困了五天五夜。在困厄中，孔子以"天之未丧斯文也，匡人其如予何"的信念激励自己和学生。

陈蔡之厄是因为楚国有意起用孔子，陈蔡两国大夫担心孔子被楚国任用后对自己不利，于是找人将孔子及其弟子围困了七天。七天吃不上熟食，弟子们就有了各种不同声音。《史记·孔子世家》里记载，孔子分别找了子路、子贡和颜回三个代表性的学生讨论当时的困境。

孔子引用了《诗经》中《何草不黄》的诗句"匪兕匪虎，率彼旷野"，意思是：我既不是不是犀牛也不是老虎，为什么会沦落游荡在这旷野之中。孔子每次都以这两句诗开头，问三个学生：老师追求的政治理想是不是错了，为什么我们落到如此地步？

子路性格直率，他认为，可能是我们经过的国家和遇到的人对老师的仁德智谋还不理解、不信任。子贡是商人，善于言辞。他的回答是，老师的理想很崇高，一般人难以接受，老师可以考虑将理想稍微降低一点。对这两个学生的回答孔子都不满意。

颜回是孔子最欣赏的学生，在理想信念上和孔子完全一致。他的回答是，老师的理想崇高伟大，所以天下人无法容纳，那些不采纳老师主张的国家是他们的丑陋，却证明老师才是真正的君子。孔子认可了颜回的答案。

《史记·孔子世家》还记载了孔子在郑国与学生失散的故事，这个故事中孔子的形象很狼狈。当时郑国人对前来探问孔子行踪的子贡是这么形容孔子的："东门有人，其颡似尧，其项类皋陶，其肩类子产，然自腰以下不及禹三寸。累累若丧家之狗。"意思是：东门有个人，他的额头像唐尧，脖子像皋陶，肩膀像郑子产，可是从腰部以下比禹短了三寸，一副狼狈不堪、没精打采的样子，活像一条丧家狗。

子贡见到老师如实相告，孔子却笑呵呵地回答说："形状，末也。而谓似丧家之狗，然哉！然哉！"意思是：他说的外表这些细节，倒无所谓。但他们说我是丧家之犬，倒是挺贴切的！

为什么孔子听到别人说他是丧家狗不生气呢？这是因为，孔子一直抱持着民胞物与、仁泽天下的仁爱理想，他要宣传、推广、实现的是这种崇高伟大理想，他在鲁国得不到实现理想的机会，周游列国处处碰壁，他的精神家园找不到落地之处，就如同"丧家之狗"一样。

《论语·微子》中记载了孔子路途中与隐士长沮、桀溺相遇的故事。长沮、桀溺对孔子"知其不可而为之"的做法很不以为然，子路向他们问路，不但没得到回答，反而被挖苦了一番。孔子听到子路的转述后，说："鸟兽不可与同群，吾非斯人之徒与而谁与？天下有道，丘不与易也。"意思是：我们总不能与鸟兽一起生活吧，我不和人打交道又和谁打交道呢？如果天下太平，我就不会去寻求变革了。从这段话可以看出，尽管历经苦难、屡战屡败，孔子仍然不放弃职责与使命。

孟子很好地继承了孔子的这种理想主义精神，首先是对历史使命的自觉担当和因此产生的文化自信。《孟子·公孙丑下》中，孟子很自信地说："五百年必有王者兴，其间必有名世者。由周而来，七百有余岁矣。以其数，则过矣；以其时考之，则可矣。夫天未欲平治天下也，如欲平治天下，当今之世，舍我其谁也？"这段话大意是：从历史上看，五百年左右就会出现圣明君主，而且同时会出现名望很高的辅佐者。从周到现在已经七百多年了，按道理时间早就过了。之所以还没有出现圣君，大概是上天还没打算平治天下；要是上天打算平治天下，当今之世，除了我孟轲还能是谁呢？

孟子还继承了孔子在逆境中发奋图强的精神，《孟子·告子下》有一段我们耳熟能详的名言："故天将降大任于是人也，必先苦其心志，劳其筋骨，饿其体肤，空乏其身，行拂乱其所为，所以动心忍性，曾益其所不能。"孟子是战国时期的大儒，可是他和孔子一样，向当时各国君主推行儒家理想也是处处碰壁。这段名言在很大程度上是孟子的自我激励之言，同时也是一种历史事实。在这段论述之前，孟子历数了历史上英杰的际遇："舜发于畎亩之中，傅说举于版筑之间，胶鬲举于鱼盐之中，管夷吾举于士，孙叔敖举于海，百里奚举于市。" 舜从田野耕作中被选拔，傅说从筑墙的劳作中被推举，胶鬲从贩鱼卖盐中被赏识，管夷吾从狱官手里被救出来并受到任用，孙叔敖从海滨隐居的地方被任用，百里奚从奴隶市场里被赎买回来并被任用。

儒家的这种在逆境中顽强奋斗、为理想不畏牺牲的精神最终内化为我们的民族性格和文化心理，成为中华民族数千年奋斗不息的精神动力。

（二）儒家自强不息思想对传统士大夫阶层的影响

在中国传统士大夫中，要讲于逆境中顽强奋斗、草根逆袭，曾国藩是一个典型代表。

梁启超出生于1873年，正是曾国藩去世后的第二年。梁启超对曾国藩推崇备至，认为曾国藩是"有史以来，不一二睹之大人"，对他的遗著是"一日三复"，他从曾国藩的日记、家书及各种著作中辑录成《曾文正公嘉言钞》，并做了一篇序言。梁启超在这篇序言中评价曾国藩："曾文正者……在当时诸贤杰中，最称钝拙，其所遭遇事会，亦终身在拂逆之中，然乃立德、立功、立言三不朽，所成就震古烁今而莫与京者，其一生得力在立志自拔于流俗，而困而知，而勉而行，历百千艰阻而不挫屈，不求近效，铢积寸累，受之以虚，将之以勤，植之以刚，贞之以恒，帅之以诚，勇猛精进，卓绝坚苦，如斯而已，如斯而已。"

从这段评述中可以看到，曾国藩天资钝拙，而且一生坎坷，但因为有崇高的理想信念做支撑，钝拙和拂逆反而被他转化为激发自己精进向上的积极因素。在相当程度上，曾国藩对儒家的理想主义精神和在逆境中奋斗拼搏的精神做了最好的实践，他以活生生的人格力量告诉我们，儒家精神中蕴含着强大的现实力量。

曾国藩出生于湖南长沙府湘乡荷叶塘白杨坪（今湖南省娄底市双峰县荷叶镇大坪村）的一个农民家庭。祖父曾玉屏因没文化做生意时被骗，发誓要将儿子培养成秀才。但曾玉屏的儿子，也就是曾国藩的父亲曾麟书一辈子考科举也没能考上秀才。由此可见，曾国藩父祖两辈的读书基因大约不是很好。

曾国藩父祖两辈虽然没能实现考上秀才的愿望，但曾家有很好的家教传统、勤勉、刻苦、重视教育是这个家庭最重要、最核心的精神传承。曾国藩的祖父留下八字家训：猪、蔬、鱼、书、早、扫、考（祭祀祖先）、宝（处理各种人际关系）。这是典型的以耕读为本的家教文化，其中猪、蔬、鱼是农业养殖项目，书则是这个家庭未来向上迁移的希望，早、扫是勤劳精神的具体体现，考、宝是儒家礼制思想的体现。

曾国藩的父亲一辈子都没考上秀才，但家族向上跃迁的希望却从来没有熄灭过，甚至可以说随着曾国藩的出生，这种希望变得更加炽烈。

可惜，曾国藩和他父亲、祖父一样，并不擅长读书。曾国藩很实事求是地承认："余性鲁钝，他人目下二三行，余或疾读不能终一行。他人顷刻立办者，余或沉吟数时不能了。"曾国藩的幕僚，后来名气不小于曾国藩的湘军将领左宗棠在给朋友的信中这样评价曾国藩：老曾人是正人君子，至于谋略智力那我就不知道了。话说得还算含蓄，但对老曾的智商是明显不以为然的。

有一个曾国藩背书的故事广为流传，从中可以看出曾国藩早年学习之困难。

某夜，一个小偷潜入曾家偷东西，曾国藩因为一篇课文没背熟仍在狂背，小偷就在屋梁上耐心等候。没想到曾国藩足足背到天亮还没背熟。小偷跳下屋梁对小曾说：别背了，我都背会了。小偷将小曾背了一夜没背会的课文滚瓜烂熟地背出来后扬长而去。

曾国藩成年后，所遇几乎都是挫折，他在家书中反复和家人谈及，可见这些挫折对他的刺激之深。

曾国藩认为自己进入社会后第一个大跟头是道光十二年（1832年）考秀才被湖南学政张榜羞辱。

这一年，是曾国藩的第六次复考，当时曾国藩已经二十二岁了。明清的秀才大约相当于现在初中毕业考县重点高中或地级市的重点高中。比曾国藩晚一个时代的梁启超十三岁考上秀才，十六岁考上举人。曾国藩十六岁开始考秀才，五次落榜。

第六次考完后，曾国藩去看榜，却在公告栏里看到湖南学政斥责他的文章"文理之浅"。学政是清朝省级衙门的三大主官巡抚、按察使、学政之一，主管一省的教育、科举考试，相当于现在负责教育、考试工作的副省长。被湖南学政公示斥责，一般人可能就此一蹶不振，曾国藩却被激发了进取之心，一年后他考上了秀才。此后，经过举人、进士考试，终于在道光十八年（1838年），二十八岁的曾国藩被选拔为翰林院庶吉士。在文章写作方面，曾国藩继承桐城派方苞、姚鼐而自立风格，创立晚清古文的"湘乡派"。曾国藩逆袭第一步成功了。

曾国藩的第二个大跟头是1850年应咸丰皇帝要求上日讲疏，因为日讲疏里所附讲堂布局的图示画得很简陋，在京城的权贵高官中传阅后被嘲笑。

这一年，曾国藩四十岁，已经升任礼部侍郎五年，仕途顺畅，但曾国藩一心想做实事，在因循姑息的道光朝颇感抑郁。

道光三十年正月，道光皇帝去世，二十岁的咸丰皇帝继位，颇有励精图治的雄心，下诏令大臣进言。曾国藩响应号召，上了一道《应诏陈言疏》，其中建议皇帝举行"日讲"，加强学习，振作群臣精神，形成统一思想，以改变朝廷风气。咸丰很是认可这一提议，令曾国藩对此建议进一步说明，于是曾国藩就上了那道招致权贵高官嘲笑的日讲疏。

其实，权贵们嘲笑曾国藩画图丑陋只是一个由头，他们真正嫉恨的是曾国藩仕途的顺遂。在道光朝，曾国藩十年间七次升迁，连升十级，现在咸丰继位，又得到新帝赏识，于是，旧恨新仇叠加，曾国藩感受到了京城官场的冷酷。

曾国藩的幕僚赵烈文曾说："（曾国藩）历年辛苦，与贼战者不过十之三四，与世俗文法战者不啻十之五六。"所谓的"世俗文法"就是这种官场内耗，曾国藩一生一多半的精力都用在处理这些问题上了。

曾国藩在湖南创办湘勇时，由于勇于任事，与湖南官场发生严重冲突，被迫将自己创办的湘勇移到衡阳练兵。与太平军作战，由于曾国藩的湘勇并非国家正规军，只是曾国藩招募、训练出来的地方性民兵预备役部队，在开始的一段时间里，曾国藩两次因惨败投江自尽被手下救回。

曾国藩本人是文官出身，完全没有战斗经验，调兵遣将也非曾国藩的长项。此外，还有两大问题。

第一个问题，湘勇不是正规军，得不到政府的粮饷，曾国藩必须依靠自己的关系和手段解决这一问题。后来湘勇由湖南进入江西作战，这一问题更加严重，导致曾国藩与江西官场发生了三次激烈冲突。

第二个问题，曾国藩的湘勇由曾国藩招募、训练、指挥，有一定的地域性和私人性，更何况还有满汉之别，曾国藩和他的湘勇并不被朝廷完全信任。朝廷对曾国藩的湘勇是既利用又防范，常常派人监视，指使或默许朝廷和地方官员攻击曾国藩来掣肘湘勇行动。

曾国藩必须依靠一己之力，协调各方资源，将上述问题一一解决，在相当程度上，这几乎是一项无法完成的事业。

支撑曾国藩的信念就是：以出世之精神，做入世之事业。

曾国藩依靠儒家修齐治平的思想支撑从一次次挫折中站起来，其中最为关键的就是修身。

曾国藩的修身功夫在他的日记、家书一类私人性的文献中体现得淋漓尽致。曾国藩每次在日常生活、工作中遇到不利、挫折，几乎都会记录下来，并记述自己如何克服内心恐惧，如何解决复杂的内外纠葛。曾国藩的修身、齐家、治国、平天下是有机一体的，修身的过程就是齐家、治国、平天下的过程。

咸丰七年（1857年），曾国藩父亲曾麟书去世，曾国藩回家奔丧。按照明清的制度，官员的父亲或母亲去世，官员必须回家丁忧，离任守孝二十七个月。

当时，曾国藩在江西，除了作战不利，与江西地方政府的关系也很不愉快。江西本就不是富裕地区，更兼战乱连连，根本无法负担湘勇的军费开支。咸丰五年（1855年），曾国藩就因为湘勇粮饷问题与江西官场发生严重冲突。

对咸丰皇帝而言，当时实心办事的人不多，还得把曾国藩留在任上。因此，咸丰向曾国藩发出指示：赏假三个月，假满仍回江西督办军务。

曾国藩当时的官职是兵部侍郎、帮办团练大臣，兵部侍郎相当于国防部副部长，帮办团练大臣完全是临时性的职务。兵部侍郎说起来品级很高，但对曾国藩来说这完全是个虚衔，他在江西打仗还得和江西政府协调沟通粮饷问题。曾国藩看到朝廷离不开他和湘勇，于是他乘机要求朝廷给他总督或巡抚的实权。

按理说，朝廷又让曾国藩为国尽忠，又不给他实权，湘勇打仗还得自备粮饷，确实有点说不过去，曾国藩就势提出实际需求，也算是合乎道理。但问题是：第一，咸丰未必完全信任曾国藩；第二，当时朝廷还有正规军绿营可用，僧格林沁率领的满蒙八旗精锐战斗力不亚于曾国藩的湘勇。

因此，曾国藩伸手要权的做法让咸丰十分反感，于是皇帝就势把曾国藩兵部侍郎职衔免去，命其在籍守制。老曾万万没想到是这个结果，一下子抑郁成疾，皮肤病恶化。

这是曾国藩人生中又一次大挫折。

曾国藩在仕途很长一段时间里都是直来直去的性格，这也是为什么他无论在朝廷还是地方，在政府还是军队，都屡屡与人发生严重冲突。这次惹怒了皇帝，曾国藩的前途一下子变得暗淡无光。

在极度无望之中，有人向曾国藩推荐了一位道家高人，这个人和曾国藩交谈后，知道了曾国藩的"病根"，给他开出了"药方"：每天读《道德经》《南华经》（也就是《庄子》），然后再结合自己的人生经历，消化吸收，病情自然化解。

曾国藩回家后，谨遵医嘱，每日研读《道德经》《南华经》，终于理解了顺势而为、事缓则圆的人生至理，将心中的愁闷、抑郁全部化解，恢复了健康。从此，曾国藩为人处世，在方正、执着之外，又多了圆融和变通。

第二年，咸丰八年（1858年），曾国藩再获重用，出办浙江军务。重新出山的曾国藩将胡林翼、左宗棠、李鸿章等精英聚集在周围，一时间人才济济。咸丰十年（1860年），五万绿营兵被消灭，僧格林沁在北京天津一带忙于对付英国侵略，湘勇地位陡然提升，曾国藩仕途迎来重大转机。

曾国藩由农家子弟苦读进入仕途，十年间升了十级，三十五岁官居礼部侍郎。后又以在家守制从二品文官的身份出任帮办团练大臣，被封为一等勇毅侯，成为清代以文人封武侯的第一人。又历任两江总督、直隶总督，官居一品。清朝满蒙亲贵执掌政治、军事大权的格局被曾国藩打破。

同时曾国藩对洋务运动有不可低估的历史作用，影响了我国近现代历史的进程。

曾国藩成功秘诀就在于把每一次的挫折当作提升智慧、心理承受力、解决问题能力的机遇，把每一次犯的错误当作人生升级跃迁的基石，因此，曾国藩才能越挫越勇、"而困而知，而勉而行"，一步步迈向人生巅峰。

曾国藩对家人说："吾生平长进，全在受挫辱之时。务须咬牙励志，蓄其气而长其智，切不可茶然自馁也。""当此百端拂逆之时……亦只有逆来顺受之法，仍不外悔字诀，硬字诀而已。""凡事皆有极困极难之时，打得通的，便是好汉。""天下事无所为而成者极少,有所贪有所利而成者居半,有所激有所逼而成者居半。"[1] 最后一句话要表达的是:要做成天下大事,躺平是不可能成事的。凡是能成事的,一半是欲望利益的强力驱动所致,还有一半是被刺激倒逼的结果。曾国藩毫无疑问属于后者。

这里以曾国藩为典型案例,说明了儒家自强不息思想对传统精英阶层的深刻影响。事实上,仁人志士、英雄豪杰,几乎都是历经磨难才脱颖而出,建立功业的。"宝剑锋从磨砺出,梅花香自苦寒来"是中国人普遍认同的一种信念,也是事实。

二、儒家自强不息思想对现代企业经营管理的意义

一部中国近现代企业史,写就的是中国企业家不断在逆境中筚路蓝缕、坚韧求生、创造奇迹的历史。

中国近代实业家张謇,创办了大生纱厂等工商企业,致力于将南通建设为中国现代化的标杆城市,其影响仍然体现在现在南通的方方面面。中国化工实业家、重化学工业的奠基人范旭东领军的"永久黄"班底在军阀混战、外敌入侵、政治腐败、社会动荡的极端不利环境中,打造了集科研、产品开发、生产制造为一体的优秀企业,为我国培养出了一批杰出的化工人才。爱国实业家卢作孚幼年家境贫寒,自学成才。他一生跨越了"革命救国""教育救国""实业救

---

[1] 曾国藩,李瀚章,李鸿章.曾文正公家书[M].北京:中国书店,2011.

国"几个阶段又各有成就。

1938年秋武汉失守,大量后撤人员和工厂物资屯集宜昌无法运走并不断遭到日机轰炸。卢作孚集中全部船只和大部分业务人员,分段运输,昼夜兼程抢运,不顾日机狂轰滥炸,奋战40天,终于在宜昌失陷前,将全部屯集人员和物资抢运到了四川。这次抢运行动,中外瞩目。在整个行动中,民生公司遭日机炸毁船只16艘,牺牲职工100余人。

我国改革开放以来的民营企业是在资金、技术、人才等条件极端不利的情况下破土而生的。很多民营企业最初的创办就是为了改变贫困的生存境遇。温州经济的崛起、义乌由一个交通不便的农业县华丽转身为世界小商品集散地,都是当地人民不甘于贫穷落后,用双手、用智慧、用足以粉碎任何艰难险阻的"四千精神"创造出来的。

改革开放以来,中国企业不断在逆境中向上发展的精神力量,已经成为中国企业经营管理的一笔宝贵财富。

(一)踏平坎坷成大道:吉利

改革开放以来,中国企业逆境求生的案例数不胜数,其中李书福和吉利的发展史可称典型。

1963年出生的李书福在决定转行汽车制造前从事过六七个行业,每次转行都是另起炉灶、白手起家,每个行业也都做得风生水起,当然,其中的艰辛只有他自己最清楚。李书福和他的企业发展充满了自我挑战和对逆境的征服。

1982年,19岁的李书福高中毕业后的第一份工作就是在公园替人拍照,半年后挣了1000多元的李书福开了一家照相馆,生意不错。经营照相馆时,李书福发现可以从定影液中提取贵金属银，于是李书福舍弃了照相馆业务，转而经营废定影液回收提取，后来进一步延伸到从废旧电器零件中分离铜、银、金等各种贵金属。李书福企业经营的一大特点在此时已经显露出来：做有技术含量的生产制造业务。这一业务随着政策限制而停止。

1984年，李书福发现做冰箱配件很赚钱，于是成立了冰箱配件厂。李书福带领几个高中学历的伙伴进行冰箱蒸发器、冷凝器和过滤器的研究与试制，经过近400个日夜终于试制成功。

冰箱配件生意很成功，1986年李书福将冰箱配件厂升级为北极花冰箱厂，生产的冰箱市场情况也很好。由于没有国家定点生产资质，李书福在1989年退出了这一行业，到深圳某大学进修。在深圳学习期间，李书福发现一种铝镁曲板进口装修材料市场前景不错。1991年，李书福回到台州重新创业，生产铝镁曲板。铝镁曲板业务很成功，一直是吉利集团很重要的一项业务，每年营业收入可观。

1992年，李书福决定进入造车行业。由于汽车行业技术含量太高，李书福首先进入的是摩托车行业。1994年，李书福开发出国产豪华型踏板式摩托车。依靠高性价比，吉利摩托车畅销国内外。

1994年，李书福决定进入汽车制造业，家人极力反对，但李书福已经下定决心。

家人的反对理由是十分充足的。汽车产业涉及冶金、石油、机械、金属加工、化工、橡胶、仪器仪表、电器、电子（芯片、软件、视听、全球定位系统等）等各领域，一辆汽车的零部件有上万个，几乎涵盖所有工业门类，因此汽车产业被认为代表着一个国家的工业化程度。美国管理学家彼得·德鲁克把汽车工业称为"工业中的工业"。

第四章　儒家自强不息思想与企业抗挫折能力

从二十世纪初到二十世纪九十年代汽车产业已有近百年的发展历史，以美国、德国、法国、日本为代表的发达国家在这一领域深耕了足够长的时间，积累了丰厚的技术专利，形成了严密高效的生产制造方式。我国汽车工业几大国有企业如一汽、二汽（现在的东风汽车）、上汽、北汽，与发达国家相比也有较大的差距。

二十世纪八十年代到九十年代，上汽与德国大众合资生产桑塔纳时，在生产工艺的标准上磨合了很长时间才达成了共识。上汽是我国名列前茅的车企，有国家几十年的投入、有完备的人才队伍、有几十年的专业化工人队伍，在合资时也必须费心费力缩短与国际一流车企的距离，李书福只造过摩托车，现在声称要造汽车，在常人看来实在不现实。

从投资的门槛看，1994年国家规定汽车产业准入门槛为15亿元，当时李书福手里只有1亿元。

更重要的是，2001年中国加入WTO之前，汽车产业严格实行许可制，一家企业即使能造出不错的车，没有造车资质依然不能销售。

结果是可想而知的，从1994年开始，很长一段时间里李书福要造汽车的想法被当成笑话。

李书福就是从这样一个无技术、无人才、无资金、无资质的超低起点开始他的造车梦的，过程中的困难可想而知。

李书福最早的技术团队就是他和两个懂一些汽车专业的工程师，他们的技术研发就是把品牌车拆卸之后，了解其内部结构。后来又到一汽把红旗的底盘、发动机、变速箱等买回来研究。

1996年，吉利集团有限公司成立，李书福从临海市政府获得了800亩工业用地；1997年，通过收购四川德阳一家汽车厂获得了轻型客车和两厢轿车的生产资质。紧接着，他通过加盟的方式将吉利汽车的产业链建立起来，同时也解决了资金问题。

1998年8月8日，吉利第一款车豪情下线。到1998年年底，吉利生产了100多辆豪情，但质量太差：淋雨实验通不过，刹车系统、灯组漏水，汽车行驶中灰尘不断从车缝钻进车厢，甚至车门还有腻子，而且厚薄不均……这样的质量当然无法销售，李书福被迫将这批车全部销毁，损失数百万元。李书福换了一批素质高、技术好的工人，终于在1999年11月重新造出一批豪情，销售了近2000辆。即使是这样，吉利车的质量并没有根本性的改观，因此，这一阶段的吉利车只能走低价路线，每辆车3万元左右。

为了提高吉利车的质量，吉利一边从国有车企大批挖人，一边从大学毕业生中招人，前后录用了60多位大学毕业生，但这些人后来几乎都离职了。既然找来的人才留不住，那就自己培养。1999年，李书福创办了吉利学院，后来又创办了浙江汽车职业技术学院、浙江吉利汽车技师学院、临海市豪情汽车工业学校、三亚学院、湖南吉利汽车职业技术学院、湘潭理工学院、浙江汽车工程学院等学校，覆盖了从职高到研究生的不同培养层次，培养人才超过15万人，很多毕业生已经成长为吉利骨干。

经过在人才、制造工艺等方面的全面提升，吉利汽车第一阶段"造老百姓买得起的好车"的定位目标实现了。但到了2006年，随着零部件和钢材价格的提高，吉利汽车尽管销售情况不错，却没什么利润，李书福决定主动转型升级。

2007年5月18日，在李书福的主导下，吉利发布《宁波宣言》，实施全方位战略转型：不打价格战、不打技术战，而要打品牌战、打服务战、打道德战，从低成本的战略向技术领先、品质领先、客户满意、全面领先转变。产品定位从"造老百姓买得起的好车"，转向"造最安全、最环保、最节能的好车"。

为了背水一战，吉利将"老三样"豪情、美日、优利欧的生产线全部淘汰，建起"新三样"远景、金刚、自由舰的生产线。起初，这种剧烈转型让企业内部人员和外部经销商都十分疑惑恐慌，不相信吉利能从低端定位顺利跃升到中端产品线。但不久，转型后的吉利销量回升，疑惑恐慌情绪消散。2009年，新车型逐渐替代老车型，吉利销量达到33万辆，比2008年净增10多万辆，实现销售收入165亿元，吉利转型宣告成功。

李书福坦言自己并不懂汽车，他能将吉利做到中国汽车自主品牌的领军企业，收购沃尔沃等国际著名汽车品牌，靠的是一支有理想、有能力、能战斗的经营管理团队。吉利汽车早期的核心团队奠定了吉利在技术研发、法人治理结构、管理体系、市场营销等方面的基础，使吉利由家族企业转变为现代化汽车企业。

吉利能在创业早期将集聚人才组成核心团队并充分施展才能，靠的是李书福企业家精神的感召力、对汽车行业前瞻性的战略判断和对优秀管理人才的信任与充分授权。

为了掌握核心技术，吉利从一开始就重视技术投入，在中国汽车行业率先取得发动机、变速箱等核心技术领域的重大突破。2008年，吉利的BMBS技术获得了底特律车展组委会授予的展会唯一"技术创新"大奖。2009年，吉利的"技术体系创新工程"获国家科技进步二等奖（一等奖空缺）。

为了使吉利汽车的价值链从中低端延伸到中高端，吉利汽车从2006年起进行了一系列海外并购。2006年，吉利与英国锰铜成立合营公司，吉利成为锰铜的第一大股东。2013年2月1日，吉利按零现金/零债务的模式以1104万英镑（约人民币1.08亿元）收购英国锰铜控股的业务与核心资产。

吉利标志性的收购行动是2010年对高端乘用车品牌沃尔沃的收购。

李书福最早起心收购沃尔沃是在2002年，离吉利第一辆豪情下线仅4年，当时没人把李书福这一想法当真。李书福不但敢想，还敢干，而且还干成了。李书福之所以想收购沃尔沃，是为了将吉利的价值链从低端发展为高中低端全覆盖，收购来的沃尔沃将占据高端位置。

汽车产业在全世界范围内已经发展了100多年，发达国家积累了丰厚的技术、人才、经营管理、资金等优质资源，中国车企想完全靠自主发展进入价值链中高端难度极大。通过海外收购可以直接获得高端汽车资产，这些资产对中国车企原有的技术、人才、经营管理的提升也能起到促进和协同作用。

而且，李书福当时已经预见到，北美汽车市场趋于饱和，众多的品牌必将成为福特的负担，福特会出现亏损甚至破产。届时福特就会出售旗下沃尔沃这样的非核心品牌资产。同时，在规模和消费能力都快速增长的中国汽车市场，沃尔沃这样的高端品牌有很大的发展空间。李书福的预见在不久后变成了现实。2009年，中国首次超越美国跃居世界第一汽车产销大国。

李书福为了收购沃尔沃，反复与沃尔沃品牌拥有者美国福特集团沟通，在交流时机、交流间隔时间、交流频率等方面极尽所能，终于在2010年成功收购了这一高端汽车品牌，实现了借助国际并购向汽车产业的高端价值链拓展的目的。

2007年1月，在底特律北美国际车展上，李书福在一家美国咨询公司的帮助下，会见了福特汽车首席财务官勒克莱尔，这是吉利首次与福特接触。这次会见中，李书福和勒克莱尔讨论了包括沃尔沃在内的诸多问题，但没有任何结论。

2007年9月，吉利向福特正式提出收购沃尔沃的想法，福特没有任何回应。当时的吉利不仅在世界汽车行业名不见经传，在国内汽车行业也寂寂无闻，得不到回应也是正常的。

李书福没有放弃，连续两年到底特律参加车展，目的就是找机会和福特公司继续接触，讨论收购沃尔沃的问题。

2008年3月，在科特勒咨询集团的帮助下，李书福带领并购团队在伦敦会见了福特和沃尔沃的高管团队，双方正式讨论了吉利收购沃尔沃的问题。

2008年5月，吉利派团队去瑞典拜会瑞典副首相兼工业与能源大臣以及瑞典汽车工会领导人，介绍吉利的情况，获得了瑞典政府和汽车工会的认可。

2008年7月，吉利向福特递交收购沃尔沃的意向书，福特依然没有肯定性回应。

2008年下半年，由于金融危机加深，福特决定出售沃尔沃资产，吉利的机会终于到来。

2008年12月，福特宣布出售沃尔沃资产。

2009年年初，福特独立董事约翰·桑顿来吉利考察，结果满意。吉利成为福特出售沃尔沃资产的首选对象。

我们可以看到，为了成为沃尔沃资产出售的首选对象，李书福和吉利就花了整整两年的时间。

2010年3月28日，吉利控股集团和福特汽车公司签署股权收购协议，吉利收购沃尔沃轿车公司100%的股权。

吉利收购沃尔沃不仅于吉利公司是一个标志性事件，对于中国汽车产业也是一个有里程碑意义的事件。

十几年中，中国汽车行业尝试海外并购达150余起，成功案例并不多。科尔尼管理咨询公司对中国车企100多个汽车并购案例深入研究后发现，近70%的并购未能实现协同效应，更谈不上并购带来的长期价值。吉利收购沃尔沃后，顺利进行了整合，长期价值逐渐实现。在品牌、技术和生产方面，吉利实现了预定目标，与收购的沃尔沃品牌实现了协同发展。

2009年4月,工业和信息化部召开"吉利汽车发展经验座谈会",传达国务院领导对宣传吉利的批示精神,对吉利坚持自主创新、积极应对金融危机等方面的做法进行座谈和研讨。

英国《每日电讯》2010年评选出掌控世界汽车工业未来走势的"五位重量级人物"名单,他们是美国总统奥巴马、福特CEO兼总裁穆拉利、菲亚特CEO马尔基翁、丰田总裁丰田章男、吉利李书福。

2017年,吉利以39亿美元入股沃尔沃集团,成为其最大股东;收购陷入困境的马来西亚车企宝腾49%股份;收购英国跑车品牌莲花汽车51%股份;收购美国飞行汽车公司。2018年,吉利收购戴姆勒股份公司9.69%具有表决权的股份,成为其最大股东。

2020年1月,"2020年全球最具价值500大品牌榜"发布,吉利排名第430位。2020年7月,"2020年中国最具价值品牌100强"榜单发布,吉利排名第34位。2021年3月,英国品牌评估机构Brand Finance发布的"2021全球最有价值的100个汽车品牌"排行榜中,吉利位列第21位。

从李书福的创业过程我们可以总结出以下几点。

第一,超强的生存能力。

李书福的创业过程几乎每一步都是坎坷,每一次成功之后都很快面临致命危机。李书福一次次化解危机,依靠的是深植于中华民族血脉中的自强不息的坚韧、积极、乐观的精神。

第二,制造业情结。

李书福第一份职业摄影与制造业无关,但他很快从服务业转到了制造业,而且是有一定技术含量的制造业,技术含量不断升级。

第三，真诚谦逊与执着自信。

杰出企业家几乎都执着自信，但过度执着自信有可能陷入刚愎自用、狂妄自大、目无余人，导致昏招频出，招致灭顶之灾。李书福还有另一面，那就是他源自乡土中国的真诚与谦逊的品德，这使李书福在发挥执着自信的优点之时，还能有效地控制自己始终走在正道上。这毫无疑问正是传统"中庸"精神的作用。

第四，战略能力。

李书福的战略能力在对沃尔沃的收购及整合过程中体现得淋漓尽致。从开始有收购想法到前期沟通、组织并购团队、实施并购到并购后整合，整个过程中，李书福的战略前瞻能力、战略实施能力得到了充分体现。

第五，打造团队能力。

汽车工业技术水平高、产业链复杂性高，需要大量高水平人才加入，而且还需要将这些高水平人才有效组合，充分发挥他们的积极性，形成合力推动企业稳步发展。李书福能够成功地将中国汽车业的优秀人才集聚旗下，其胸襟、情怀、韬略可见一斑。

第六，企业家精神。

李书福创业过程中多次转变业务领域，既有不得已的原因，也有主动寻找新机遇的动因，这正体现出企业家对市场机遇敏锐捕捉后为市场创造价值的能力。吉利收购沃尔沃取得成功，体现了李书福求真务实的企业家精神。

（二）苦难辉煌：华为

中国企业中，完全依靠科技创新进入国际产业价值链中高端的企业为数不多，华为是其中典型的代表之一。华为的整个发展历程是一系列危机倒逼的结果，一部华为史是一部苦难史，也是一部求生史。

1987年，转业军人任正非下海经商，6个人集资2.1万元成立了华为。华为最早的业务是从香港进口小型电话交换机出售给内地电信运营商。好不容易打开局面，上游供货商发现这个生意很好，就不再给华为供货，华为被迫进入电信设备技术研发领域。

华为的爆发式增长是从2000年开始的。由于有扎实的原创技术积累，又走上了无线通信3G、4G的快车道，华为在十多年时间里将同行诺基亚、西门子、阿尔卡特、爱立信等甩到身后，在2013年后成为当之无愧的头号电信设备制造商。

华为是一个具有深刻危机意识、忧患意识的企业，在无线通信处于2G时代的2009年，华为就开始布局5G研究。2009年，华为投入6亿美元启动了5G技术和标准的研究。2016年，华为追加投资14亿美元用于5G商用产品的研发。截至2018年年底，华为5G技术已经处于国际领先地位。

世界科技的前沿领域是人工智能、大数据、云计算、物联网，它们的基础正是5G。华为在5G领域的领先，使第二次世界大战以来在科技领域一直处于领军状态的美国于2018年开始打击华为的发展势头，从2018年到2021年华为的业绩变化可以看出美国打压对华为的影响（如表4-1所示）。

表4-1　2018年到2021年华为经营业绩　　　　　　　　　　单位：亿元

项目		2018年	2019年	2020年	2021年
销售总额	总额	7212	8588	8914	6340
	同比增长	19.5%	19.1%	3.8%	-28.9%
净利润总额	总额	593	627	646	1137
	同比增长	25.1%	5.6%	3.2%	75.9%
消费者收入	总额	3489	4673	4829.16	2434
	同比增长	45.1%	34%	3.3%	-49.6%
	占总收入比重	48.4%	54.4%	54.2%	38.4%
运营商收入	总额	2940	2967	3026.21	2814
	同比增长	-1.3%	38%	0.2%	-7%
	占总收入比重	40.8%	34.5%	34%	44.4%
企业业务收入	总额	744	897	1003.39	1024
	同比增长	23.8%	86%	23%	2.1%
	占总收入比重	10.3%	10.4%	11.3%	16.2%

几乎所有关注华为的人都在问：华为到底能不能渡过危机？华为能否再创辉煌？

回顾华为1987年以来的发展历程，我们可以肯定地回答：华为一定能！

华为创始人任正非出生于一个有着7个孩子的教师家庭，父母为了养活7个孩子，实行严格的分餐制度，任正非从小就经受生存考验，危机意识已经内化为一种精神性本能。这种危机意识也成为华为最鲜明的一个特点，华为在创办之后很快由电信设备代理商转变为以科技研发为驱动力的制造商，截至2020年年底，华为全球持有有效授权专利超10万件，且90%以上为发明专利。

华为如此重视科技研发，又有那么多发明专利，为什么还会遭遇危机呢？

分析起来有三方面的原因。第一，在经济全球化背景下，任何一家企业都不可能精通一个产业的所有关键技术，在正常情况下，这既不必要也不可能。第二，华为与以美国为首的打击力量抗衡，遭受重创而没倒下就是胜利。第三，中国的半导体产业在科技研发能力方面整体不强，几乎没有企业能依靠自主研发的技术帮助华为。

华为遭遇的打击，就是我们耳熟能详的"卡脖子"打压，通过芯片断供打击华为最核心的两块业务：手机业务和运营商业务。

对此华为采取了一系列应对措施。

首先是芯片技术的突破和HMS（HUAWEI Mobile Service，华为移动服务）、鸿蒙操作系统与欧拉操作系统的发布与生态圈建设。

2020年11月，华为宣布出售主打中低端手机市场的荣耀业务资产。荣耀收入占华为手机业务总收入的三分之一左右，出售荣耀，可以让荣耀手机业务继续发展，华为也可获得一笔用于研发和开拓新业务的收入。

五大军团与十大军团的组建是华为开拓全新业务领域、主动进行组织变革的战略举措，就是通过发挥华为在5G、人工智能、云、物联网等方面的优势，发展工业互联网以及互动媒体、运动健康、园区管理、政务等领域的互联互通。2021年10月，华为正式宣布组建煤矿军团、智慧公路军团、海关和港口军团、智能光伏军团和数据中心能源军团五大军团。之所以选择这五个领域，是因为这五大领域都是大产业，有较高的市场价值，而且对智能化要求比较高、比较迫切。2022年3月，华为在深圳华为坂田基地k区举行十大军团组建成立大会。十大军团为电力数字化军团、政务一网通军团、机场与轨道军团、互动媒体军团、运动健康军团、显示芯核军团、园区军团、广域网络军团、数据中心底座军团与数字站点军团。这十个军团中，有两个与消费者业务相关，一个与海思相关，其他几个多与企业业务相关，意味着华为在更多领域进行智能化布局。

华为将消费者业务向智能汽车解决方案方向拓展，并迅速取得了重大进展。2019年5月，华为成立智能汽车解决方案BU，由智能驾驶、智能座舱、智能网联、智能电动和智能车云构成。华为携其软件、算法、生态方面的优势，加上十多年在智能汽车领域的技术研发积累，很快推出了全栈智能汽车解决方案。华为在智能汽车方面与车企有三种合作方式：第一种，华为作为零部件供应商向车企提供零部件；第二种，华为提供智能座舱、电驱动及自动驾驶等技术支持，与车企在技术上开展局部合作；第三种，华为HI模式，这是一种智能汽车的全栈式解决方案，其特点是除了传统汽车零部件，所有智能汽车的核心零部件全都采用华为的解决方案。华为在智能汽车方面的合作车企包括北汽、广汽、长安、小康、比亚迪、奇瑞等。

华为能取得现在的成就，关键就在于对研发的高度重视和对科技人才的持续引进和有效管理。1995年开始酝酿，1998年3月通过的"华为基本法"就提出要把知识资本化，华为股权制的核心就是要让有知识的人把自己沉淀的知识以资本的形式表达出来、发挥出来。截至2022年年初，华为员工总数19.7万人，研发人员10万人。在华为的研发人员中，有700多名数学家、800多名物理学家、120多名化学家。华为还实施"广撒网"策略，吸引全世界优秀科技人才。

总结支撑华为三十余年发展的精神力量，可以得出以下结论。

第一，深入骨髓的忧患意识和求生欲。

曾国藩说"有所激有所逼而成者"，刺激、逼迫华为的就是一种深入骨髓的忧患意识和求生欲，这是华为能够建立一支所向披靡的企业铁军、能够克服一切艰难险阻的根本原因。

任正非1987年创业时起点并不高，但因为选择的是一个技术变化速度特别快、技术竞争特别激烈的行业，任正非从创业伊始就没有放松过。华为的奋斗精神、分享制的股权制度、超强的科技创新能力，以及以客户为中心的意识与机制、一流的团队建设与人才梯队建设、国际视野和海纳百川的开放胸襟都是基于深入骨髓的忧患意识和求生欲一步步打造出来的。

任正非的杰出之处在于成功地将一群有足够动力和压力改变自身命运的人才聚集到华为旗下，将这种深入骨髓的忧患意识和求生欲内化为全体员工的共同意识和信念，使之成为华为的企业基因。

2012年，与华为有长期合作关系的田涛、吴春波在对华为进行了实地调研后写了一本关于华为经营管理的著作，原本想起一个高大上的名字，但任正非力主起了《下一个倒下的会不会是华为》这一书名。当时，华为已经超越了除爱立信的所有同行，并且在该书出版的第二年也就是2013年超越了爱立信，但华为念兹在兹的仍然是能不能活下去。

《国语》中有这样一段话："沃土之民不才，淫也；瘠土之民莫不向义，劳也。"意思是：自然禀赋过于优越地方的人们难以成为杰出人物，因为生活太安逸；自然禀赋差的地方的人们往往崇尚正直正义，因为他们在辛勤的劳作中培养出了这种品格。中华民族数千年来就是在资源匮乏、人口众多，而且灾祸频仍的不利环境中生存发展起来的，这种不利环境锻造了中华民族深入骨髓的忧患意识，使我们始终保持警醒、保持活力。华为正是把这种基因内化、强化并通过现代高科技企业形象体现了出来。

第二,百折不挠的奋斗精神。

华为的核心理念"以奋斗者为本"既有传统文化基因也有现代革命文化基因、社会主义先进文化基因。任正非有过军旅经历,"一不怕苦,二不怕死"的精神已经成为任正非精神的一部分;"自力更生,艰苦奋斗"的精神毫无疑问也已经内化为任正非和华为的精神。

从2021年华为五大军团成立大会和2022年华为十大军团成立大会的誓师仪式、授旗仪式,以及任正非的讲话,可以很明显地感受到华为奋斗精神中传统文化与现代革命文化、社会主义先进文化的有机融合。

第三,财富分享制与共同富裕。

这一点是华为核心竞争力的重要来源。根据华为公布的数据,到2022年年初,任正非个人拥有的股份只占华为股份总数的0.75%。儒家讲"天下大同""达则兼济天下",我们讲共同富裕,任正非身体力行做到了。

第四,强烈追求科技创新能力。

任正非早年进入电信设备制造行业可说是无知无畏的结果。任正非原本是学建筑的,在军队工作时也是从事建筑工作的,他进入电信设备制造行业后才意识到这个行业技术变化的迅猛与竞争的激烈。强烈的求胜欲逼迫他每年投入巨资进行前瞻性的科技研发,也是强烈的求生欲促使华为对产品精雕细刻,以满足和引导用户需求。

第五,强调团队建设与人才梯队建设。

任正非建立了华为的轮值董事长制度,为领导班子的新老交替做准备。天才少年计划更是彰显华为在人才队伍建设上的前瞻性。

第六，国际视野和海纳百川的开放胸襟。

三十余年的企业经营管理生涯早就把任正非锻造成一名企业战略家。任正非有极佳的国际视野，也有很好的产业前瞻意识，华为在5G领域的领先就是最好的证明。

任正非与华为艰难求生获得成功的经验，必将激励更多中国企业家和中国企业以自强不息的精神走出科技创新突围的自强之路。

第五章 儒家诚信、敬业思想与企业经营管理

从古到今，中国的商业传统从来没有中断过，明清之际还出现了晋商、徽商、闽商、秦商、粤商等十大商帮。其中晋商兴盛了近500年，重要原因之一就是严格践行儒家诚信思想。明代蒲州商人王文显教育后代说："夫商与士，异术而同心。故善商者，处财货之场，而修高洁之行，是故虽利而不污。"意思是：商人和读书人，虽然职业不同，但在价值观上是一致的。经商的最高境界是处于金钱财富的流转之地能够保持高洁的品行，这样即使是追求财富也不会品行有亏。

进入新时代，需要进一步激活儒家思想中的诚信、敬业观，将之融入企业的经营管理中，本章讨论的就是这一问题。

一、儒家诚信、敬业思想及其影响

（一）儒家诚信、敬业思想

儒家关于诚信、敬业精神的论述十分丰富，还涉及严谨、勤奋等内容。儒来源于古代祭祀襄礼的术士，到了周代，部分儒成为兼通礼乐，以传授知识、教化民众为业的人。无论是从事祭祀还是从事教育，都对诚信、敬业有很高的要求，因此，儒家对这些品质极为重视。

1. 敬与诚

儒家有关诚实守信的论述是与"敬"的思想紧密联系在一起的。"敬"有恭敬、尊敬、敬畏之意，恭敬、尊敬、敬畏的对象首先是神灵、祖先，然后是君王、长辈、老师，还有对国家、家族和家庭、礼法制度、职业等的恭敬、尊敬、敬畏。

儒家之所以有大量关于"敬"的论述，源于儒家在早期原始宗教盛行时的祭司身份。周代原始宗教氛围淡化后，这些祭司转化为精通礼乐制度的知识精英，他们就将"敬"的对象由神灵转移到现世世界中的祖先、君王、国家礼法等方面，因此儒家的"敬"包含着对神圣价值的追求。《论语·八佾》有言："祭如在，祭神如神在。" 意思是：祭祀祖先的时候，就如同祖先真在那里一样，祭祀神灵的时候，就如同神灵真在那里一样。不过，需要说明的是，孔子更重视现世人生，对鬼神采取的是"敬鬼神而远之"的实践理性态度。"子不语怪力乱神",这种精神成为中华民族的核心理念之一,影响至今。

二十世纪新儒学八大家之一徐复观在《中国人性论史(先秦篇)》中,专门讨论了"敬"在原始宗教向人文道德发展过程中的重大意义:"一个敬字,实贯穿于周初人的一切生活之中,这是直承忧患意识的警惕性而来的精神敛抑、集中及对事的谨慎、认真的心理状态。这是人在时时反省自己的行为,规整自己的行为的心理状态。周初所强调的敬的观念,与宗教的虔敬,近似而实不同。宗教的虔敬,是人把自己的主体性消解掉,将自己投掷于神的面前而彻底皈归于神的心理状态。周初所强调的敬,是人的精神,由散漫而集中,并消解自己的官能欲望于自己所负的责任之前,凸显出自己主体的积极性与理性作用。"[1]

徐复观的这段论述十分精当,表明"敬"是儒家思想中诚信、敬业、严谨、勤奋等理念的基础。

我们来看一下孔子对"敬"的论述。

《论语·卫灵公》:"子张问行。子曰:'言忠信,行笃敬,虽蛮貊之邦行矣。'"意思是:子张问怎么样才能在社会上发展得顺畅。孔子说:"说话忠诚守信,做事情踏实恭敬,即使是到了蛮貊地区,也能发展顺畅。"

《论语·子路》:"樊迟问仁。子曰:'居处恭,执事敬,与人忠。'"意思是:樊迟问什么是仁。孔子回答说:"平时做到端庄恭敬,做事情严肃认真,为人服务时尽心尽力。"

《论语·季氏》:"君子有九思,视思明,听思聪,色思温,貌思恭,言思忠,事思敬,疑思问,忿思难,见得思义。"意思是:君子有九种考虑,看

---

[1] 徐复观.中国人性论史(先秦篇)[M].上海三联书店,2001.

的时候考虑看明白了没有，听的时候考虑听清楚了没有，要考虑脸色是不是温和，容貌态度是不是谦恭，说话是不是忠诚老实，办事是不是严肃认真，有疑问要考虑如何向别人求教，要考虑发怒的后果，有利益的时候要考虑是否符合道义。

《论语·宪问》："子路问君子。子曰：'修己以敬。'"意思是：子路问什么是君子。孔子说："君子就是要修炼自己的品行，保持恭敬的态度。"

《易经·文言》也有对"敬"的论述："君子敬以直内，义以方外，敬义立而德不孤。"意思是：君子要保持恭敬、敬畏的态度使自己内心正直，要遵循道义使自己行事端方，能够保持恭敬、遵循道义，那么他就能得到大家的认同。

朱熹对"敬"是这样阐述的："敬……只是随事专一、谨畏、不放逸耳。""敬，只是一个'畏'字。"（《朱子语类》）朱熹的"敬"是和恭敬、敬畏、严肃、认真联系在一起的。他对"敬业"也做了阐述，认为敬业是"专心致志，以事其业"（《朱子全书·仪礼经传通解》），就是用一种恭敬严肃的态度对待自己的工作，认真负责，任劳任怨，精益求精。

"敬"的问题说清楚了，再来看有关诚信的论述。

儒家经典中，"诚"和"信"是相互联系的两个概念。"诚"是真诚、诚实的意思，相对"信"而言，"诚"更加具有本源性，"诚"与"道"紧密相连，指天道也就是根本大道在人身上的体现。"信"则是"诚"的自然呈现。

《中庸》有言：

诚者自成也，而道自道也。诚者物之终始，不诚无物。是故君子诚之为贵。诚者，非自成己而已也，所以成物也。成己，仁也；成物，知也。

意思是：

真诚是自我的完善，而道是自我的引导。诚贯穿于世界万事万物，始终不离，没有诚就没有万事万物。所以君子把诚看作最珍贵的品德。诚不仅是自我成就完善，还要以之成就完善万事万物。完善自我是仁，成就万事万物是智。

《中庸》是儒家经典之一，它将孔子儒学的道德伦理概念与道家的自然宇宙哲学进行了有机融合，将"诚"这样一种道德品质与"道"联系起来，从而将"诚"提高到天道本体的高度。《孟子·离娄上》把这个意思说得更加清楚："诚者，天之道也；思诚者，人之道也。"意思是：真诚是上天的根本大道；追求诚，是为人的准则。

因此，《大学》将"诚意"放在了"格物、致知"之后，"正心、修身、齐家、治国、平天下"之前。"格物、致知"是研究事物、获得知识，这是与"天道"有关的学习，了解了"天道"的真谛后，就要使意念真诚，以与"天道"一致，如此才能树立正确的价值观，才能实现修齐治平的儒家理想。

《大学》对"诚意"是这样论述的：

> 所谓诚其意者，毋自欺也。如恶恶臭，如好好色，此之谓自谦，故君子必慎其独也。

意思是：

> 使意念真诚的意思是，不要自己欺骗自己。要像厌恶腐臭的气味一样，要像喜爱美丽的女人一样，一切都发自内心。所以，品德高尚的人哪怕是独处的时候也一定谨慎。

《中庸》中有与此十分接近的论述：

> 天命之谓性，率性之谓道，修道之谓教。道也者，不可须臾离也，可离非道也。是故君子戒慎乎其所不睹，恐惧乎其所不闻。莫见乎隐，莫显乎微，故君子慎其独也。

意思是：

    人的自然禀赋叫作性，顺着本性行事叫作道，按照道的原则修炼心性叫作教。道是不可以片刻离开的，可以离开的就不是道了。所以，品德高尚的人在没有人看见的地方也是谨慎的，在没有人听见的地方也是有所戒惧的。越是隐蔽的地方越是明显，越是细微的地方越是显著，所以品德高尚的人在独处的时候也是谨慎的。

我们可以看到，儒家对"敬""诚"都十分重视，把这两个概念都提升到了相当高的位置。

2. 信

孔子十分注重诚实守信。

"言必信，行必果。"（《论语·子路》）

"人而无信，不知其可也。"（《论语·为政》）

"故君子名之必可言也，言之必可行也。君子于其言，无所苟而已矣。"（《论语·子路》

"主忠信。无友不如己者。过，则勿惮改。"（《论语·学而》）

"与朋友交，言而有信。"（《论语·学而》）

这些论述都是强调信守诺言、讲信用、珍惜自己的信誉是一个君子最起码的品行。

《论语·颜渊》中有一段关于"信"的讨论，已经超越了个体道德的范畴，涉及国家治理的重大问题了。原文是：

    子贡问政。子曰："足食，足兵，民信之矣。"子贡曰："必不得已而去，于斯三者何先？"曰："去兵。"子贡曰："必不得已而去。于斯二者何先？"曰："去食。自古皆有死，民无信不立。"

意思是：

> 子贡问如何处理政务。孔子回答说："足够的粮食，足够的军备，民众的信任。"子贡问："如果实在不得已要去掉一项，应当去掉三项中的哪个呢？"孔子说："去掉军备。"子贡又问："实在不得已还要去掉一项，去掉剩下两项中的哪个呢？"孔子说："去掉粮食。自古人总是会死的，但失去民众的信任政府就马上会垮台。"

这段论述十分著名，它以一种极端状况的假设凸显了信任、信用、信誉的极端重要性。

3. 笃实严谨

先秦儒家学派创始人孔子虽有贵族血统，但很早父亲就去世了，孔子和母亲寓居于曲阜阙里，因此孔子自称"吾少也贱，故多能鄙事。"（《论语·子罕》）孔子青年时代做过委吏（仓库管理员）、乘田（管理畜牧）等当时的低微工作，25岁前后开办学校，30岁左右小有名气，53岁至55岁在鲁国做过大司寇等官职。孔子55岁至68岁周游列国宣传推广儒家的政治理想，但屡屡碰壁，"累累若丧家之犬"。孔子68岁回到鲁国，直到73岁去世，在这段时间里，他整理典籍，最终成为伟大的教育家和思想家。

孔子从出身贫寒的底层青年，成长为享誉天下的著名学者，所付出的艰辛可想而知。从有关孔子的言行记载来看，孔子不属于绝顶聪明、天生异禀的人，而更表现为资质普通但意志坚定、笃实好学，他的成功很大程度上源于踏实、认真、严谨和好学勤奋。

《论语·季氏》中，孔子把人的资质分为四等："生而知之者，上也；学而知之者，次也；困而学之，又其次也；困而不学，民斯为下矣。"孔子把自己归于第二等"学而知之者"。《论语·述而》中明确说过："我非生而知之者，好古，敏以求之者也。"意思是：我不是生来就有知有识的人，而是爱好古代的东西，勤奋敏捷地去求得知识的人。

《论语·为政》中有一段孔子对自己学习成长经历的著名描述："吾十有五而志于学，三十而立，四十而不惑，五十而知天命，六十而耳顺，七十而从心所欲，不逾矩。"意思是：我十五岁开始立志学习，三十岁能够立身处世，四十岁能够不再疑惑，五十岁时能够领悟天命，六十岁时能够以平常心听取各种不同意见，七十岁时达到了随心所欲不逾矩的境界。从这段描述中可以看出，孔子的成长有一个日积月累、循序渐进的过程，这从侧面让我们领悟到，孔子推崇的正是这种笃实严谨的学习、工作作风。

孔子关于学习的言论还有："学而时习之，不亦说乎？"（《论语·学而》）"温故而知新，可以为师矣。"（《论语·为政》）"博学而笃志，切问而近思，仁在其中矣。"（《论语·子张》）

在学习、工作中贯彻笃实严谨精神的论述，在《中庸》中有比较全面的论述：

> 博学之，审问之，慎思之，明辨之，笃行之。有弗学，学之弗能弗措也。有弗问，问之弗知弗措也。有弗思，思之弗得弗措也。有弗辨，辨之弗明弗措也。有弗行，行之弗笃弗措也。人一能之，己百之。人十能之，己千之。果能此道矣，虽愚必明，虽柔必强。

意思是：

> 广泛学习，详细询问，周密思考，明确辨别，切实实行。要么不学，学了没有学会绝不罢休。要么不问，问了没有弄懂绝不罢休。要么不想，想了没有想明白绝不罢休。要么不分辨，分辨了没能分辨清楚绝不罢休。要么不实行，实行了没有成效绝不罢休。别人用一分努力就能做到的，我

用一百分的努力去做。别人用十分的努力做到的，我用一千分的努力去做。如果真能够做到这样，虽然愚笨也一定可以明辨起来，虽然柔弱也一定可以刚强起来。

孔子及其后学对笃实严谨的学习、工作作风的反复强调形成了中华民族重视教育、注重终身学习的优秀民族性格，为中华民族在现代化建设中提供了宝贵的智力支持和精神支撑。

4. 勤

中国古代传统自然经济的特点是人多资源少，解决之道就是以勤补缺。在古代经济条件下，即使风调雨顺，努力勤勉也只能维持温饱，一旦出现天灾人祸，则生存艰难。因此，中国人的勤勉有着深刻的生存危机做底色，中国人的勤勉是渗透到骨髓、血液中的民族根性。

汉语中与勤有关的词语很多，而且都是正面意义：勤劳、勤勉、勤俭、勤快、勤恳、勤奋、勤学、勤政……

儒家经典中处处体现对"勤"的推崇。

《诗经》中有很多描写农耕生活的作品，如《七月》，《论语》中对勤奋学习的论述也处处可见。

《尚书》是儒家五经之一，收录的文献很多是夏商周三代领导者的讲话。

《尚书·皋陶谟》中称赞帝尧德行："无教逸欲，有邦兢兢业业，一日二日万几。"意思是：领导者不能贪图安逸和私欲，要兢兢业业，因为每天的情况都变化万端。

《尚书·大诰》中周公对周文王的旧臣说："尔知宁王若勤哉。"意思是：你们都怎知文王当年是多么的勤勉。

《尚书·盘庚》中，商朝第十代国君盘庚以农夫的劳作做比喻，勉励下属勤政努力，把国家治理好。他告诫部属："若网在纲，有条而不紊。若农服田力穑，乃亦有秋。"意思是：就像把网眼连接在网纲上，整只网才会有条不紊。又如农夫只有努力耕种田地，到秋天才有收获。盘庚又说："惰农自安，不昏作劳，不服田亩，越其罔有黍稷。"意思是：那些安于懒惰的农夫，不努力耕作，不整治田亩，怎能在那田中收获庄稼。

清代，仅北京就有四个勤政殿：颐和园前身清漪园有一个，圆明园有一个，香山静宜园有一个，西苑也就是现在的中南海有一个。

在中国历史上，帝王勤政的案例很多。雍正皇帝在位13年，每天批复的文字，少的时候有三四千字，多的时候上万字。考虑到这些批复并非简单的抄写，而是先看完奏折，然后根据情况拟写处理意见，而且是用毛笔书写，速度不可能很快，雍正每天的工作量可想而知。

张廷玉服务过康熙、雍正、乾隆三代君主，在雍正时代官运最佳，其中很重要的一个原因就是张廷玉吃苦耐劳完全跟得上雍正的步伐。

雍正初年，清政府在西北与蒙古准噶尔部决战。张廷玉"日侍内值，自朝至暮，不敢退，间有待至一二鼓"。当时，张廷玉每天需要批阅的文件常达数百件，他没有耽搁过一件。雍正皇帝称赞道："尔一日所办，在他人十日不能及也。"张廷玉秉承其父张英《聪训斋语》之旨，撰写家训《澄怀园语》，旨在告诫子孙后人"知我之立身行己，处心积虑之大端"。他在《澄怀园语》中引述明儒吕坤的一段话："做官都是苦事，为官原是苦人。官职高一步，责任便大一步，忧勤便增一步。圣贤胼手胝足，劳心焦思，唯天下之安而后乐。"这段话的核心精神就是儒家推崇的修齐治平理想，就是中国传统主流价值观中的勤政精神。

（二）儒家诚信、敬业思想对中国传统社会和传统商业价值观的影响

1. 儒家诚信思想对中国传统社会的影响

通过上面的论述，我们已经知道，儒家对"敬"与"诚"极端重视，"敬"与神圣价值有关，"诚"则是与"道"紧密相连的概念。在儒家理想中，圣明的君主应当在诚信方面率先垂范。

隋朝末年，太原留守李渊起兵反隋。当时军情紧急，需要委任大量官员，由于处于战争状态，制作委任凭信的材料缺乏，李渊只好直接在纸上书写某人任某官。由于李渊为人仁厚，下属都十分信服他，被委任者拿着这些随手写的纸条就上任了。

唐高祖的这种讲诚信作风在基层政府的运作中也得到了体现。唐高祖武德九年（公元626年）春，万泉县县丞唐临为了不误农时，与该县的囚犯约定，春耕期间可以回家忙农活，忙完后要立即回来继续坐牢。这些囚犯回家忙完农活后全部"如期而返"。唐临的人性化执法与对犯人的信任使囚犯也能做到讲诚信、守诺言。唐临因业绩突出，累官至吏部尚书。

公元626年，李世民登基后，励精图治，采取了一系列措施整饬吏治。为了搞清楚哪些人是贪官，唐太宗采取了"钓鱼执法"的办法，就是派亲信故意对要害部门的官员行贿。这样还真抓住了一个官员，唐太宗打算以此杀一儆百。民部尚书裴矩劝谏说："为吏受赇，罪诚当死，但陛下使人遗之而受，乃陷人于法也，恐非所谓'道之以德，齐之以礼。'"（《资治通鉴》）意思是：官员受贿，确实该惩以死罪，但皇上您这种故意设置陷阱让人往里钻，恐怕不符合"用道德引导人民，用礼制约束百姓"的精神。唐太宗听后，深觉有理，改变了这种做法。

"钓鱼执法"是一种法家手段，建立在对人不信任的基础上。领导者如果偏好这种治理手段，会导致人人自危，不利于上下之间的相互信任，不利于打造具有高度凝聚力的领导团队。儒家认为，作为最高领导者应当诚信在先，如此才能取得下属的信任，才能营造诚信、和谐的上下关系。《老子》第五十七章说："以正治国，以奇用兵"，意思与儒家的一样，治理国家是追求多方共赢，因此应主要使用正面手段，战争是你死我活的零和博弈，不得不使用谲诈、极端手段。

唐太宗想明白了这个道理，到公元627年，有一个官员向唐太宗上书"请去佞臣"时，唐太宗拒绝了他的提议。这个官员的提议是：皇上召见群臣谈话时，故意发怒，那些据理力争的就是直臣，那些畏缩屈从的就是佞臣。唐太宗对大臣们说："君，源也；臣，流也；浊其源而求其流之清，不可得矣。君自为诈，何以责臣下之直乎！"（《资治通鉴》）意思是：君主是整个国家诚信风气的根源，如果君主带头破坏诚信，那就没办法要求下属讲诚信了。

唐太宗这个回答十分重要，表明在中国传统精英治理体制的背景下，诚信文化的建立是以最高领导集团的身体力行为根本前提的，如果社会上层群体不讲诚信而要求整个社会、要求底层民众讲诚信，无异于缘木求鱼。

被唐太宗称为"人镜"的魏征更是儒家诚信精神的坚定拥护者和践行者。贞观十年（636年），魏征向唐太宗上奏："臣闻为国之基，必资于德礼；君之所保，唯在于诚信。"（《贞观政要》）意思是：德行礼义是治国的基础，诚信是君主有效治理国家的保障。

贞观之治成为中国传统政治史上的典范，其中一个原因就是初唐君臣在诚信建设方面的共识和身体力行。

2. 儒家诚信思想对传统商业价值观的影响

在中国传统制药行业中,有两家制药企业到现在还存续着,并且生机勃勃,它们就是北京同仁堂和杭州胡庆余堂。

杭州胡庆余堂是晚清著名商人胡雪岩创办的。胡雪岩产业鼎盛之时,以金融为核心,所涉及的行业有粮食、生丝、军火、制药等。胡雪岩败落之时,几乎所有产业都烟消云散,唯独坚守诚信精神的制药产业胡庆余堂存活了下来。

这两家制药企业,同仁堂为宫廷御医所创,胡庆余堂出自商人之手,但它们都遵奉了儒家的仁爱、诚信精神。

"炮制虽繁必不敢省人工,品味虽贵必不敢减物力"出自1706年《同仁堂药目叙》,其要义就是诚信。同仁堂选原料的标准是地道、纯正、上等。比如,人参用吉林的、山药用河南的、枸杞用宁夏的、陈皮用广东新会的、丹皮用安徽芜湖的;僵蚕不能用僵蛹代替,16头的人参不能用32头的小人参代替;即便是做大蜜丸的蜂蜜,也必须用河北兴隆的枣花蜜。

无独有偶,杭州胡庆余堂强调"采办务真,修制务精",其核心理念与同仁堂完全一致。胡庆余堂采购原料也讲究地道优质,比如采购驴皮到山东濮县,采购淮山药、生地、黄芪、金银花到淮河流域,采购当归、党参到四川和贵州,采购贝母、银耳到江西,采购龟板到汉阳,采购人参、鹿茸到东北。胡庆余堂有很多牌匾,大多数是向外挂的,唯独"戒欺"匾是挂在营业厅后,面对经理和账房办公之所,是给内部员工看的。"戒欺"匾上的文字是胡雪岩亲自拟定的:"凡百贸易均着不得欺字,药业关系性命尤为万不可欺。余存心济世誓不以劣品弋取厚利,唯愿诸君心余之心。采办务真,修制务精,不至欺予以欺世人,是则造福冥冥,谓诸君之善为余谋也可,谓诸君之善自为谋也亦可。"大意是,凡是经商都要讲诚信,不能存心欺诈,药业与性命相关,更是万万不可欺诈。我心存济世救人的理想，不愿意用低劣药品来谋求暴利，希望各位能理解我的愿望。采买药品原料必须真材实料，制作必须精益求精，这样才能不欺世人……在胡庆余堂内，还有对联"修合无人见，诚心有天知"，也是"戒欺"之意。《胡庆余堂雪记丸散膏丹全集》的序言中说："莫为人不见，须知天理昭彰，近报己身，远及儿孙，可不敬乎，可不惧乎！" 这正是儒家"慎独"之意思。胡雪岩还把"顾客乃养命之源"写入店规，教育员工把顾客当作自己的衣食父母，兢兢业业为顾客服务。

3. 现代企业在新时代应发扬诚信、敬业精神

厦门海澳集团有限公司（以下简称海澳集团）创立于1984年，创始人郑金泉从小微企业起家，现已经将企业发展为集经营成品油进出口、批发、零售，码头，油库，海陆铁运输配送，保税库，加油站，交易平台及交割库为一体的石化供应产业链集团公司。

海澳集团的发展，得益于国家的开放政策和经济发展大背景，同时也是郑金泉抓住机遇，对石油化工供应链产业链进行前瞻性布局的成果，还有一个不可缺少的因素就是海澳集团的诚信精神。

海澳集团将企业宗旨确定为"诚信创新、追求卓越"。郑金泉曾说："经营企业最后就是讲做人与经营人的思想，讲做人的厚道、信义，经营人就是培养团队的理念和建立人的管理体系，讲遵规守法"[1]。海澳坚持以诚信作为企业宗旨，源于朴素的中国传统道德理念。郑金泉的父亲对他说："既然要做生意，一定要信字当头。今天你失信不还5毛钱，以后你用5元、50元，甚至更多

---

[1] 余乃鎏.海澳郑金泉：40年石油路 打通一条产业链[EB/OL].https://www.sohu.com/a/303159044_465536，2019-03-22.

的钱也买不回信誉。"[1] 郑金泉早年在新加坡经营成品油贸易，严格遵守货到付款的约定，获得了很好的口碑。

2003年，海澳与厦门一家外资厂商谈成了一笔一万吨的供油协议，先做了口头约定，就在即将正式签合同的一周内，油价一路上涨，如果按照原来的价格供货，海澳这一笔生意将损失半年甚至一整年的利润，高管们认为行业里有推掉口头协议的先例，海澳也可以这样做。郑金泉召集高管会议，说服他们按原定价格供货，保住信誉，以后一定能把损失赚回来。事实证明，海澳这么做不仅留住了更多优质客户，也在社会上留下了美名，为企业的进一步发展奠定了良好基础。也正因为如此，海澳获得的各种荣誉中，其中一个就是"福建省守合同重信用企业"。

海澳集团以诚信为企业宗旨，赢得了良好的发展环境。新疆德汇实业集团（以下简称德汇）则是在不可抗的火灾后，以有限责任公司承担无限责任的方式，将中华优良传统发扬光大的范例。

2008年，新疆乌鲁木齐德汇国际广场发生了一场持续68个小时的大火，德汇20年的积累几乎全部化为灰烬。1655户产权户和1304户经营户的直接经济损失达6.7亿元，德汇集团自身损失4.1亿元。

对这起事件，作为股东的德汇可以采取破产的方式承担有限责任，这种做法符合法律规定，风险最小、成本最低，但受灾商户和产权户只能得到不超过实际损失额20%的赔偿。德汇创始人钱金耐想到自己创业时的艰难岁月，也想到3000多个家庭因火灾陷入困顿，决定以德汇承担无限责任的方式对受灾商户和产权户损失进行全额赔付。

但全额赔偿谈何容易。德汇国际广场的其他股东不同意由企业对受灾商户

---

[1] 海澳集团郑金泉：民营油介的百年梦想［EB/OL］. http://www.360doc.com/content/22/0125/10/45199333_1014812447.shtml, 2022-01-25.

给予全额赔偿，坚持破产清算，德汇只能独立担当。为了筹集资金，钱金耐卖掉了车，抵押了别墅，多次往返于老家浙江和新疆两地。

2008年2月，德汇暂停了旗下的火车头国家二类口岸业务，将库区扩建成新的商铺楼，用来安置3000多个受灾商户营业。2009年6月，德汇火车头儿童用品大世界开业，首批1304家受灾商户迁入营业。2011年9月，德汇名品广场在废墟上建成，1700多个产权投资户、使用权户获得了与火灾前同等楼层、同等面积商铺的补助。德汇用三年时间履行了承诺，3000多家受灾商户的损失得到全额赔付。2012年，钱金耐被评为全国诚信模范人物。

改革开放40多年来，正是无数像郑金泉、钱金耐这样的企业家坚持正道，走诚信创新之路，使得我国企业不断稳步发展。在当下我国经济转型升级时期，中国企业面对的是更加变化莫测的国际形势，更加细分化多元化的国内市场，不断升级的消费需求。当此时，如何将儒家传统的诚信、敬业精神在新时代结合新的竞争环境、新的市场需求，进行创造性转化和创新性发展，是摆在所有企业家面前的一道难题。下面我们通过申洲国际、步步高和OPPO三家企业的实践来进一步探讨这一问题。

二、儒家诚信、敬业思想对现代企业经营管理的意义

（一）申洲国际：诚信价值观驱动的企业创新升级

申洲国际集团控股有限公司（以下简称申洲国际）是我国著名的服装代工

企业，这家企业每24个小时就有150万件服装、600吨面料从生产线下线。申洲国际代工的品牌有耐克、阿迪达斯、优衣库、彪马、安踏、李宁等。

2018年，中国服装纺织行业规模以上企业净利润率为5.89%，申洲国际的净利润率为21.4%。同是代工厂的富士康，2018年的净利润率为4%。

申洲国际虽然是代工企业，但它的净利润率甚至比其代工的国际高端运动品牌耐克还高。2017年到2020年，申洲的净利率基本维持在20%~22%，耐克同期平均净利率不到10%。2021年，申洲国际净利率跌至14.14%，仍然高于耐克的12.86%。

申洲国际能取得如此业绩，是因为其创造出的纵向一体化针织制造模式，并拥有研发、设计、生产、物流及品牌的完整运营体系，申洲国际创造这一模式的背后，则是诚信、创新、敬业思想的驱动力。

申洲国际1990年成立于宁波，创始人马宝兴是从一线工人打拼出来的具有纺织专业素养的管理者，申洲国际目前的董事长马建荣也是一样，有长期一线工作经历。曾经有人问申洲成功的秘密，马建荣说，申洲的成功就是再朴素不过的两个字——诚信。对客户诚信，对员工诚信，对供应商诚信，答应的事情百分之百做到。现在的申洲，做到"诚信"二字，靠的是技术化、标准化和模块化。[1]

1991年，申洲得到了一笔出口日本的订单，但由于设备、技术、生产都不过关，生产的这批婴儿服一见水就掉色。当时申洲的企业规模只有200万元不到，这笔订单就超过了200万元，赔偿就是企业的灭顶之灾。但马宝兴坚持收回了这批产品，当着全体员工的面全部销毁。马宝兴说："企业的信誉是金钱不

---

[1] 大军. 从童工到身家820亿，他说：对我来说，做精一件事足矣 [EB/OL]. https://t.qianzhan.com/daka/detail/220113-56d96baf.html，2022-01-14.

能衡量的,没有钱我们可以再想办法。如果没有了信誉,公司就彻底完了。"[1]这件事给当时27岁的马建荣留下了深刻印象。为了能够让客户满意,为了提升产品质量,申洲从此走上了科技创新之路。

申洲国际创立不久,就决定在服装代工领域走高端路线,争取做日本品牌的代工。当时日本品牌要求针织技艺达到28针,而国内设备最多只能做到24针。为了达到日方客户的要求,马建荣自学机械技术,经过反复摸索实验,最终造出了能够做到28针的机器。马宝兴同时进行燃料配方的研究,也获得了成功。就这样,通过技术革新,申洲国际获得了进入日本市场的机会。

为了研发出高端品牌适合的纺织面料,申洲国际建立了高水平的纺织面料研发实验室。有一次,为了研发一款用于日常生活的防水面料,研发人员到美国测试普通美国人在户外的平均时间,从而设计研发了一款15分钟防水面料。之所以只防水15分钟,是因为美国人外出遭遇淋雨的平均时间大约就是15分钟。正因为有这些技术支持,申洲国际得以将阿迪达斯、耐克、彪马等一流运动品牌的代工业务一一收入囊中。

1997年,申洲赚到了3000万元的净利润,马宝兴父子做出了一个令人震惊的决定:将3000万元全部拿出来建一个污水处理厂。申洲国际制作布料会产生大量污水。马氏父子深知随意排放污染物的危害,秉持着"自己挣钱,绝对不能危害社会"的想法,坚持将这笔钱投入环保项目。

申洲国际不仅超前投资做环保,还十分注重保护员工利益。为了让员工有一个较好的工作环境,申洲国际的工厂全部安装了中央空调。为了解决员工就餐问题,申洲国际花费1亿元建食堂。每年春节,申洲国际都会包大巴车送员工回

---

[1] 史旻. "播火者"马建荣与申洲神话 [EB/OL]. http://finance.sina.com.cn/jjxw/2022-02-17-doc-ikyamrna1180159.shtml, 2022-02-17.

家过年,平均每年需要包200辆车。正因如此,申洲国际员工留存率高达95%。

为了保护代工品牌的商业机密,申洲国际专门为耐克和阿迪达斯设立了各自的专用工厂。

事实证明,申洲国际的这一系列超前举措,契合了国内外一致认同并努力践行的"公司社会责任"理念,为企业在新一轮的竞争中胜出打下了坚实的基础。

1923年,英国学者奥利弗·谢尔顿在其著作《管理的哲学》中提出了"公司社会责任"概念。1942年,美国管理学家德鲁克应通用汽车公司邀请到该公司做了18个月的调研并在此基础上出版了《公司的概念》一书,提出企业除了要对股东负责,注重经济效益,还应当关注企业的社会责任。德鲁克认为,一家企业能够获得成功,是因为有超越经济利益的理想,并基于这样的理想建立起价值观,以此价值观凝聚股东、管理者和各级员工,企业与员工、企业与社会共同营造和谐互动的生态。企业立意高远,为顾客、员工和其他利益相关者创造价值,然后它自然就可以获得经济利益。德鲁克认为,企业首先考虑的不应该是经济利益,经济利益只是企业在正确价值观引领下建立起有效的经营管理体制机制后的自然结果而已。但谢尔顿和德鲁克的思想在当时的西方社会没能形成共识,将企业社会责任理念落实到实践中还需时日。

到了二十世纪八十年代,越来越多的西方企业家发现,股东至上的企业管理理念在现实中遇到越来越多的问题,贫富差距、环境污染、劳资冲突、企业短期行为、管理者的道德风险、大企业管理效能低下等问题日益影响企业自身的持续健康发展。于是企业社会责任理念开始被不断付诸实践。

1997年,长期从事社会责任与环境保护的非政府组织经济优先权委员会(CEP)成立认可委员会(CE2PA),2001年更名为社会责任国际组织(SAI)。1997年10月,根据《国际劳工组织公约》《世界人权宣言》《联合国儿童权利公约》等国际公约，该组织制定了全球第一个企业社会责任的国际标准，即SA8000标准及其认证体系，2001年修订，成为有关企业社会责任的世界通用标准。

值得一提的是，2019年8月19日美国181位知名商业领袖在"商业圆桌会议"上联合签署《公司宗旨宣言书》，声称：股东利益不再是一个公司最重要的目标，公司的首要任务是创造一个更美好的社会。这份宣言标志着美国商界领袖放弃了长期秉持的股东至上信条，开始全面接受企业社会责任理念。

我国在2005年通过了《中华人民共和国公司法》修订案，要求公司履行社会责任。颁布了3部环境行政法规和26部规范性文件。2008年以来，《关于中央企业履行社会责任的指导意见》《中国银行业金融机构企业社会责任指引》《中国工业企业及工业协会社会责任指南》的颁布为中国企业履行社会责任建立了基本规范。

对上市公司，2006年9月，深圳证券交易所发布《上市公司社会责任指引》；2008年12月，上海证券交易所发布《〈公司履行社会责任的报告〉编制指引》。我国的大型国企、上市公司大多发布了企业社会责任报告，企业履行社会责任逐渐成为共识。

申洲国际因为超前的社会责任意识，在2010年就荣获了"宁波市节能减排先进企业"荣誉，还成为第一批（2012年）符合"印染企业准入条件"的企业之一。2013年申洲国际开始在年报中披露自身节能减排、社会责任相关数据。

申洲国际从朴素的诚信理念出发，为了让客户认同企业的产品质量，走上了技术创新、一体化产业链打造、注重环保、注重员工利益、注重保护客户商业秘密的全面转型升级之路。申洲国际对传统诚信理念的实践紧密结合纺织服装产业的特点，真正将传统诚信理念做了创造性转化和创新性发展。

（二）从步步高到OPPO：本分价值观的奠基与升级跃迁

在中国手机行业版图中，OPPO和vivo占据了重要位置，2021年，OPPO和它旗下的一加品牌市场份额为24%，位居第一，vivo市场份额为22%，位居第二。这两个公司都是从段永平1995年创办的步步高中分立而来，其核心价值观都源于段永平所推崇的"本分"。这里要研究的是，一个在二十世纪九十年代确立的、源自中国传统文化的价值观是如何推动企业历经30余年风雨洗礼而生根、发芽、开花、结果的，又是如何支撑企业在新的历史时期适应市场环境、技术条件的变化升级跃迁的。

1. 段永平：本分价值观的奠基

段永平的企业经营管理历程并不算长，从1989年3月他到中山市怡华集团下属日华电子厂担任厂长，到2001年退出步步高公司管理工作，他的企业经营管理时长是22年。段永平创立的步步高公司和从原步步高公司分立发展而来的OPPO和vivo在各自的领域都相当成功，而段永平确立的本分价值观是这三家企业成功的关键因素。

段永平所说的本分，包括讲诚信、不占人便宜、踏实做事、不走捷径等意义。

段永平1989年担任日华电子厂厂长，1991年，日华电子厂更名为小霸王电子工业公司。段永平用了几年时间将这家企业从负债做到产值逾十亿元。1994年，段永平向集团公司提出对小霸王进行股份制改造，但没被接受。

1995年9月，段永平成立了步步高电子有限公司。由于段永平此前在小霸王任职时讲诚信、不亏待人的良好信誉，原来小霸王的高管、供应商、经销商纷纷上门，有的要加入公司，有的要投资入股，有的要代理产品。

为了让投奔而来的精兵强将有归属感，也为了步步高高管有更好的发展空间，段永平设计了高管持股方案。段永平最初在公司占有70%的股份，但这个股份并不全部归属他个人，而是为以后加入的人才和投资者预留的。事实上，后来段永平在步步高的股份只有17%，其余的股份都按计划送给了员工。

在给公司起名字时，当时流行的是起洋名，但段永平认为，中国企业起洋名有误导消费者之嫌。公司向全社会征集名字，奖金5000元。结果有8个人都提供了"步步高"这个名字，段永平决定对8个人都给予5000元奖励，履行承诺。

2000年，步步高在市场上已经打开局面，段永平决定趁热打铁，邀请施瓦辛格为步步高做代言，两年代言费用为250万美元，分两次付清。没想到施瓦辛格代言广告播出两个月后，观众对中央电视台黄金时段播发外国人出演的广告不满，广告被叫停。第一笔125万美元的代言费已经付给了施瓦辛格，步步高谈判团队认为第二笔费用应或者免掉，或者大幅降低。经过艰苦谈判，双方同意第二笔费用减少40万美元。段永平否决了这一协定，他认为这样做不本分，对方并没有做错任何事情，不应该承担这个损失。最终，步步高按原合同把剩余的125万美元如数支付。

在对待员工上，段永平将本分价值观体现为对员工人格的尊重，目标是营造和谐的企业氛围。二十世纪九十年代后期，步步高生产电子小鸡的工厂出现产品丢失情况，工厂管理人员采取对员工搜身的办法。段永平听说后，马上阻止了这一做法。他认为，一家本分的公司不能用这种方式对待员工。找不到更好的管理方法，销售也在下滑，这个项目被叫停，为了不让经销商吃亏，段永平把已经发出去的货全部收回，前后损失了1800多万元。后来，在题为《21世纪来了》的演讲中，段永平对企业全体员工说："如果我们真的无法找到能够管理这类产品的办法，我宁愿放弃这个产品也不可破坏我们的原则！我真诚希望下个世纪不会再有类似的事情发生。"[1]

段永平的本分除了诚信的内涵,还包括对踏实做事、不走捷径的推崇。段永平深知,步步高作为制造企业,只能靠企业对市场需求的准确把握和有效回应,靠产品创新和技术创新满足消费者的需求来建立自己的核心竞争力。段永平主导步步高时明确规定,包括总公司在内,任何子公司、代理公司都不允许通过上市"一夜暴富"。段永平在一次年会上说:步步高公司每一个人的每一分钱都是通过卖一台一台的机器挣出来的。在社会一直存在着庸俗成功学、幻想一夜暴富的浮躁氛围中,对踏实做事、不走捷径的推崇无疑是一股清流。

段永平时代的步步高之所以能在学生电脑、无绳电话、VCD几个领域很快做到全国领先,正是基于公司在产品研发上真正把"消费者导向"落到了实处。步步高1997年6月才开始VCD制造,1998年年底,步步高VCD已位列行业前三名。步步高VCD当年最大的卖点是:质量再差的碟都能读,纠错能力超强。当时市面上很多光碟质量很差,消费者最关心的是读碟和纠错能力。

段永平的本分还体现在他的日常生活方式中,他明确表示自己不喜欢应酬。从段永平的经营生涯中可以观察出,他更愿意在产品创新、企业经营上花时间和精力。无独有偶的是,从原步步高中走出的三个企业家——步步高教育电子有限公司金志江、OPPO陈明永、vivo沈炜,都是低调务实、潜心干实事的人。孔子推崇"敏于行而讷于言"的君子,老子推崇"天下大事,必作于细,是以圣人终不为大,故能成其大",强调的都是低调务实,从大处着眼、小处着手,踏踏实实干正事,兢兢业业干实事。

---

[1] 何加盐. 闲人段永平:"中国最神秘富豪",企业家里的异类[EB/OL]. https://tech.sina.com.cn/csj/2020-09-08/doc-iivhuipp3204900.shtml?cre=tianyi&mod=pcpager_fintoutiao&loc=9&r=9&rfunc-100&tj=none&tr=9,2020-09-08.

段永平曾经这样阐述他的企业经营管理之道："所谓的'道'就是Do right things，也就是做正确的事；'术'则是Do things right，也就是把事情做正确。这两者是什么关系呢？我觉得道应该先于术，因为只要方向正确，即使采用的方法笨一点也只是走得慢一点，并不会走错路。"[1] 段永平的"道"，就是他一直强调的本分，这是他本人深入骨髓的价值观，又在他不断地言传身教、身体力行之下，成为步步高的企业文化基因，继而又在OPPO、vivo得到发扬光大。

对段永平本分价值观的评价。

第一，段永平本分价值观源于中国传统文化理念和传统道德观念。

从段永平的言论和企业经营管理实践来看，其本分价值观来源于道家思想，诚信观念又与儒家思想高度一致。

第二，段永平本分价值观的内容十分丰富，事实上与企业社会责任的理念有很多相通之处。

第三，段永平的本分价值观将传统文化与电子制造业的实际相结合，发展出一种朴素又极有生命力和很高经营管理效率的企业经营管理思想，也为从原步步高公司走出来的三家企业进一步发展奠定了重要的价值观基础。

2. 陈明永：本分价值观的升级跃迁

陈明永领导的OPPO，承继原步步高本分价值观的诚信、踏实做事、不走捷径等内容，还增添了工匠精神、不攻击同行、质疑和批判精神等内涵，使本分价值观得以升级跃迁。

1992年，陈明永自浙江大学物理电子技术专业毕业后就加入了段永平所在的小霸王公司，不久被提升为助理经理，此后陆续管理过小霸王采购、生产、

---

[1] 段永平早年在步步高做培训时的讲话［EB/OL］. https://xueqiu.com/2524803655/177456845，2021-04-18.

第五章 儒家诚信、敬业思想与企业经营管理

品质及整个生产系统。1995年,陈明永跟随段永平离开小霸王,加入步步高。1999年,步步高公司改制,按照人随事走、股权独立、互无从属的原则,拆分出三家独立公司,陈明永负责步步高视听电子业务,主打VCD、DVD研制。2001年,VCD行业逐渐没落,陈明永决定转型。2001年,陈明永注册了OPPO品牌,2004年正式成立OPPO公司。2006年年底,陈明永决定进入手机制造领域。2008年,经过一年多潜心研发,OPPO推出第一款手机,由此进入手机行业。

下面分析OPPO本分价值观升级跃迁的具体实践。

第一,以诚信精神营造良好的企业内外生产经营环境。

诚信是从原步步高到OPPO的本分价值观中最基本的内容,OPPO将这一优秀传统继承发扬,营造出良好的企业内外生产经营环境。

在员工薪酬上,OPPO有两种模式,即固定薪酬制和浮动薪酬制,员工可以在入职一年后做出选择。固定薪酬的构成为"固定月薪+年终奖",年终奖有一个固定基数,再以员工当年绩效乘以系数确定。例如,员工入职时月薪1万元,年终奖12万元,当年绩效为B+,系数为1.1,员工该年收入所得为1×12+12×1.1=25.2(万元)。浮动薪酬构成是"低月薪+高年终奖",年终奖的发放标准与OPPO当年的业绩表现正相关。两种模式中,浮动薪酬制的激励作用较大,员工薪酬与企业业绩紧紧绑在一起,OPPO的老员工大多选择这种模式。这种模式的不足之处是每个月的底薪较低,由于手机行业竞争加剧,OPPO的业绩不再像以前那样耀眼,近几年入职的新员工大多选择固定薪酬模式,但这种模式的激励效应明显不足。2021年10月,陈明永发布内部信,OPPO将推行薪酬改革,员工薪酬构成为"基本工资+年终奖+绩效股+日常福利",这种模式同时保留了"固定制"的高月薪与"浮动制"的年底分红,既吸取了固定薪酬制的稳定性优点,也吸取了浮动薪酬制的激励性优点。这次改革还有一个

较大的变化，就是引入了公开的股票激励机制，对员工的薪酬构成引入"绩效股"这种方式可更好地凝聚人心、激发员工的积极性。

在与供应商和经销商的关系上，OPPO以换位思考的方式将上下游企业的利益考虑在先，赢得了供应商和经销商的信任。

2012年，由于苹果iPhone的强力冲击，智能机成为市场主流，手机市场面临升级换代，OPPO遭遇功能机库存危机，还有很多供应商交付的物料需要付款，而这些物料也很快会贬值。上下游的压力同时出现，OPPO面临空前严重的危机。当时一些手机品牌对供应商既不提货也不付款，以此转移风险。OPPO坚持本分原则，对供应商照常付款，积压的货物则由供应商自行处置。

对经销商，OPPO采取的是风险由OPPO承担，零售商负责降价处理积压的功能机。在这次处理积压功能机的过程中，OPPO付出了3亿元代价，基层零售商不但不亏钱还能有一定利润。

OPPO在销售网络的建设上有两种模式。一是代理商模式，一级代理商称为省代，OPPO通过间接持股的方式，加强省代的忠诚度，并通过现金返利等多种方式提高省代积极性。二是线下店模式，这些线下店往往位置好、销量有保障，OPPO线下店由店长、渠道代理商、OPPO三者参股，省代管理。陈明永对省代的选择有自己的标准：先考核价值观，服务好消费者，该有的分销、该做的品牌形象宣传，都要做好，把利益放在这些之后。在这样一个标准下，OPPO挑选出来的省代往往是知根知底的人，包括OPPO以前的员工、有过成功合作经历的供应商及独家渠道商。

在利益分配上，OPPO坚持让自己处于利润分配链条的最末端，终端零售商处于利润分配的最前端，然后是省代。2008年5月，OPPO新推出"笑脸手机"，市场表现很好，OPPO给它定的出厂价是900元，零售价则是1498元，给代理商和零售商预留了较大的利润空间。

可以看到，OPPO将原步步高对员工、合作伙伴的诚信理念进一步发展为更为严密规范的制度体系，并随着环境变化不断变革优化。

第二，坚持科技创新，弘扬工匠精神。

段永平时代的步步高，已经有专注打磨产品的意识和行动了，这种基因在OPPO得到了传承。

陈明永出生于四川省达州市达州区的一个工匠家庭，父亲做竹椅时，靠背不能过弯也不能过直，否则就得重做。陈明永从祖辈父辈那里受到了最初的工匠精神熏陶，在小霸王负责生产、品质及整个生产系统的管理工作，也让他对产品的制造、品质产生了更加严苛的要求。

2001年，陈明永注册了OPPO品牌，并将这一品牌定位为国际品牌。为了保证OPPO这个词的发音在世界各国都不会产生不良语义，陈明永专门请一家欧洲专业公司进行命名工作，在此后三年，OPPO在全球100多个国家和地区进行语音测试、语义测试及注册，结果良好。

2006年年底，OPPO决定转型做手机。当时很多"山寨"手机品牌把外壳一换，一年就能推出几十款。陈明永拒绝这种自毁声誉的做法，他要打磨一款让用户满意也让自己安心的产品。

OPPO用了一年多时间，耐心打磨"练兵机"。"练兵机"从设计到体验，都已经完全达到主流机型水平时，OPPO还要对产品重新设计，将产品的精致度做到极致，又精雕细刻了大半年才上市。在这一过程中，OPPO专门设立了一个用户体验部门，要求员工逐一体验短信、电话本、手机界面的友好度。这款型号为A103，有金属面板，香槟色的OPPO手机推向市场后，经历了5次断货，半年时间销售了100万台，OPPO手机一炮而红。

在接下来的10多年里，OPPO坚持追求精致、追求完满，一年只推出10款左右新品，而且同一时段研发的产品严格控制在3款以内。

OPPO在二十一世纪第一个10年的做法，被证明是具有前瞻性的。2015年前后，很多产业面临结构性产能过剩，具体说起来就是中低端产品产能过剩，中高端需求得不到有效满足。解决这一困境的关键就是加大科技创新力度、坚持工匠精神，将中低端制造向中高端制造转型升级，OPPO因为早早就采取了这种生产方式，在最近几年里后来居上。

近年来，OPPO已经开始在5G领域布局，OPPO的5G专利在全球排名不断提升，截至2019年4月，OPPO占据全球5G专利榜单第11位，截至2021年12月，OPPO全球5G专利榜单排名提升到第9位。

第三，尊重友商，营造和谐健康的同行竞争关系。

2019年OPPO决策委员会将本分文化的内涵进行了升级，升级后的本分文化涵盖五大价值观，其中第三条是："本分是要求自己而不是要求别人，当出现问题时，首先求责于己。"这种精神实际上就是孔子说的"躬自厚而薄责于人"（《论语·卫灵公》）的现代表述，也是我们常说的"严于律己，宽以待人"，这样做是为了营造和谐宽松的社会关系，在OPPO这里，是为了创造更加健康的同行竞争关系，让自己专注于技术研发和产品打磨。

陈明永明确要求：不说同行坏话，不要贬低对手。哪怕面临再大的压力和挑衅，都不占人便宜，不攻击同行，把精力和资源聚焦在自己身上。在个人微博上，陈明永写道："如果有人朝你扔石头，就不要扔回去了，留着做你建高楼的基石。"

第四，质疑和批判精神。

2019年OPPO公司升级后的本分文化第二条是："本分要求要敢于质疑，敢于挑战，通过批判性思考，以抓住事物本质。"这一条是对原步步高本分价值观的一个重要发展，是在新的技术条件下、新的产业环境下OPPO价值观的升级跃迁。

在新的技术条件下、新的产业环境下，企业竞争更加激烈，很多以往管用的制度、模式可能会失效，原来一直红火的业务有可能走下坡路，这时就需要质疑和批判精神来打破组织的舒适圈，不断自我更新、自我升级跃迁。2019年OPPO薪酬制度改革就是质疑与批判的结果。

对于质疑与批判，陈明永是这样表述的："要允许质疑和批判，我觉得是有利于追问，通过追问一定要找到本质，但是这种批判和质疑有一个原则，这个原则有点像孔子说的叫君子和而不同，小子同而不和。和而不同是，我们是一个团队，我是跟你一起的，我是支持你的，但是你的观点我不认同。小人是你观点都很好，其实心里是把你当敌人的。我们的批判和挑战一定是属于君子和而不同，就是和谐、和平"[1]。从这个表述我们可以看到，OPPO的质疑与批判是在传统儒家和谐理念的背景下展开的，它的目的是使组织具有自我突破、自我更新的能力。

正因为这种质疑与批判，OPPO对自己的定位已经发生了微妙的变化。陈明永对新OPPO是这样表述的："OPPO其实早就不只是一家手机公司，智能手机只是OPPO服务用户的载体。万物互融的5G时代，整个行业将不会再有纯粹意义上的手机公司。"[2]

---

[1] 玖辛，张俊. 对话陈明永："佛系"OPPO的竞争与变革[EB/OL]. https://baijiahao.baidu.com/s?id=1684114726116545690&wfr=spider&for=pc，2020-11-23.
[2] 孙冰：是什么"逼"出了六年未公开露面OPPO创始人陈明永[EB/OL]. https://baijiahao.baidu.com/s?id=1652610559272288135&wfr=spider&for=pc，2019-12-11.

2019年，陈明永在OPPO未来科技大会透露："未来三年，OPPO将投入500亿元的研发预算，除了持续关注5G、6G、人工智能、AR、大数据等前沿技术，还要投入更多资源，构建最最核心的底层硬件技术以及软件工程和系统架构能力。"[1]

2018年年底，OPPO研发人员有五六千人，2019年年底已经超过一万人。OPPO也开始进行全球化研发布局，已经在全球建立了4大研发中心和6大研究所。截至2021年12月31日，OPPO全球专利申请量超过75000件，全球授权数量超过34000件，其中，发明专利申请数量超过68000件，发明专利申请在所有专利申请中占比90%。

对陈明永本分价值观升级跃迁的评价。

第一，儒道融合，精英文化与民间文化融合。

段永平的本分价值观主要来源于道家思想，其中诚信的内容与儒家思想一脉相承，陈明永升级本分价值观，在道家和儒家思想方面都有继承，并做了进一步的深化，同时更加自觉地把二者融合起来。

2019年，OPPO本分文化升级为五大价值观，其第一条是："隔离外在的压力和诱惑，保持平常心态，回归事物的本源。"这一思想明显来源于《老子》第十六章和第二十五章。第十六章说："致虚极，守静笃。万物并作，吾以观复。夫物芸芸，各归其根。归根曰静，是谓复命。复命曰常，知常曰明。"第二十五章说："有物混成，先天地生。寂兮寥兮，独立而不改，周行而不殆，可以为天地母。吾不知其名，强字之曰道，强为之名曰大。大曰逝，逝曰远，远曰反。"这两段文字表达的都是老子哲学的核心观点：返本复初。

---

[1] 牛广. OPPO宣布未来3年将投入500亿进行研发，全面迈向5G时代 [EB/OL]. https://baijiahao.baidu.com/s?id=1652522761369167812&wfr=spider&for=pc，2019-12-10.

老子返本复初的意思是，人类只有克制欲望，才能恢复到平静安宁的状态，此时其所思所想所作所为才能符合宇宙人生的根本大道，其事业才可能基业长青。正因为如此，老子才反复强调滚滚红尘中打拼的人们要"清心寡欲"，要"弃圣绝智"。

欲望炽烈，难免犯糊涂，就会违反大道，铸成大错。欲望炽烈，还会将绝大部分精力、注意力集中于个人或小集团的利益上，难以做到公平公正，最终难逃孤家寡人、众叛亲离的下场。道家说清心寡欲，目的是让人保持内心的宁静，控制欲念的过分膨胀，使自己始终处于冷静理智的状态，最终达至"宁静致远，淡泊明志"的境界。

可贵的是，陈明永将道家的思想在现代社会中、在现代制造业中激活了，而且使OPPO的经营管理获得了成功。

升级后的五大价值观第三条"求责于己"和第五条"诚信"更多的是儒家的思想。

在精英文化与民间文化融合方面，儒道思想是中国传统的精英思想，工匠精神更多来源于民间。陈明永来自有工匠传统的家庭，自己也有很长的现代制造业的生产管理经历，这使他能够比较自然地将精英文化与民间文化相融合。

第二，践行传统和谐精神，正确定位企业竞争。

OPPO尊重友商的做法，对消除过度竞争乃至恶性竞争的弊端，回归良性竞争是有积极意义的。

在中国传统文化中，和谐是整个社会最终的目标，竞争博弈在传统文化的思想家看来应当尽量使用和平手段。

儒家、道家、兵家都倡导和谐、和平。儒家倡导"礼之用，和为贵"，道家讲"果而勿矜，果而勿伐，果而勿骄，果而不得已，果而勿强。"（《老子》第三十章）"夫唯不争，故天下莫能与之争。"（《老子》第二十二章）"上善若水。水善利万物而不争，处众人之所恶，故几于道。居善地，心善渊，与善仁，言善信，政善治，事善能，动善时。夫唯不争，故无尤。"（《老子》第八章）"夫兵者，不祥之器，物或恶之，故有道者不处。……兵者不祥之器，非君子之器，不得已而用之，恬淡为上。胜而不美，而美之者，是乐杀人。夫乐杀人者，则不可得志于天下矣。"（《老子》第三十一章）《孙子兵法》也说"是故百战百胜，非善之善也；不战而屈人之兵，善之善者也。"

中华民族是一个历经数千年苦难挫折的民族，深知强调矛盾冲突不利于人类整体的利益，以和谐为最终目的、以共存共赢为宗旨，可以开创全新的既竞争又合作的健康的社会关系。

陈明永也将这种传统理念转化为他的企业竞争理念。陈明永说，竞争不靠"凶、狠、诈、猛"。"科技是为人类进步，而不是不择手段去胜利，去掠夺。"[1] 2020年，OPPO未来科技大会的主题被确定为"跃迁·致善"，陈明永在主题演讲中提出了"科技为人，以善天下"。

第三，开放心态。

中国传统文化的一大优势是超强的包容性，作为传统文化主导思想体系的儒家之所以能够不断发展，就是根据时代发展的需求，遵照经世致用的原则，将道家、佛家、禅宗等思想体系中的有益成分吸纳到儒家思想中，使儒家思想不断焕发新的生机。OPPO同样如此，在国内外形势、技术创新、产业环境、市场环境等都剧烈变化的时候，向科技开放、向用户开放、向超越自我开放。

---

[1] 黄兴利，OPPO首发"3+N+X"科技跃迁战略，陈明永解码创新思路[N].华夏时报，2020-11-19.

第六章 儒家创新精神与企业创新

大疆是近年来依靠原创科技研发在消费级无人机领域异军突起的一家企业，它的成功证实了我国本土企业依靠自身力量、依靠我国良好的制造业基础完全可能进入世界制造业中高端价值链。

本章讨论中国传统文化中的创新思想如何在现代企业经营管理中转化为现代企业创新能力的问题。

一、儒家创新精神的内涵

儒家创新思想由《易经》开其端绪，经过春秋战国时代的发展，吸收了道家、法家等思想体系的有益成分，达到第一个巅峰。到了明朝中期，王阳明面对儒学的衰落，将儒家思想和道家思想、禅宗思想有机融合，创立了心学，将儒家创新思想提升到了新的高度。

（一）穷则变，变则通：《易经》创新精神

《易经》之"易"就有变易的意思，整个六十四卦从微观层面的爻，到中观层面的卦，再到宏观层面的六十四卦，都表示每日每时发生的变化。《易经》的经文部分是在商末周初完成的，是当时人们历史经验的总结。对无时无刻不在发生变化的内外环境，《易经》极力强调创新精神，认为只有积极主动的创新才能不断解决新问题、克服新挑战。

变易与创新思想贯穿于《易经》各卦爻之中，最典型的体现是四十九卦革卦和五十卦鼎卦。革卦讲的是改革旧体制、旧机制，鼎卦讲的是创造新体制、新机制，两个卦合在一起就是现在讲的改革创新。

革卦和鼎卦之所以处于六十四卦的中间偏后位置，是因为一个组织总是需要一个比较长的时段才能将自己的体制机制完善起来，也只有经历足够长的时间一个组织的优质资源才会被大量消耗。这是《易经》的创作者对已往历史深

刻体认后的智慧积淀，因此，《易经》的创新精神和忧患意识总是如影随形、相辅相成。

《易经》创新精神成为中国传统文化创新精神的渊薮，儒家、道家、兵家、法家，以及禅宗的创新精神都可以追溯到《易经》之"易"。《易经》的创新精神在战国至秦汉之间出现的《易传》中得到了进一步发展。《易传》的《系辞》是对《易经》哲学思想的总体概述，其中对"易"的解释是"易，穷则变，变则通，通则久"，意思是：所谓易，就是事物发展到尽头的时候就要积极主动地变革，有效变革就可以实现事业通达，事业通达就可以基业长青。这里强调的就是要时刻秉持与时俱进的态度，时刻自我警醒，保持创新状态。

（二）春秋战国时期儒家代表人物对前代思想的创新性继承和发展

孔子和孟子的创新精神主要体现在他们对前代思想的创新性继承和发展上。

孟子称赞孔子为"圣之时者"（《孟子·万章下》），是因为孟子认为孔子能够因地制宜、因时制宜地将周的礼乐制度发展为儒家思想。孔子的述而不作是有选择的，他对过去的经典按照时代需要进行了创新性整理和诠释。孔子对礼乐制度最重要的创新就在于引仁入礼，强调等级秩序的礼有了精神性的指向，建立和完善了中华民族的神圣价值体系。

孟子在孔子仁学创新基础上进一步发展，提出了"民贵君轻"的思想，突破了孔子"君君臣臣父父子子"的局限性，主张君臣之间关系的对等性，主张人民权利，更加重视民生。

荀子对儒家思想的重大创新体现在礼学思想上，他强调礼的刚性、强制的方面，弥补了孔孟为代表的儒家思想长于感化引导，缺乏刚性强制手段的不足。

（三）王阳明心学思想对儒家创新精神的发展

孔孟之后儒家思想对创新精神贡献最大的是王阳明的心学思想。王阳明生活的明朝中期，儒家思想的创新形式宋明理学已经失去了生机，士大夫阶层普遍存在信仰动摇问题。王阳明将道家思想和禅宗思想引入儒学，融会贯通后创立了心学，激发出儒学的创新活力。

王阳明心学的创新性在相当程度上借用了道家和禅宗直觉顿悟的思维方式。格式塔心理学认为，直觉顿悟发生之时正是大脑突破原有的思维定式，产生全新思想成果之时。六祖慧能的顿悟创立了全新的禅宗思想，王阳明龙场悟道创立了心学，开创了儒学自我更新的全新天地。

直觉顿悟需要很多前提条件。其一，思考者必须对要解决的问题有全面深刻的理解，并具备系统合理的相关知识结构。其二，思考者对要解决的问题一直不放弃，长时间处于紧张思考状态。其三，思考者具备较好的悟性。其四，需要某个触发顿悟的机缘。

王阳明创立心学符合上述全部条件。

王阳明是虔诚的儒家信徒，创立心学前，对儒家经典十分熟悉。从《传习录》中可以看到，王阳明在对弟子讲学、与朋友交流时，引述四书五经是信手拈来的。同时，王阳明对道家经典和佛学经典也同样精通。

王阳明从小就立志要做圣贤，既然要做圣贤，就必须把儒家先贤的思想彻底搞清楚，而这正是王阳明一直苦闷之处。他读朱熹解读儒家经典的著作，却无法真正理解，更难以落实于现实生活。龙场悟道之前的王阳明处于思想高度运转状态。

有了这两条最重要的前提，悟性极好的王阳明就等待命运的安排了。

直觉顿悟具有一通百通的特点。因此，我们看到，王阳明的事业一路猛进，用一年多时间解决了湘赣闽粤之乱；用四十多天解决宁王酝酿数年之久的叛乱；甚至在去世前以重病之躯解决了广西边地问题。《明史·王守仁传》评价他："终明之世，文臣用兵制胜，未有如守仁者也。"

顿悟发生都是在极度紧张思考后的某个放松时刻，这时候此前所有在大脑中有过痕迹的材料在某种机缘中一下子联系、聚合在一起，产生全新的思考结果。慧能听到"因无所住而生其心"悟道，王阳明在龙场驿站半夜睡梦中悟道，都是这种性质，如同水流花开、雨后天晴，是生命的自然流转，是创造力的自然显现。

因此，在王阳明的著作中，很少专门讨论创新创造问题，但王阳明的创新创造思想无处不在。王阳明心学"知行合一"就是告诉我们怎样才算进入了创新创造状态，一旦彻底领悟这种创新创造状态，自然会将之践行于生活、工作、事业中。

王阳明的学生曾问用兵之术，王阳明说："用兵何术，但学问纯笃，养得此心不动，乃术尔，凡人智能相去不甚远，胜负之决，不待卜诸临阵，只在此心动与不动之间。"（《王阳明全集·征宸濠反间遗事》钱德洪按语）"养得此心不动""只在此心动与不动之间"说的都是在"学问纯笃"的基础上，将心态调试到平和、放松，使创新创造力能够自然显现的状态。晚年王阳明的修炼功夫已臻绝妙之境："默不假坐，心不待澄，不习不虑，出之自有天则。"（《明儒学案》）

这就是王阳明心学思想在中国传统思想体系中的重大意义。

有人说，既然王阳明的创新创造思想来源于道家和禅宗思想，那么直接学习道家和禅宗思想不就行了，为什么还要绕个弯到王阳明这里来呢？

道家和禅宗思想确实有原创的直觉顿悟思想资源，在学习王阳明思想的同时研习这两家思想也是有很好的促进作用的，但道家有消极隐退倾向，禅宗是佛学的中国化，其宗旨依然是对现世世界的否定。王阳明心学坚守儒家内圣外王的宗旨，坚定地承担社会精英、知识精英的职责与使命，同时又有机融合道家和禅宗的有益成分，创造出一种既有神圣价值追求，又遵循思想创新规律的思想体系，成为中华民族的创新创造事业的思想资源。

二、中国企业当前所处价值链位置及应对策略

发展到现在，我国已建立起独立完整的现代工业体系，是全世界唯一拥有联合国产业分类全部工业门类的国家。但是，我们也要清醒地认识到，我国产业链是两头在外，设计图纸和芯片等中高端零部件在外，品牌、销售在外。换言之，在全球产业链中，中国制造处于价值链的中低端。同时，逆全球化和贸易保护抬头，我国一些在全球具有竞争力的企业受到了冲击。目前，我国企业在高端数控机床、芯片、光刻机、操作系统、医疗器械、发动机、高端传感器等领域遇到很多"卡脖子"技术问题。

我国政府在二十世纪九十年代后期已经注意到在科技创新上的不足，提出了"加强技术创新、发展高科技、实现产业化"的战略目标。进入二十一世纪，中央明确提出"自主创新"。2012年，党的十八大进一步提出："科技创新是提高社会生产力和综合国力的战略支撑，必须摆在国家发展全局的核心位置。"

2020年10月，《中共中央关于制定国民经济和社会发展第十四个五年规划和二〇三五年远景目标的建议》提出："展望二〇三五年，我国经济实力、科技

实力、综合国力将大幅跃升……关键核心技术实现重大突破，进入创新型国家前列。"

这一目标十分宏大，要真正落地实现，必须付出超常的艰辛。

从文化传统上说，我国缺乏自然科学基因，引进自然科学后很长一段时间，由于战争频仍、社会动荡、经济基础薄弱，自然科学研究水平与发达国家差距依然很大。另外，在科技投入方面，用于基础理论研究的资金比例严重偏低。

他山之石，可以攻玉，我们不妨对比一下邻国日本。

日本科学家在进入二十一世纪以来的22年里，获得了19个自然科学类诺贝尔奖，获奖人数仅次于美国，居世界第二。清华大学教授鲁白曾于2016年发表文章专门讨论了这个问题。他认为日本科技研究成功的原因有以下几个方面。

第一，科学家参与重大决策研讨和制定。

第二，对基础科学长期稳定的支持。从二十世纪六十年代开始，日本政府对科技研究工作的拨款稳步提升。这些长期投资在最近20年里结出了硕果。

第三，注重国外科技人才的引进。

第四，严谨、认真、笃实的科研精神。

第五，日本科技界坚守诚信精神。[1]

对以上五条经验，前三条我国正在加紧改善。其中对国外科技人才的引进，正在加大步伐。2021年中国科学院新当选外籍院士25人，来自11个国家，韩国和瑞士首次有科学家当选中国科学院外籍院士；中国工程院新当选外籍院士20人。这次增选后，中国科学院院士860人，外籍院士129人；中国工程院院士971人，外籍院士111人。近年来，中国超过韩国成为日本研究人员的优选目

---

[1] 鲁白.日本屡屡斩获诺奖原因何在[N].科技日报，2016-10-10.

的地，但仍次于美国。截至2019年3月，18460名日本大学研究人员至少在中国待过一个月，这一数字4年内增加了25%。理论物理学权威梶野敏贵2017年在北京航空航天大学成立了国际大爆炸宇宙学与元素起源国际交叉科学研究中心，并任主任。2021年8月30日，"光催化"领域权威人物、数次获诺贝尔奖提名的日本著名科学家、中国工程院外籍院士藤岛昭带领他的研究团队全职加盟上海理工大学。

在严谨、认真、笃实的科研精神和诚信文化建设方面，我国一方面加强正面宣传和引导，另一方面也开始加大监管惩治力度。《中共中央关于制定国民经济和社会发展第十四个五年规划和二〇三五年远景目标的建议》中提到"加强学风建设，坚守学术诚信"和"弘扬科学精神和工匠精神"。

相信，随着国家科研投入的持续稳定增长，随着科研界学术氛围和诚信文化不断改善，中国科学技术原创成果会越来越多，与发达国家之间的距离会不断缩小。

从企业经营管理角度看，我国企业以往的创新集中在市场营销、服务、商业模式、管理等方面，依靠低成本的要素投入优势和广阔的国内外市场，我国企业得到了迅速发展。但真正愿意沉下心来对原创科技进行长期稳定投入的企业并不多，使我国的产业链、供应链齐全而不够强大，在逆全球化抬头环境中易受攻击，处于价值链中低端。

2021年，我国经济总量已达17.7万亿美元，稳居世界第二，人均国民总收入（GNI）约为12400美元，已接近高收入国家门槛（世界银行2020年高收入国家标准是人均国民总收入12696美元）。当此时，以科技创新实现产业转型升级，提高中国产业在全球价值链上的位置，已经成为当务之急了。

《中共中央关于制定国民经济和社会发展第十四个五年规划和二〇三五年

远景目标的建议》中,新一代信息技术、生物技术、新能源、新材料、高端装备、新能源汽车、绿色环保以及航空航天、海洋装备等产业被确定为战略性新兴产业,与此相关的人工智能、工业互联网等新型基础设施建设开始实施。截至2021年年底,我国累计建成开通5G基站超过142.5万个,占全世界总数的80%。5G手机终端连接数达到5.2亿户。

2021年8月,国务院国资委党委召开扩大会议,提出要把科技创新摆在更加突出的位置,推动央企主动融入国家基础研究、应用基础研究创新体系,针对工业母机、高端芯片、新材料、新能源汽车等加强关键核心技术攻关,努力打造原创技术"策源地",肩负起产业链"链主"责任,开展补链强链专项行动,加强上下游产业协同,积极带动中小微企业发展。

为了支持科技企业发展,国家在2019年6月推出了科创板、2020年10月决定全面实行股票发行注册制、2021年9月成立了北京证券交易所。

这些创新举措为中国企业提升科技创新能力提供了助力。

广东东莞作为改革开放后兴起的中国制造业中心,2001年就谋划发展模式转型和创新,提出开发建设松山湖科技产业园。经过多年发展,面积达72平方公里的松山湖地区已经成为东莞科技进步和自主创新的产业升级引领区,引入了华为、大疆等知名高科技企业,建成了以高端电子信息、机器人、生物技术、新能源、现代服务业为主的"4+1"产业体系,形成了一批细分特色产业主题园区。2020年4月,松山湖科学城纳入大湾区综合性国家科学中心先行启动区建设,2020年年底获批第三批国家"双创"示范基地(全球化创业方向)。

依托国家重大科技基础设施、新型研发机构、高等院校等平台,松山湖已累计引进大量高层次人才。松山湖已经形成众创空间、专业孵化器、低成本空间和标准化厂房等多层次、全生命周期成长载体,为创业孵化、发展壮大提供全链条成长空间。

在松山湖的科技创新创业机构中，国际机器人产业基地是一个标杆性的创业孵化福地。在7年时间里，国际机器人产业基地共孵化60多家公司，包括云鲸智能、逸动科技、李群自动化等，存活率达80%，独角兽或准独角兽公司达15%，硬科技公司达100%。

国际机器人产业基地之所以如此成功，与发起人李泽湘将他半生的科学研究和科技创新创业积淀全部都倾注于此分不开。李泽湘将他长期探索出的"新工科"教育模式和孵化器功能有机结合，走出了一条创新创业教育与科技创业相互融合、相互支撑的新路径。

李泽湘1979年公派赴美留学，先后在卡内基·梅隆大学、加州大学伯克利分校、麻省理工学院等名校完成了本、硕、博、博士后的学习研究。1992年，李泽湘回国担任香港科技大学电子及计算机工程学系教授。李泽湘为了培养学生的创新创业能力，探索出了一套全新的"新工科"教育模式，用李泽湘的话来说就是要培养"能用科技创造新东西的人"。

为了激发学生的创造力，培养学生独自找出问题、解决问题的能力，在李泽湘的课程中，不同专业、不同年级的学生一同上课，学生自行组团做项目。学生要得高分就必须不断迭代更新项目设计，不停做实验，为了完成实验，就必须不断在香港和深圳之间来回穿梭购买实验材料，这样学生就熟悉了相关产业的产业链供应链，也体会到了从一个模糊的科技概念到具体产品之间落地、完善的艰辛过程。

出生于1961年的李泽湘深知传统工科教育的短板，美国求学的经历也开阔了他的眼界。1999年，在香港科技大学任教期间，他已经和两位同事创办了固高科技，主要进行运动控制技术、伺服驱动技术、机器视觉技术、工业现场总线，以及工业设备物联云平台五个方面核心技术的研发，积累了科技创新创业的经验。他认为，中国制造业经历了几十年的模仿、追随之后，应当开始以科技创新作为驱动力进入高端制造阶段，而科技创新创业，80后及更年轻的一代将是主力军。因为这批年轻人没有父辈的负担，没有工作经验的同时也就没有太多世故，改革开放环境下的成长经历使他们有更好的教育背景、更开阔的视野、更自由的天性和更强烈的文化自信，他们更可能也更愿意走出一条科技创新驱动的产业升级之路。

李泽湘认为，从2014年国家提倡大众创业、万众创新以来，中国的创新创业确实涌现不少新品牌、新模式，但这一拨创新创业大多集中在互联网、新媒体等领域，硬科技创新创业仍然不多。关键原因在于我国的工科教育与创新创业之间还缺乏有机联系。如何让有创新创业意愿的年轻人找到市场的切入点，如何让最初模糊的科技概念一步步落地成为具有市场竞争力的有科技含量的产品，如何让一个有想法、有创造产品能力的年轻人成功打造自己的团队，所有这些关键环节都需要有人有合适的机构提供相应的服务来解决。

李泽湘帮助学生创业最成功的案例是大疆，他提供了最初的资金支持和咨询服务，也担任了最初的大疆董事长。正是这些成功的经验使他决定将这些做法复制到更多的年轻人身上和创新创业企业中。

2014年，李泽湘向东莞市政府提出在松山湖建立一个平台，由他物色有想法有干劲的年轻人到平台创业，平台提供孵化支持，这个平台就是后来的国际机器人产业基地。

李泽湘遴选出第一批团队后，先组织他们到微软等大科技公司与其研发人员、高层产品经理直接交流，开阔视野。然后对他们的创业给予充分指导并提供资金支持。在云鲸智能科技等项目成功孵化运营后，国际机器人产业基地获得了创投界的认可。国际机器人产业基地自有基金联合红杉、高瓴等资本，为创业团队提供从探索期、天使期到种子期的支持。

2020年，李泽湘创办深圳科创学院，目标就是探索"新工科"教育、培养拔尖创业人才。2021年9月，科创学院迎来了第一批学生。至此，李泽湘的创新创业教育和创业孵化形成了闭环。

三、儒家创新精神在企业创新中的创造性转化和创新性发展

在中国企业的未来发展中，中低端制造业仍然会有发展空间，这些企业通过转移产地、使用机器人、打造柔性供应链等方式可以延续生命力。但更有前景的一定是以科技创新为动力的制造业，通过面向市场而又脚踏实地的持续科技创新，企业可以进入价值链的中高端，实现中国制造业的转型升级。这样的企业在当前的中国虽然不算多见，但已经出现了一些佼佼者。下面主要通过对大疆的分析，看看有哪些值得借鉴的经验。

（一）大疆以科技创新为驱动力的成功经验

深圳市大疆创新科技有限公司（以下简称大疆）成立于2006年，创始人汪滔当时还是香港科技大学的一名研究生。2006年的大疆包括汪滔在内只有4名员工，由于一开始就聚焦技术问题，这一年大疆没有太多收入，资金链几乎断裂。执着于原创技术研发的大疆，在度过早期团队分裂、资金短缺、发展目标

不明确等难关后，在2010年确定了多旋翼无人机发展方向。又经过两年埋头苦干，解决了多旋翼无人机的一系列关键技术问题，2012年推出航拍一体机精灵Phantom，接着又推出升级版精灵Phantom 2 Vision+，引爆全球消费级无人机市场。2015年2月，美国著名商业杂志《快公司》评选出2015年十大消费类电子产品创新型公司，大疆是唯一一家中国本土企业，在谷歌、特斯拉之后位列第三。经过多年发展，大疆已成为全球领先的无人飞行器控制系统及无人机解决方案的研发和生产商，占据全球消费级无人机市场份额80%，客户遍布全球100多个国家和地区。

在校学生创办的草根企业，是如何在强手如林的无人机产业里脱颖而出，走出一条以科技创新为动力的高端发展之路的呢？我们不妨先把大疆的发展历程简要梳理一遍。

1. 以执着、严谨、笃实的精神打造消费级无人机领域的科技优势

大疆的企业文化很大程度上源于创始人汪滔的个性。大疆官网上有这样一段话，既是汪滔的夫子自道，也是大疆企业文化的最佳表达。

> 我常常在想，皇帝穿着所谓最美的新衣游街，却只有孩子敢指出真相。而现在的社会有那么多的问题，却连敢大声指责的孩子都没有了。
>
> 事实上，没有不需要埋头苦干就能获得的成功，没有只靠夸夸其谈就能成就的事业，没有从天而降的高科技产品。追求卓越，需要无数苦思冥想的深夜，需要愿意向前一步的担当，更需要敢于大声说出真相的勇气。
>
> 大疆就是个敢于说真话的孩子。这里由一群从不妥协、极富洞见、坚持梦想的人聚合而成。我们坚信实干而非投机，坚信梦想而非功利。我们愿意做困难但真正有价值的事，从创始之初至今从未改变。

这段话讲得非常好，它在某种程度上是新一代企业家的宣言，是对以往几十年里企业超速成长中一些负面理念和不规范行为的拒斥，是从急功近利、投机取巧回归以勤奋、执着、创新为价值创造唯一出路的集结号。它代表的是当下和未来中国企业的发展方向。这段话也指出了大疆成功的根本原因。

汪滔1980年出生于杭州，父亲是工程师，母亲是教师。高中时的汪滔学习成绩还好，但不是最拔尖的那类学生。高考考上的是华东师范大学，大三时退学，向麻省理工学院和斯坦福大学等名校申请入学资格，最终收到香港科技大学的回复。

汪滔最引人注目的地方是他对科技研发的专注与执着。他小时候曾经接触过《动脑筋爷爷》，第八册的封面印有一架红色直升机，从那时起，他就对直升机很感兴趣，想知道它是怎么飞起来的。为了激励汪滔努力学习，父亲承诺，只要考试成绩好，就给汪滔买遥控直升机。汪滔发奋努力考出了佳绩，父亲履行诺言，真给他买了一架玩具直升机。汪滔玩得高兴，但不慎把直升机摔坏了，他和厂家联系购买零部件，自己修理。就这样，汪滔和直升机结了缘，也铺设了此后无人机事业的第一块基石。

汪滔在香港科技大学读到大三时，选择了直升机飞行控制系统作为毕业课题的研究方向，学校给了他1.8万港币研究经费。汪滔和两个同学夜以继日地苦干，几个月后，做出了遥控直升机飞行控制系统。但成果演示时，直升机表现不佳，摔了下来，汪滔只得了C级的成绩。汪滔本想在毕业课题上拿到A级成绩，以便出国深造，这下全泡汤了。

就在这时，汪滔的伯乐出现了，就是香港科技大学电子及计算机工程学系教授李泽湘。

汪滔上过李泽湘的课，汪滔演示课题成果时，李泽湘也在现场。在李泽湘心目中，汪滔可能不一定是学霸级人物，但汪滔对直升机技术的痴迷和钻研精神绝对是超乎常人的，因此，李泽湘将汪滔招为自己的研究生。

汪滔确实是个不服输的人，他继续进行直升机飞行控制系统的研究，终于在2006年1月研制出了能成功控制直升机飞行的飞行控制系统原型，而且这一产品放在航模爱好者论坛上售卖，还得到了订单。汪滔在李泽湘的支持下，决定创业。

2006年年初，汪滔带着家里资助的20万元和两个同学来到深圳，在舅舅杂志社20平方米的仓库里成立了大疆。

飞行控制系统是无人机的大脑，是无人机最核心的技术之一，汪滔成立大疆后首先要攻克的就是这个核心技术问题。从2006年到2010年发布第一款基于飞控技术面向消费者的产品Ace One，汪滔经历了四年的煎熬。

在大疆创立的最初两年里，大疆只有汪滔是真正懂无人机技术的人，汪滔必须手把手地教员工无人机技术。企业初创，产品尚未成熟，营收不稳定，公司前景晦暗不明，2007年危机爆发，员工几乎走光了。汪滔面临着是继续创业还是认输回校读书的抉择。

汪滔找到了李泽湘，李泽湘给他分析了情况，支持他继续创业。李泽湘还联合哈尔滨工业大学深圳研究生院机电工程与自动化学院副教授朱晓蕊给大疆投资，并将朱晓蕊推荐到大疆担任首席科学家。朱晓蕊在美国犹他大学机器人系统中心取得博士学位，是智能移动机器人系统与技术专家。李泽湘还将自己任教的哈工大深圳研究院的第一批毕业生介绍到大疆工作。这批电子自动化专业人员的到来，使大疆的技术团队终于建立起来了。经过这个团队的努力，大疆当年就发布了直升机飞控XP 2.0版本，大疆飞控第一次实现超视距飞行。

2008年，大疆推出XP 3.1飞控系统，这套系统可以让模型飞机在无人操作的情况下自动在空中悬停。这套系统让大疆有了稳定的收入，公司实现了盈亏平衡。

2010年，大疆推出了第一款基于飞控技术面向消费者的产品Ace One。Ace One的重量只有100克，是XP 3.1的1/7，价格从XP 3.1的2万元左右降到了1000元左右。大疆真正市场化的产品终于打磨出来了。Ace One推出后每个月都有上千台销量，大疆在国内无人机行业脱颖而出。

Ace One是用于直升机航拍的飞控系统，限制了用户数量，大疆还得寻找新的业务增长点。

2010年，大疆新西兰代理商向汪滔反馈，一个月卖出的200个云台（无人机上安装、固定手机、相机、摄像机的支撑设备）中，90%装到了多旋翼飞行器上，而每月售出的直升机飞行控制系统不过几十套。汪滔决定转战多旋翼无人机。

实际上，大疆在2008年就接触了多旋翼无人机。2007年创立极飞的彭斌一开始做的就是多旋翼无人机。汪滔买回极飞的多旋翼无人机试飞后，发现性能并不理想，当时也没看到市场前景，就放弃了这一方向，但2010年来新西兰代理商的信息让他发现了无人机的新机遇。

2010年，大疆决定将主攻方向定为多旋翼无人机。当时，多旋翼无人机领域还没有能将整个无人机产业链全部打通的公司，将软硬件一体化做到极致更是渺茫，这既是大疆的机会，也是对大疆技术研发水平的考验。

大疆决定将多旋翼无人机的全部核心技术完全掌握在自己手里，将整个无人机产业链全部打通。从2010年到2012年两年多时间里，大疆将多旋翼无人机的关键零部件技术问题一一解决，为最终推出一体机奠定了坚实基础。

2011年，大疆推出了多旋翼飞控系统WooKong-M、轻量级多旋翼飞控系统Naza-M、多旋翼飞行平台风火轮。凭借此前在直升机飞行控制系统Ace One的技术积累，大疆解决了多旋翼飞控系统的减振增稳、高速转向、绕点飞行等一系列问题。因此，多旋翼飞控系统WooKong-M一经推出就受到用户的热烈欢迎，大疆仅凭这一单一配件产品就获得了高额收益。

2012年，大疆推出了风火轮系列新品F330、F550和世界首款无刷直驱式的增稳云台禅思Z15云台。禅思Z15云台是大疆在云台技术上的一个重大突破。无人机高速飞行时机身会抖动，原来使用的舵机云台无法解决这一问题。大疆研发团队反复实验，最后创造性地使用无刷电机直驱来控制云台，获得了成功。2012年，仅凭禅思Z15一个产品，大疆就获得了超过1亿元的收入。至此，大疆多旋翼无人机关键零部件技术已经基本成熟，推出一体机的时机已经到来。

大疆推出全球首款消费级航拍一体机大疆精灵Phantom，它将此前大疆研发的关键零部件组合在一起，性能优越，造型美观，价格只有1000美元。精灵Phantom一推出就惊艳四方。2013年大疆销售业绩8亿元，是2012年的三倍以上，大疆一体化无人机的名声在业内打响了。

大疆技术创新的步伐没有停下来。大疆精灵Phantom推出来的时候，航拍时必须搭配GoPro极限运动专用相机，汪滔很快意识到，消费级无人机当时的主要功能是航拍，如果在专业相机问题上受制于人，前景堪忧。大疆马上投入人力研发自己的航拍相机。用了半年时间，大疆自行研发的灵眸系列运动相机问世。这款相机解决了拍摄控制和图像处理一系列技术问题，包括快门控制、变焦、拍摄角度、重拍和连拍等。

2014年年初，大疆推出新款一体机Phantom 2 Vision+，搭载了自己研发的高清广角相机，采用Wi-Fi数字图传技术提供远距离和清晰画质的传输。这款无人机被美国《时代》周刊评为2014年十大科技产品之一，名列第三。

至此，大疆依次解决了飞控系统、无刷云台、高清广角相机和Wi-Fi数字图传四部分无人机核心关键技术。但大疆的技术迭代仍在继续。

2014年，发布全高清数字传输系统光桥LIGHTBRIDGE；推出可变形航拍器悟 Inspire 1；推出专为电影摄影师开发的三轴手持云台系统如影Ronin等。

2015年，推出精灵Phantom 3系列；推出MG-1农业植保机等。

2016年，推出新一代的消费级航拍无人机精灵Phantom 4，对传感器进一步升级等。

2017年，推出专业级多用途三轴增稳系统如影Ronin 2；推出首款飞行眼镜DJI Goggles；推出专为专业航空摄影设计的S35数字电影相机禅思 Zenmuse X7 云台相机等。

2018年，推出折叠随行无人机御 Mavic Air；推出精灵Phantom 4 Pro V2.0；推出新一代消费级航拍旗舰无人机御Mavic 2等。

2019年，推出仅重249克的航拍小飞机御 Mavic Mini等。

2020年，推出御Mavic Air 2和DJI Mini 2等。

2021年，推出DJI FPV、DJI Air 2s等。

2022年，推出DJI Mini 3 Pro、Osmo Mobile 6等。

在大疆的基因中，追求完美、不断死磕的工程师精神无疑是最重要、最核心的部分。

2. 市场敏锐感和市场开拓力

如果说工程师精神是大疆成功的首要原因，那么市场敏锐感和市场开拓力则是第二个重要原因。

科技企业是通过科技创新创造全新优质产品引导和满足用户需求的。没有市场的产品，技术再完美、质量再高对企业来说也没有意义，技术创新与市场感觉在创业者身上必须融为一体。

大疆的产品选择和产品定位是逐步摸索、不断清晰、不断完善出来的，其间经历了很多试错。

大疆最初的产品选择是直升机，由于直升机的价格高，大疆做的是直升机的飞行控制系统。从2006年到2010年，大疆通过研发直升机飞行控制系统积累了最初的原创技术，也打造出大疆最早的适应市场需求的面向消费者的产品Ace One。

就在Ace One大获成功的当年，因为新西兰代理商的信息反馈，大疆当机立断，马上转移到多旋翼无人机领域。尽管国内已有公司先行布局多旋翼无人机，但大疆依靠两年多扎实的原创技术研发，一体机精灵Phantom一推出，就以优质低价在世界范围内赢得了美誉。

大疆市场战略的一个重大特点是从国际高端用户开始引爆无人机时尚潮流，然后再向国内市场推广，再由消费级无人机向行业无人机领域拓展。这一策略也是在市场探索中逐渐清晰起来的。

汪滔的老师、大疆董事李泽湘在精灵Phantom推出之前，曾去美国硅谷咨询过红杉资本全球合伙人迈克尔·莫里茨。莫里茨建议，要想打造国际化科技品牌，最好从硅谷开始。从后来大疆的市场战略看，大疆采纳了这一建议。大疆通过好莱坞影视圈、硅谷科技圈的明星效应，首先引爆了北美的大疆科技时尚潮流，紧接着影响其他发达国家的用户，然后在2015年回流国内市场。

2015年，中国社会消费品零售总额突破30万亿元，消费对国民经济增长贡献率提升到66.4%，同比提升15.4%。在中国消费增长中，80后、90后人群起了重要作用。大疆的国内市场拓展，就是在这样的背景下进行的。

在消费级无人机领域做到行业第一之时，大疆开始向农业植保无人机领域拓展。2014年，大疆正式立项研发一体化的植保无人机，2015年推出MG-1农业植保无人机，后来又陆续推出多种款式。

大疆农业除了不断推出新品，还在飞防人才培育、农业服务等方面深度布局，打造从产品、技术升级到服务产业的生态闭环，使大疆的农业植保无人机市场份额稳步提升。

在药剂与飞防技术优化上，大疆与中国农业大学、中国农业科学院等教学科研机构，以及中化农业、先正达、巴斯夫、科迪华等药企建立战略合作关系。在服务渠道建设上，大疆通过"千万补贴奖励"加大力度扶持代理商。在飞防人才培育上，大疆农业成立基金扶持植保飞防团队，成立慧飞学院培育飞防人才。

2020年11月，大疆农业落地大疆智慧农业平台，正式切入智慧农业大市场。通过这个平台，能够实现农田作业信息的采集和监管，根据农作物的长势，生成农业处方图，指导植保无人机作业，精准施肥。2020年，大疆在苏垦农发集团的农场设立了"精准农业"试验田，大疆农业从设备提供商转变为农业解决方案提供商。

在海外市场，大疆农业植保无人机也有不俗表现。

3. 理性应对危机

2013年大疆初次进入美国市场，2015年就占据了美国50%的无人机市场，2017年年初大疆在美国消费级无人机市场占有率已经超过了70%。大疆的成功引来了美国政府的关注，认为大疆无人机可能被用来收集敏感数据，对大疆的限制也开始了。

大疆除了通过官网和公共媒体化解美方疑虑，更有效的措施是主动与美国内政部合作研发防范资料外泄的无人机系统并取得成功。

事实上，大疆的系列产品在美国被广泛应用到航拍、遥感测绘、森林防火、搜索及救援、影视广告等领域。大疆无人机曾多次运用到美国自然灾害的救援中，如2018年5月美国夏威夷基拉韦厄火山爆发，大疆无人机被用于引导民众疏散。

4. 粤港澳大湾区科技创新环境和产业链优势助力国际竞争

在大疆发展过程中，香港和深圳是大疆事业起飞的关键城市。香港科技大学的求学经历使汪滔创新创业的种子得以落地、发芽，深圳良好的人才优势、创新创业环境和产业链优势使大疆得以生存、发展，并成功起飞。

从科技创新创业环境看，粤港澳大湾区已经成为我国的科技创新高地。截至2020年，深圳市PCT国际专利申请量连续17年居全国首位。2021年13家中国企业进入全球PCT国际专利申请人排行榜前50位，其中9家是粤港澳大湾区企业，深圳7家，它们是华为、平安科技、中兴通讯、大疆、深圳瑞声声学科技、深圳华星光电；东莞2家，它们是OPPO广东移动通信、vivo移动通信。

在产业链方面，从二十世纪八十年代开始，大批外资企业进入深圳，奠定了深圳电子产业技术和人才基础。这些外资企业带动了包括深圳、东莞在内的整个大湾区电子产业链的发展，这条产业链上的中小微企业数量多，竞争激烈，带来了成本的大幅度降低、效率和品质的快速提升。这就是李泽湘鼓励学生到深圳购买项目所需的电子零部件的原因，也是他后来在东莞建立国际机器人产业基地、在深圳建立深圳科创学院的原因。

在与国外同行的竞争中，除了大疆的技术优势外，产业链优势也发挥了重要作用。

在美国市场上，曾有三家公司与大疆在消费级无人机领域竞争，但现在都已彻底退出这一领域，它们是3D Robotics、GoPro和Parrot。

3D Robotics的创办人是大名鼎鼎的《长尾理论》作者、美国《连线》杂志前总编辑克里斯·安德森。3D Robotics最初主要生产和销售DIY无人机零件，2009年到2012年，3D Robotics发展得很不错，成为北美地区面向个人用户的最大的无人机公司。安德森也在2012年正式辞去《连线》总编之职，担任3D

Robotics首席执行官。从2012年到2014年，3D Robotics获得了包括高通创投在内的近1亿美元融资。更重要的是，高通不仅投资3D Robotics，而且将高通技术提供给3D Robotics，希望从大疆手中夺得无人机市场份额。

2015年4月8日，大疆在美国纽约、英国伦敦和德国慕尼黑三地同步发布精灵系列新品Phantom 3的两款产品，5天后，3D Robotics高调发布无人机新品Solo。

但不幸的是，Solo还是在性能、质量和价格上都竞争失败。到2015年年底，Solo连预测的销售量一半都不到。2016年，在损失了1亿美元，裁员150余人后，3D Robotics彻底退出了无人机制造业。

总结3D Robotics的失败原因有三：第一，缺乏真正有无人机研发能力的核心技术团队；第二，没有自己的制造工厂，Solo是由入驻深圳的爱尔兰代工厂PCH国际公司生产的；第三，3D Robotics从根本上缺乏产品制造上追求完美的精神。

大疆的第二个国际竞争对手是GoPro。2016年，GoPro推出了自行研发的无人机GoPro Karma。GoPro的这款无人机实际上是想和大疆的产品形成差异化竞争，目的是争取更普通的用户。可惜，GoPro的技术积淀远远无法与大疆相比。

Karma上市几周之内，公司不得不因产品质量、性能问题大规模召回产品。2018年1月，GoPro退出无人机业务，裁员260名员工。

大疆在国际上真正有实力的对手是法国Parrot公司。Parrot于1994年由亨利·塞杜创办，主要研发生产面向消费者及专业人士的高科技无线产品。Parrot从2010年开始研制无人机，它推出的AR. DRONE是真正意义上的消费级无人机。Parrot将其消费级无人机定位在高级科技玩具上，特点是小巧、轻便、安全、易学。这种定位使Parrot失去了专业航拍级无人机的市场，固守于普通无人机市场偏安一隅，但随着大疆一系列物美价廉普及性无人机的推出，Parrot只能黯然退场。

（二）对大疆的进一步讨论

1. 中华传统文化要与现代科学精神结合

中华传统文化的创新精神、诚信严谨和勤奋精神与现代科学精神结合起来才能转化为现代企业需要的创新精神和工匠精神。

中华传统文化并不缺乏创新精神，也不缺乏诚信、严谨、勤奋精神，更不缺乏工匠精神，重要的是要将这些精神有效激活，并将它们引领到科技创新的轨道上。

2. 中国企业创新要逐渐把重点放在科技驱动上

中国企业经历了广告营销、产品创新、管理创新、商业模式创新等历练，企业的经营管理水平不断提升，现在应将重点放在科技创新驱动上了。

3. 日本和美国制造业的经验教训对我国制造业的启示

日本和美国是世界制造业强国，其经验证明：面向市场的科技创新是制造业保持高端竞争力的不二法门。

我们先来看日本制造业。

日本制造业在第二次世界大战后经过了二十世纪五六十年代的模仿学习阶段，在二十世纪七八十年代通过不断的技术创新和精益求精的工匠精神进入世界制造业的中高端价值链，成为发达国家中制造业优等生。尽管在二十世纪九十年代后，内外部原因导致日本制造业出现了部分行业竞争力减弱、部分企业持续亏损甚至被迫出售的问题，但从整体看，日本制造业的竞争力没有受到根本性的影响。

国际学术和专利信息调查咨询机构Clarivate Analytics发布的全球创新企业百强名单中，2015年日本上榜企业数第一；2016年日本以34家企业上榜位居第二；2022年，日本以35家企业上榜位居第二。

日本目前在装备制造、工业机器人、精细化工、新材料及一些需要核心技术的零部件行业依然具有世界竞争力。进入二十一世纪，日本曾盛极一时的松下、东芝、索尼、日立等企业纷纷陷入亏损、出售的窘境，也敲响了日本制造业的警钟。一些企业通过转型，焕发了生机，如佳能参与研发小型火箭，还买下了东芝的医疗设备公司，开始投身医疗产业；富士胶卷将做胶片的膜技术转移到化妆品生产。

回顾日本制造业70余年的发展史，可以看到是对科技的投入、科技创新及精益求精的工匠精神打下了日本制造业的雄厚基础，使日本制造业至今仍可在世界产业价值链中稳居高端地位。

日本制造业在二十世纪九十年代以后出现危机，则与日企在高度繁荣后出现大企业病，对市场反应不够灵敏，对中韩企业的竞争缺乏有效应对有很大关系。日本企业的"终身雇用制""年功序列制"等传统的管理模式已经无法适应信息化、全球化之后世界产业环境瞬息万变的环境，一些日本老牌企业出现体制僵化、创新激励不足的问题，导致日本企业创新明显滞后，在新一轮的竞争中力不从心。

再来看看美国。美国制造业在二十世纪八九十年代曾经深受日本制造业的冲击，但在二十世纪九十年代之后，以硅谷为代表的高科技产业异军突起，站到了世界高端制造业的领军地位。硅谷位于美国加利福尼亚州北部的大都会区旧金山湾区南面，硅谷的兴起是美国政府、学界、金融界、产业界共同努力的结果。

旧金山湾区很早就是美国海军的研发基地。第二次世界大战后，基地周围开始出现一些为军队服务的技术公司。二十世纪七十年代以前，美国军方向这些技术公司购买产品、出资科技研发奠定了硅谷发展的基础。

到二十世纪七十年代后，一些嗅觉灵敏的风险投资机构发现了这些技术公司的潜力，开始将金融创新与科技创新结合起来。硅谷附近有斯坦福大学、加州大学伯克利分校等名校，这些学校的教授、学生也加入高科技产业的创业，这就自然形成了产学研一体化的格局，引爆了此后计算机与互联网的新浪潮。

但美国的问题在于制造业的空心化。二十世纪八十年代以来，随着美国经济从制造业向知识产权和金融业等高端服务业转移，其制造业持续萎缩。二十世纪五十年代初，美国制造业增加值占世界总和近40%，2012年跌至17.4%。2020年，美国制造业占美国GDP总额只有11%，而服务业（金融、影视、旅游等）占比高达81%。制造业的大幅度萎缩，造成美国大量工人失业，贫富差距加大，也影响了美国高端制造业的发展。

从日、美制造业的经验教训中可以得出如下启示。

第一，原创科技研发是高端制造业的根本动力。

第二，原创科技研发必须紧密结合市场需求。

第三，完整健全且具有强大竞争力的制造业体系是一个国家经济稳健发展的基石。

4. 对大疆进一步完善的思考

第一，工程师文化与企业管理模式磨合。

大疆企业文化中有着鲜明的工程师文化特点，包括对产品质量的执着追求，在技术研发上的持续投入，在人际关系上的简单明了，这些是大疆取得成功的重要原因。但当企业发展壮大后，在保持工程师文化优秀特质的同时，也有必要考虑其如何与更加人性化、更具弹性的管理模式的磨合,使大疆能够更好地聚集天下精英、更有效地激发员工的凝聚力和创新创造能力。

第二,行业无人机痛点的解决。

大疆在消费级无人机领域已经做到了前沿,未来很大的发展空间很可能在行业无人机领域。行业无人机对大疆来说,既是新的机遇,也是新的挑战。大疆将不仅要解决技术问题,要根据不同行业的特点设计、制造无人机,还要在组织结构、经营模式上要不断创新,以引导和满足行业无人机用户的需求。

第七章　中华民族文化自信与品牌打造

随着中国经济社会文化的全面稳健发展，我们的文化自信和价值观自信也不断增强。在企业界，中国制造业水平不断提升，产业链、供应链不断完善，越来越多的企业开始进行品牌建设。移动互联网、大数据、云计算、物联网在中国的普及应用也为中国企业品牌建设提供了助力。中国品牌终于在这样的背景下不断吸引消费者的注意力，并在近年来成为时尚潮流的重要引领者。

但是也要清醒地认识到，国产品牌与世界一流品牌之间在产品质量、技术含量、品牌内涵等方面还有明显差距，如何持续夯实优势、补齐短板，是国产品牌的当务之急。

一、中华民族的文化自信

（一）儒家的文化自信思想

1. 仁：对世界赋予神圣价值的人性行为

先秦儒家学派创始人孔子对周文化推崇备至，曾发出"郁郁乎文哉，吾从周"（《论语·八佾》）的赞叹，并说自己是"述而不作"。但孔子实际上对周文化有重大创新，其中最主要的就是赋予"仁"新的内涵，在继承周礼思想的基础上创新出"仁礼"思想，为儒家学说奠定了价值观基础。

在孔子创立的"仁礼"学说中，"仁"是出发点，是终极价值所在。"礼"是"仁"在现实中要达到的目标，是"仁"的表现，是实现"仁"的途径。正是"仁"使儒家思想在孔子之后被不断发扬光大，不断跟随社会经济变迁自我突破、自我跃迁，最终成为中国传统文化的主导思想体系。

在人欲膨胀、你争我夺、礼崩乐坏的春秋末期，孔子提出"仁者爱人"的命题，高扬人文主义大旗，要求知识精英、社会栋梁必须主动担当起关爱民众、关心社会的职责。"仁者爱人"体现在社会治理的最高境界就是"大同"社会，如《礼记·礼运》所说：

> 大道之行也，天下为公，选贤与能，讲信修睦。故人不独亲其亲，不独子其子。使老有所终，壮有所用，幼有所长，矜寡孤独废疾者皆有所养。男有分，女有归。货恶其弃于地也，不必藏于己；力恶其不出于身

也，不必为己。是故谋闭而不兴，盗窃乱贼而不作。故外户而不闭，是谓大同。

意思是：

在大道得以施行的时候，天下是大家共有的，把有贤德、有才能的人选出来为大家办事，人人讲求诚信，崇尚和睦。因此人们不单奉养自己的父母，不单抚育自己的孩子，还要让老人终其天年，中年人为社会效力，幼童顺利地成长，使老而无妻的人、老而无夫的人、幼年丧父的孩子、老而无子的人、残疾人都能得到供养。男子要有职业，女子要及时婚配。人们憎恶财货被抛弃在地上的现象，把它们收贮起来，却不是为了独自享用；憎恶那种在共同劳动中不肯尽力的行为，总要不为私利而劳动。这样一来，就不会有人搞阴谋，不会有人盗窃财物和兴兵作乱。如此家家户户都不用关大门了，这就叫作"大同"。

孟子进一步提出"仁政"的命题，把实施"仁政"作为统治者、精英集团的核心目标。《大学》作为"大人之学"，讨论的是读书人如何通过长期不懈的修炼砥砺使自己成为知识精英、社会栋梁，实现"内圣外王"的理想。《大学》提出了"格物、致知、诚意、正心、修身、齐家、治国、平天下"八条目，也就是一个人由凡入圣的八个步骤、阶段、程序。北宋理学家张载则将知识精英、社会栋梁的职责进一步发挥为"为天地立心，为生民立命，为往圣继绝学，为万世开太平"，至此，儒家仁学的哲学底蕴被阐释得足够充分明晰了。

孔子高扬的"仁"，就是人之所以为人，也就是"人之所以异于禽兽者"。儒家要求所有希望成为社会精英的人都按照"仁"的原则待人接物、安身立命，这样才能实现修齐治平的理想。因此，孔子的"仁"，实际上是有道德、有理想、有感情、有意志的"君子"对原本无意义的自然界、生物界、人类社会赋予意义、赋予神圣价值的行为，它使原本弱肉强食、你死我活的自然界和人类社会具有了良善之光、温馨之韵，这就是张载"为天地立心"的真正意蕴。

宋诗有云："天不生仲尼，万古长如夜。"（《朱子语类》）说的就是孔子创立仁学的意义。

2. 仁：儒家文化自信的根源

正是深刻体认到这种价值观的神圣性，才有了从孔子开始的强烈深厚的文化自信。这种自信是超越血缘、种族的，是包容的、基于良善人性并被实施于社会生活方方面面的自信。

孔子五十五岁起周游列国，处处碰壁，"累累若丧家之犬"（《史记·孔子世家》），却从来没有丧失信心，他始终怀着"知其不可而为之"（《论语·宪问》）的坚韧信念追求着自己的政治理想。孔子在匡地被围困的经历，让我们真切地体察到孔子内心的强大，自信力的充沛。

公元前495年，孔子五十七岁，他离开鲁国，经卫国来到陈国，经过匡地时，被匡人误认为鲁国季孙大夫家臣阳虎。阳虎在匡任职时横征暴敛，百姓恨之入骨。这次狭路相逢，匡人当然不会放过仇家。特别不巧的是，孔子的学生曾给阳虎驾车，这次，正是这名学生给孔子驾车，匡人就更加认定车上的人是阳虎。匡人将孔子足足围困了五天五夜。形势非常危急，弟子们都很害怕，孔子却很坦然，他说："文王既没，文不在斯乎？天之将丧斯文也，后死者不得与斯文也；天之未丧斯文也，匡人其如予何？"（《论语·子罕》）意思是：周文王不在了，文化礼制不都在这里了吗？如果上天要让这文化礼制断绝，后人就不可能继承这些文化礼制了。如果上天不让这文化礼制断绝，匡人又能拿我怎样呢？在这段话里，我们感受到的是雍容、坦然、自信。也正因为孔子雍容坦然的气度与暴虐无道的阳虎形象截然不同,最终匡人认识到发生了误会,孔子得以脱险。

如果说孔子的自信是清风明月般的雍容坦然,那么孟子的自信就是磅礴天地间的浩然正气。之所以有如此大的差异,是因为从"无义战"的春秋时期到战乱更甚的战国时期,诸侯国之间的战争从规矩尚存、底线还在的有限战争发展到了斩草除根、你死我活的惨烈战争,人与人的博弈、学派与学派的竞争也日益激烈,在这种黄钟尽毁、瓦釜雷鸣的环境中,孟子必须培育出磅礴天地间的浩然正气,才可能让自己和自己的学生获得足够的自信力将儒家思想发扬光大。孟子思想的这一特点,体现在《孟子》的文学特色上,就是气势充沛如长江大河,感情洋溢,逻辑严密,既滔滔雄辩,又从容不迫。

孟子思想中很重要的一部分内容是君子人格的培养。孟子认为,"人之异于禽兽者几希,庶民去之,君子存之"(《孟子·离娄下》)"求则得之,舍则失之……求在我者也。"(《孟子·尽心上》)

这种君子人格的修炼,有一个逐步完成的过程:"可欲之谓善,有诸己之谓信。充实之谓美,充实而有光辉之谓大,大而化之之谓圣,圣而不可知之之谓神。"(《孟子·尽心下》)意思是:值得追求的叫作善,自己有善叫作信。善充满全身叫作美,充满并且能发出光辉叫作大,光大并且能感化天下人叫作圣,圣又高深莫测叫作神。要达到"圣"和"神"的境界,就必定要经历非凡的磨炼砥砺:"故天将降大任于是人也,必先苦其心志,劳其筋骨,饿其体肤,空乏其身,行拂乱其所为,所以动心忍性,曾益其所不能。"(《孟子·告子下》)意思是:所以上天要把重大使命交付给这个人时,一定先要使他的心志承受痛苦,使他的筋骨承受辛劳,使他的身体感到饥饿,使他穷困至极,并且使他的所有行为活动都不能如意,以此震动他的心志,坚韧他的性情,增强他的才干和承受力。

经过艰苦卓绝的磨炼砥砺后,这个人就会培养出"浩然之气":"其为气也,至大至刚,以直养而无害,则塞于天地之间。其为气也,配义与道,无是,馁也。是集义所生者,非义袭而取之也。行有不慊于心,则馁矣。"(《孟子·公孙丑上》)意思是:这种浩然之气最宏大最刚强,用正义去培养它而不伤害它,就可以使它充满天地之间。那浩然之气,与仁义道德相互配合辅助,不这样做,它就没有力量。浩然之气是由正义在内心长期积累而形成的,不是通过偶然的正义行为获取的。自己的所作所为有不能心安理得的地方,这种气就会疲软。

这种浩然之气源于儒家的核心价值观,具有巨大的精神力量:"居天下之广居,立天下之正位,行天下之大道;得志,与民由之;不得志,独行其道。富贵不能淫,贫贱不能移,威武不能屈:此之谓大丈夫。"(《孟子·滕文公下》)意思是:居住在天下最宽广的住宅"仁"里,站立在天下最正确的位置"礼"上,行走在天下最宽广的道路"义"上。能实现理想时,就同人民一起走这条正道;不能实现理想时,就独自行走在这条正道上。富贵不能使他的思想迷惑,贫贱不能使他的操守动摇,威武不能使他的意志屈服,这才叫作有志气有作为的大丈夫。

在生死考验面前,养成了"浩然之气"的"大丈夫"一定会做出正确抉择的:"生,亦我所欲也,义,亦我所欲也;二者不可得兼,舍生而取义者也。生亦我所欲,所欲有甚于生者,故不为苟得也;死亦我所恶,所恶有甚于死者,故患有所不辟也。"(《孟子·告子上》)意思是:生命是我所喜爱的,义也是我所喜爱的,如果二者不能同时拥有,就牺牲生命选取义。生命是我所喜爱的,但如果有比生命更重要的追求的时候,我就不会苟且偷生;死亡当然是我所厌恶的，但当有比死亡更厌恶的事情的时候，我就毅然牺牲自己。

孟子还说："万物皆备于我矣。反身而诚，乐莫大焉。强恕而行，求仁莫近焉。"（《孟子·尽心上》）意思是：万事万物的道理都在我心中具备了。如果反躬自问自己是诚实无欺的，那就没有比这更快乐的了。如果能按照推己及人的恕道去做，那达到仁德的路就没有比这更近了。

于是，孟子的自信喷薄而出："夫天未欲平治天下也，如欲平治天下，当今之世，舍我其谁也？"（《孟子·公孙丑下》）意思是：上天还没想安定治理天下，如果上天想安定治理天下，当今之世除了我还有谁能担当这一职责呢？

（二）中华民族文化自信的演进过程

一般认为，人类历史有以下原生文明：古埃及、古巴比伦、古希伯来、古印度、古中国、古希腊、古罗马。在这些文明中，只有中华文明数千年来从未中断，其他古代文明或者完全消失，如古埃及文明、古巴比伦文明，或者中断后被重新激活继承，如古希腊文明。

中华文明从夏商时期萌芽，到春秋战国时期核心理念和重要思想体系基本成熟，此后按照其内在逻辑不断发展，创造出了一系列文化奇迹，承载这一文明的中华民族也不断发展壮大。这种薪火相传、绵延不绝的文明传承在所有中国人心中很自然地积淀为一种深厚的文化自信。

1. 中华民族自古以来的文化自信

中华文明最初的起源主要在黄河流域，在发展过程中不断吸收其他地方的文化，如东夷文化、长江流域文化、巴蜀文化、百越文化，在春秋战国时期形成了中华文明最早的成熟体系。中华文明最大的一个特点是海纳百川的包容性，也正是基于此形成了中华文明的博大精深的文化魅力。

在中国历史上，北方游牧民族与中原农耕民族有着长期竞争博弈的历史，其总体走向是互动与融合，相互学习借鉴。在这个过程中，中华文明的内涵不断丰富。同时，中国古代文化的高度发达也影响了周边日本、朝鲜、越南等国家。在这整个过程中，中国人的文化自信不断强化。

2. 近代以来文化自信的重建努力

西方国家自工业革命以来的发展打破了此前各文明体系之间的相对平衡，世界进入西方现代文明主导的时代。面对这种情况，日本采取的是"脱亚入欧"的策略，现代土耳其国父凯末尔推动土耳其全盘西化。

亨廷顿在1996年出版的《文明的冲突与世界秩序的重建》中提出，如果一个国家不能植根于原有的文明母体，而设法与自己的文明母体断绝关系，这个国家就必然成为一个"无所适从"的国家，亨廷顿认为土耳其就是如此。亨廷顿认为西方文明的价值不在于它是普世的，而在于它是独特的。他还认为，西方的领先不是因其思想、价值观的优越，而是基于其有组织的暴力优势。

从这样的背景回顾我国近代以来文化自信的演变历程，更能深刻感受到中华文明之深厚和强大的韧性。

1840年鸦片以来，我们的文化自信受到巨大冲击，但中华文明数千年的深厚底蕴使我们在这段艰难的岁月中也没有完全丧失文化自信。以下以文化巨擘梁漱溟、梁启超为例分析。

梁漱溟在二十世纪一二十年代与激烈批判传统文化、支持全盘西化思潮的代表人物论战，写成《东西文化及其哲学》一书，认为中国文化与西方文化相比有不足，但二者之间更多的是文明之间的差异，中华文明有西方文明所不及的独特魅力与价值。

梁启超是戊戌变法的重要倡导者，早年对西方政治、经济、军事、法律、文化等各方面推崇备至，主张全面向西方学习，但梁启超同时也十分重视中国传统文化的传承与发扬光大。梁启超在1912年发表的《国性论》中系统地论述了民族精神的重要性，认为体现在传统文化中的"国性"是一个国家民族安身立命的基础。

第一次世界大战的爆发震醒了梁启超等人对西方文化的迷信。一战的爆发从文化上来说是西方文化对欲望的无止境追求、自古希腊时代以来对外扩张的殖民传统、西方资本主义以战争攫取经济利益固有模式作用的必然结果。欧洲文艺复兴时期以来描绘的资本主义社会自由、平等、博爱的美好图景在一战的炮火中被粉碎，人们看到的是战争的血腥、残暴、非理性，一战也让西方人看到了西方文明的致命缺陷。

正是在这种背景下，沮丧、绝望成为西方社会思潮和文化艺术的核心主题。一战后西方在哲学上出现了存在主义的大繁荣。存在主义的核心目标就是在绝望的世界中找寻生存意义，而这种寻找最终往往还是以绝望告终。在文艺上现代主义思潮和作品不断奔涌，基本格调也是阴郁、晦暗、无望、荒诞。1921年，叶芝创作了《基督重临》，写道："一切都四散了，再也保不住中心，世界上到处弥漫着一片混乱。"1922年，艾略特发表《荒原》表达一战后西方社会对现实与精神世界的普遍绝望。

正是在一战爆发后，梁启超对中西文化的认识有了进一步深化。他在《大中华发刊词》中说："国性之为物，耳不可得而闻，目不可得而见。其具象之约略可指者，则语言文字思想宗教习俗，以次衍为礼文法律，有以沟通全国人之德慧术智，使之相喻而相发，有以网维全国人之情感爱欲，使之相亲而相扶。此其为物也，极不易成，及其成，则亦不易灭。"[1] 梁启超进一步认识到中国传统文化中的很多优秀品质正是医治西方文化弊端的良药，他说："中国固有之基础亦最合世界之潮"[2]。他在肯定西方科学等方面优势的同时，也深刻认识到西方文化的弊端。

二梁的观点对二十世纪中国新儒家的形成具有奠基意义，而新儒家实是中国传统文化面对西方文化冲击时自我更新、自我突破的文化现象。

3. 改革开放以来文化自信的恢复

从改革开放来，中国逐步深度介入世界经济大循环中，在这个过程中，我们也开始对西方社会形成全面深入的认识了解。改革开放前二十年里，由于我国与发达国家在经济、社会、文化等各方面的差距，我们的文化自信是难以找到现实依托的。也正是在这种情况下，我国开始全面对标发达国家全力追赶，并逐渐恢复文化自信。

与中国经济社会文化稳步发展同步的是越来越多的年轻人对国家、民族、传统文化价值的发自内心的认同。以90后为主要群体的年轻一代，已经能够很自然地以一种客观理性的心态看待中国和发达国家之间的差异，能够用更加冷静的态度去评判中西文化之间的差异。

历史学家唐德刚在1997年完成的《晚清七十年》中提出，从1840年起，中国开始第二次大转型，其实质是由传统社会转为现代社会，这一转型需要200年左右时间，也就是2040年左右中国社会转型升级为发达的现代化社会。这个说法很有道理，面对西方文化的全面冲击，中华文明确实需要这么长时间的消化、吸收、互动、磨合，因为，中华文明与其他文明特别是西方文明之间确实

---

[1] 梁启超全集［M］.北京：北京出版社，1999.
[2] 丁文江，赵丰田.梁任公先生年谱长编（初稿）［M］.欧阳哲生，整理.北京：中华书局，2010.

存在着巨大差异。

世界上仍然存活的且影响极大的原创文明主要是四个：古希腊文明、古希伯来文明、古印度文明、中华文明（这四大文明都是在公元前800至公元前200年，尤其是公元前600年至公元前300年的轴心时代出现的）。四大文明中，古希腊文明、古希伯来文明相互影响激荡，演化形成了从中世纪到近现代的西方文明。古印度文明和中华文明是相对独立发展的，特别是中华文明，因地理距离遥远、自然环境迥异、社会发展进程不同，其文化独特性尤为强烈。

关于中华文明的独特性及其成因，梁漱溟先生在他1942年着手撰写，1949年6月完稿的《中国文化要义》中有十分系统深入的论述。并且，梁漱溟在这本书里明确指出，西方文化在长期发展中已经积累了不少问题，人类文明必然要进入人与人、人与自然和谐共处的阶段。中华文明以其天下大同的和谐宽容的特性，必将成为解决人类社会困境的一种思想资源。

也正因如此，对中华文明因西方文化冲击而进行的转型，唐德刚是这样表述的："在历史的潮流里，转型期是个瓶颈，是个三峡。近一个半世纪中国变乱的性质，就是两千年一遇的'社会文化大转型'现象……不过，不论时间长短，'历史三峡'终必有通过之一日。从此扬帆直下，随大江东去，进入海阔天空的太平之洋……"[1]

值得欣慰的是，中华文明在经历了100多年的失语、迷茫，在二十世纪开始逐渐找回自信。

我们在上文中讲到，现代西方文化的弊端通过两次世界大战表现得淋漓尽致。西方资本主义国家为了应对危机，开始对资本主义制度的缺陷进行修补。

---

[1] 唐德刚. 从晚清到民国[M]. 北京：中国文史出版社，2015.

如美国罗斯福新政实行凯恩斯主义政策，加大国家对经济的宏观调控，以弥补过度依赖市场机制的缺陷；通过政府投资拉动经济，解决大规模失业问题；通过住房制度改革，实现居者有其屋目标；加大对弱势群体的福利支持，以缓和贫富悬殊矛盾等。第二次世界大战后，西欧各国普遍通过政府有效运作平衡市场力量，照顾弱势群体，有效促进了西欧资本主义发展，缓和了社会矛盾。

但西方文化根深蒂固的弊端并没有因为经济、福利政策上的改善得到根本性解决。这些弊端包括：强调个人权利、漠视对家庭和社会的责任，强调法律、漠视道德，倡导欲望与消费、忽视对欲望与欲望的节制，强调斗争冲突、忽略协商和谐，强调你死我活、忽视和平共存。其结果就是，随着西方发达资本主义国家由制造业为主逐渐向金融业、现代服务业的转型，蓝领工人失业人数日益增长，利益集团对政治经济掌控能力日益增强，贫富差距加大，社会阶层固化，社会无法达成共识，犯罪及各种极端事件频发，这些不断增加的社会问题在已经僵化的西方各国的政治体制中得不到解决，社会民粹化倾向愈演愈烈。

与西方国家问题不断累积恶化的情况相比，我国国家治理不断完善，经济社会文化稳步发展，人民生活水平不断提高，普通民众的获得感、幸福感、安全感不断增强。

二、文化自信与商业品牌

以下讨论一个民族的核心文化理念如何转化为商业品牌的问题。

经过精心策划、严密实施，企业的文化和价值观、企业提供的产品或服务在质量上获得了目标消费者的广泛认同,此时,企业及其产品或服务的名称、符号或设计已不再是外在标记,而上升为具有美誉度和忠诚度的品牌。此处所说的品牌,实际上是一种无形资产,是一种可以为企业带来收益的经济资源。

(一)品牌的核心是价值观

品牌的核心是价值观。学者高韬在《价值观,品牌背后的推手》一文中指出:"品牌战略从属于公司整体战略,公司战略则依从于企业的愿景、使命和目标等价值观内容。品牌战略下的品牌精髓,即品牌DNA,是品牌绝对和独特的核心,是一种清晰的指路明灯,归于企业价值观这个原点。然后,品牌精髓再指导品牌宣言(口号),进而影响品牌个性的表现。"这个论断是十分正确的。

超越企业的一己之私,确立超卓、良善、阳光的价值观,使之成为企业代代相传的文化基因,才能使企业赢得声誉,形成自己的卓越品牌。

同时,我们也要看到,商业品牌是和特定的民族文化密切相关的。当前多数国际知名品牌都为西方发达国家企业所有,这与西方文化自十八世纪第一次工业革命开始逐步成为世界主导文化是密切相关的。可以说,体现在西方发达国家商业品牌中的价值观,其深层内涵全部源于西方文化。换句话说,现代西方商业品牌体现出来的价值观,往往是西方核心文化理念在特定商业领域里的创造性转化。比如,耐克的广告语"Just do it"传递的是青春、热血、不假思索的迅速、狂放不羁的个性,以及爆棚的自信,这是西方文化崇尚自由、个性以及文化自信的独特体现。在世界运动用品品牌中,阿迪达斯品牌传递了德国制造业的专业素养和工匠精神,德国制造业的专业素养和工匠精神又与德国文化的严谨、认真密不可分。

我国企业从二十世纪七八十年代起，经过艰苦努力打造出一批国产品牌，如华为、海尔、联想、万科、TCL、小米、大疆，这些企业的核心价值观同样是民族优秀文化在现代环境下的创造性转化和创新性发展。

华为以"以奋斗者为本"的价值观，体现出中华传统文化的一个核心精髓，即儒家和法家都倡导的奋斗精神。华为将"以奋斗者为本"的理念转化为企业文化、落地为企业制度、体现在企业的组织架构以及十多万员工的思想言行中，打造出国际一流品牌，赢得了全世界同行和用户的认同和尊敬。

企业就是要通过不断的管理创新、科技创新、产品创新、质量提升，将原本抽象的文化理念在企业的产品、服务中落地生根，转化为具有理性内涵又具体可感的品牌资产。

品牌资产是二十世纪八十年代在营销实践和研究领域中出现的一个重要概念，美国品牌研究界的领军人物大卫·艾克认为，品牌资产是"一系列跟品牌名字或符号相联系的资产（和负债），它能增加或减少提供给公司及公司顾客的产品或服务的价值。"[1] 品牌资产包括五个方面，即品牌忠诚度、品牌知名度、品牌联想、品质认可度、其他专有资产（如商标、专利、渠道关系）。要注意，大卫·艾克关于品牌资产定义中的用词"价值"，这意味着品牌不是虚无飘渺的东西，而是可以给企业带来实实在在经济利益的无形资产，作为一种资产，它的建设也同样是需要真金白银的。

---

[1] 马谋超，等.品牌科学化研究[M]北京：中国市场出版社，2005.

（二）品牌资产生成机制

品牌资产与消费者密切相关，企业的品牌如果不能有效地传递到消费者，并在其心理意识中留下印象、形成美誉、促成购买行为，那么品牌资产就无法生成。

一般来说，品牌资产是企业和消费者全方位、多角度频繁进行信息互动的结果。因此，品牌资产生成机制就是企业与消费者有效沟通互动、建立稳固心理反应的过程。卫海英、祁湘涵在《基于信息经济学视角的品牌资产生成研究》中指出："只有建立企业与消费者的互动关系，企业与消费者才能最有效地传递和解读双方所发出的品牌信号，使得品牌信号的信息含量最充分地在企业和消费者之间传递，从而使品牌资产得以生成并在不断演进中增值。"[1]

在品牌资产生成的过程中，企业作为品牌资产的建设者和所有者，要时刻关注品牌资产的变化情况，了解它是否为目标消费者所知、所爱；是否有效促成了购买行为；其价值是在升高还是在降低，等等，根据这些情况，企业要随时调整投入的人力、物力、资金。

品牌资产生成机制可以分为三个环节。

第一，企业通过确定自己的愿景、使命和目标等价值观内容为企业和产品品牌建设提供精神内核，提供价值取向。

第二，企业通过品牌的命名、定位、文化培育、形象塑造等，向消费者传递品牌内涵，并根据消费者的反应调整品牌运作。企业对品牌资产的建设可以通过广告、公益活动等形式有计划地持续进行。

---

[1] 卫海英，祁湘涵.基于信息经济学视角的品牌资产生成研究[J].中国工业经济，2005，（10）.

第三，企业品牌信息在目标消费者心中获得认可并固化为积极的心理体验。

通过品牌资产生成机制可以理解为什么近年中国商业品牌呈现稳步崛起的态势，这与中国经济社会稳步发展带来的文化自信密切相关，同时也与中国制造业特别是与消费相关的制造业的转型升级以及年轻一代消费升级密切相关，当然还与我们完整的产业链、供应链有关。

三、品牌打造的路径选择

中国商业品牌的打造是在西方发达国家自十八世纪第一次工业革命以来发展了260多年、积累了丰富的品牌运营经验、占据了几乎所有产品品类的中高端品牌位置的情况下，由低端品牌向中高端品牌进军、突围和挑战。这就注定这一过程充满了艰辛与坎坷，需要凝聚足够的组织力、意志力、创新力，最后形成足以突破重围的强大实力。

（一）安踏：从本土中低端品牌向国际化中高端品牌跃迁

出生于1970年的丁世忠是不折不扣的"创一代"。二十世纪八十年代中后期，17岁的丁世忠背着福建晋江生产的鞋子闯荡京城，硬是在北京打开了晋江鞋的销路。当他看到晋江鞋因为没有品牌，只能以极低的价格出售时，痛下决心，要生产出有自己品牌、自己独特技术、高质量的鞋子。1991年，丁世忠和家人一同创办了安踏，寓意"安心创业，脚踏实地"。

晋江号称中国鞋都，鞋厂数千家。一开始晋江鞋厂都是小作坊，大多数走低质低价快销的路子。安踏则从一开始就决定走优质、品牌之路。

民营小企业缺乏资金、人才、技术，不仅和国际大品牌无法正面竞争，和当时的李宁牌相比也缺乏优势。安踏从中低端市场打开缺口，将营销重点放在三、四线城市，避开与大品牌的正面竞争。同时，安踏专注于运动鞋服的研发生产，在技术研发、产品质量上下功夫，以高性价比的优质产品争取大众市场的认可。

1999年，安踏在国内开创了"体育明星+央视广告"的营销模式，并取得了极大成功。

此后，安踏通过一系列赞助进行有效的营销，使安踏品牌价值不断提升。2004年到2012年起赞助CBA（中国男子篮球职业联赛）。

2009年6月，安踏与中国奥委会达成战略合作协议，成为2009年到2012年中国奥委会体育服装的合作伙伴，赞助中国体育代表团参加2010年温哥华冬奥会、2010年广州亚运会、2012年伦敦奥运会等11项重大国际赛事。

2013年与中国奥委会续约，成为2013年至2016年中国奥委会体育服装合作伙伴，为中国体育代表团参加2014年索契冬奥会、2014年仁川亚运会、2016年里约奥运会等10项重大国际综合性运动会提供领奖装备。

2014年签约国家体育总局体操运动管理中心，展开全面合作，还与水上运动管理中心、冬季运动管理中心、拳击跆拳道运动管理中心开展了全面合作，为各中心提供专业比赛服和训练服。

2014年签约NBA，成为NBA官方市场合作伙伴及NBA授权商。

2017年，安踏成为北京2022年冬奥会和冬残奥会官方合作伙伴。

这一系列品牌建设工程，使安踏营业收入一路提升，从2004年的3.11亿元一路攀升至2020年的355.12亿元，复合增长率高达34.46%。2021年上半年，安踏实现营收228.1亿元，同比增长55.5%，净利润38.4亿元，同比增长131.6%。

专注鞋服研发生产让安踏获得了更多的自信，对科技研发和产品设计的投入也日渐重视。2005年，安踏花费近千万元，成立了国内首个运动科学实验室。实验室已经为安踏贡献多项国家级专利，形成一定规模的研发团队，被誉为"中国体育科技孵化器"，带动了安踏品牌全方位技术升级。安踏的研发费用从不足销售成本的1%增至5.8%，2020年安踏集团研发成本达到8.71亿元，同比增速超10%。安踏还布局了五大研发设计中心：韩国、日本、美国、意大利和中国香港。

通过对品牌的全方位投入，安踏走上了中国本土优秀品牌的建设、升级之路。

2002年，"安踏"商标被认定为"驰名商标"。

2008年，入选第三届中国最有价值商标500强。

2011年，入选Interbrand发布的2011中国品牌价值排行榜。

2017年，入选Interbrand发布的2017最佳中国品牌价值排行榜，排名第26位。

2018年，在2018中国品牌价值百强榜中安踏排名第55位。

2019年，安踏在艾媒金榜（iiMedia Ranking）发布的2019中国国产服装品牌排行榜中位列第三。

2020年，2020年全球最具价值500大品牌榜中安踏排名第446位。

在运动装备行业一线辛勤打拼的丁世忠，对安踏的优势和不足都有很深刻的了解，对国际市场和国际同行也有很深刻的认知。他深知，以安踏已有的产品品质、科技研发能力、设计水平、品牌形象，想要从产业链的中低端提升到中高端还需要更多路径。

安踏走的是一条迂回之路：立足庞大且发展迅猛的中国市场，进行国外中高端品牌收购，通过企业文化、组织架构、经营管理等方面的有效整合，实现品牌国际化、人才国际化、管理国际化，最终实现安踏集团的专业化、高质感、国际化。这是一条更为现实也更加漫长的道路，从2009年开始，安踏的这条路走得是比较成功的。

丁世忠曾经提出"不做中国的耐克，要做世界的安踏"的理念，他的梦想是要做世界运动装备行业的第一，这个第一不仅是营业收入、利润额的第一，还包括品牌的高层次和强大号召力。如何实现这一宏伟目标呢？丁世忠给出的答案是：中国企业可以整合全球化的资源为中国企业或者品牌服务。[1]

2009年安踏耗资6.5亿港元从百丽国际收购了一份意大利服装品牌的资产，获得了斐乐在中国内地和港澳地区的特许经营权和商标使用权。当时，由于百丽国际经营不善，斐乐年亏损3000多万港币。安踏熟悉中国市场，了解中国目标客户的需求，有近20年深耕中国市场的丰富经验和强大的市场拓展能力，斐乐品牌的高端定位可弥补安踏缺乏高端品牌的不足。并且，对斐乐的整合为安踏的国际化进程提供了宝贵的经验。

安踏收购斐乐的2009年度，斐乐仅为安踏贡献了1841.7万元的收入。到了2019年，安踏总计实现收益约339.28亿元，其中安踏品牌贡献约174.5亿元，同比增长21.8%，占总营收51.4%；斐乐品牌贡献约147.7亿元，同比增长73.9%，占总营收43.5%。2020年，安踏品牌营收157.49亿元，同比下滑9.7%，占总营收44.3%；斐乐品牌营收同比增长18.1%至174.5亿元，占总营收49.1%。2021年上半年，安踏总营收228.1亿元，其中安踏品牌营收105.8亿元增长56.1%，占总营收46.4%；斐乐营收108.2亿元，同比增长51.4%，占总营收47.4%，斐乐品牌已

---

[1] 刘南琦：上市十年，安踏进化论［EB/OL］. https://www.sohu.com/a/158061322_313170，2017-07-18.

经成为安踏的现金牛。

斐乐之后，安踏不断进行中高端品牌的收购。

2015年12月，安踏完成对英国运动品牌斯潘迪（Sprandi）的收购。斯潘迪在运动装备科技研发方面有优异表现，得到了专业骑行和城市健步领域的高度认可。

2016年2月，安踏与日本高端运动品牌迪桑特（DESCENTE）达成合资协议。迪桑特旗下的DESCENT子品牌，专注于滑雪运动装备，一些滑雪服的创新设计一度引领潮流。

2017年10月，安踏宣布与韩国知名户外运动品牌可隆（KOLON SPORT）成立合资公司。这一品牌专长于登山、钓鱼、打猎、野营、徒步等户外运动装备的研发生产。

2017年10月，安踏宣布收购中国香港童装品牌小笑牛（KingKow），将童装业务版图扩张到了中高端市场。

2019年3月，安踏体育与方源资本及腾讯组成的投资财团通过新成立的Mascot Bidco Oy公司收购了亚玛芬体育（Amer Sports）98.11%的股份。亚玛芬体育有三个大事业部：户外产品事业部、球类事业部及健身产品事业部。通过收购亚玛芬体育，安踏可以获得大量研发、市场的经验和专利技术，同时也可深入了解如何运营一家世界级多品牌体育用品公司。

通过一系列收购，安踏初步实现了在运动装备行业国内外低中高端品牌的全面布局，为安踏"专业化、高质感、国际化"的品牌目标奠定了较为坚实的基础。从安踏2021年上半年财报看，2009年收购的斐乐已经成为安踏集团的最大收入来源，后来收购的迪桑特、可隆及亚玛芬的业绩也显现明显增长趋势。

安踏在熟悉的本土市场环境中运营国际品牌，稳步推进品牌、人才、管理的国际化，为下一步旗下品牌逐步走向国际市场锻炼人才、积累经验。

对安踏品牌路径，我们做如下小结。

第一，坚定文化自信，坚定不移地走品牌建设之路，通过加大科技研发、坚持工匠精神、遵循体育用品营销规律，安踏主品牌植入了中国大众市场客户心智，成为中国本土代表性运动品牌。

第二，在品牌升级上，采取以迂为直战略，通过国际高端品牌斐乐中国业务的收购，提升安踏品牌档次，同时，通过这种"输入性国际化"模式，进行品牌、人才、管理国际化的大胆尝试，为安踏进一步的国际品牌收购、整合、运营提供可复制的经验和路径。

第三，通过对斯潘迪、迪桑特、可隆、小笑牛、亚玛芬等国际高端品牌的收购，进一步完善安踏的品牌矩阵，为安踏从中低端品牌向中高端品牌升级、从以国内市场为主向国内国外市场同步发展奠定基础。

（二）希音：借助大数据、AI驱动的C2M模式打造国际新品牌

服装时尚产业面对瞬息万变的客户市场，由于款式、品种繁复多样，在获得高利润的同时，经常出现库存量大的问题，因此这一行业的企业常常出现短期兴盛后迅速衰败的现象。

中国好几家本土快时尚品牌出现大规模关店、持续巨额亏损、依靠出租物业勉强维持经营的现象。国外情况也不妙，2019年，美国快时尚品牌Forever21申请破产；ZARA母公司Inditex的2020年上半年年报显示净亏损近2亿欧元，计划2021年在全球范围内关闭1000至1200家门店……

能够解决从瞬息万变、繁复多样的客户要求到快速设计、生产、销售之间

的一系列问题，成为服装时尚企业成功生存发展的关键。

在这方面，西班牙的ZARA曾经给中国的快时尚企业上了很好的启蒙课。ZARA有数百人的设计师团队，这些设计师穿梭来往于世界各大时尚发布会及时尚场所，掌握全球最新市场潮流，再根据ZARA全球数千家门店的销售数据和客户诉求快速设计，然后小规模生产，在西班牙本地市场测试后，效果好的款式则追加订单。在这种模式下，ZARA创造出高度灵敏的供应链系统，使ZARA的前导时间（从设计到成衣摆在柜台上出售的时间）缩短到15天。ZARA的供应链系统包括自建的20个高度自动化的染色、剪裁中心，而把人力密集型的工作外包给周边500家小工厂和家庭作坊。

ZARA的这一模式曾经让中国同行大开眼界，但要达到ZARA的水准，门槛实在太高：首先是数百名全世界穿梭的优秀设计师中国企业未必养得起，而打造ZARA的柔性供应链，没有雄厚的资金也难以实现。因此，尽管把ZARA当作标杆的中国快时尚企业不在少数，但学到精髓的并不多。

但一个完全依靠网络宣传、销售的中国快时尚品牌希音（SHEIN）却在短短的十几年间风靡欧美、中东各国，App Annie的数据显示，2021年5月17日当天，希音在美国地区iOS平台上超过亚马逊成为当日下载量最高的购物App。在Google和Kantar联合发布的2021年BRANDZ中国全球化品牌50强榜单中，希音排在第11位，超过了腾讯。2020年希音全年营收近100亿美元，2021年全年营收157亿美元。美国媒体人帕基·麦考密克（Packy McCormick）和马修·布伦南（Matthew Brennan）在2021年5月发表的文章《希音：电子商务界的TikTok》（*SHEIN: THE TIKTOK OF ECOMMERCE*）中认为，希音创造了自己独创的"实时零售（Real-Time Retail）"模式，它已经超越了ZARA创造的"快时尚"（Fast Fashion）、ASOS和Boohoo等创造的"超快时尚"（Ultra Fast

Fashion），升级进阶到了"实时时尚"（Real-Time Fashion）。

为什么一个2009年成立的电商快时尚品牌在短短的十多年时间里发展如此迅猛，在全球快时尚品牌都受到宏观经济形势低迷及新冠疫情影响的情况下逆势生长？借助AI、大数据驱动的C2M模式打造国际品牌是希音胜出的关键。

下面让我们从前端的流行趋势信息收集和服装设计、后端的生产制造、仓储、运输等柔性供应链建设以及面对目标客户的电商营销策略三个维度分别分析。

1. 前端的流行趋势信息收集和服装设计

希音吸取ZARA精华的同时，借助大数据和AI优势，实现对流行趋势的快速、准确反应，打造爆款产品。

希音拥有800人的设计师和买手团队，通过1688网站、大牌发布会、时尚杂志、服装秀，以及快时尚品牌门店，收集流行时尚信息。同时，希音开发了追踪系统从各类服装网站获取信息，还通过Google Trends Finder获取流行时尚信息。

希音公司组织架构中有一个重要部门，该部门由大量数据组构成，每个数据组深耕某个细分产品或某个区域，如品牌运营、服装款式研发、数据分析，对海量终端消费数据进行精细化再分析和深度解读。

设计团队对以上通过人工和互联网技术手段获得的海量信息快速反应，设计多种款式，小规模生产后，迅速进行产品测试，测试成功的款式再迅速大量生产，就这样实现了希音的"实时时尚"模式。

在测试的款式数量上，生产3000件衣服测试市场反应，ZARA只能测试1至6个款式，希音可以测试30个款式，这就意味着希音试出爆款的概率更高。

在测试渠道上，ZARA一方面每天从全球数千家门店汇聚销售数据和用户诉求，再根据数据对销售好的产品追加订单、生产投放。另一方面，ZARA设计出新品后，首先在西班牙市场测试，然后再对测试反应好的款式加量生产。这两种做法层次多、效率低，而且西班牙市场过于有限，无法测试出世界各地的不同市场需求。

希音一方面直接通过网络获取用户反应，另一方面在测试新品时首先选择多种族多元文化的美国市场，产品投放到其他市场时还会进行修改和完善，这样有效实现了服装设计和测试的实时和精确。

快速、精确的信息收集、消化、设计、测试机制，使希音从设计、打版到交由工厂生产，整个过程只需要14天，最快可以缩短至7天。2021年5月31日希音官网数据显示，当天上新商品25077件，希音一天的上新数量就比得上ZARA一年，并且希音的服装爆款率为50%，滞销率仅为10%左右。

2. 强大的后端生产制造、仓储、运输等柔性供应链

与ZARA在西班牙完全自建后端供应链不同，希音借助大数据和AI优势，将代工生产厂家、面辅料供应商与自建仓储设施有机构成成本更低、效率更高、反应更灵敏的柔性供应链。

由于中国有十分完整的纺织和服装生产产业链供应链，希音可以免除了自建生产企业的庞大成本，通过稳定的订单、按时结款、主动承担小订单生产时的部分成本，希音成功地将超过300家成衣供应商和100家面辅料供应商纳入到自己的供应链体系中。

希音后端供应链下设商品中心、供应链中心和系统研发中心三大主要部门。商品中心主要负责商品企划、服装自主研发和设计、定价和商品推广、物料准备等，供应链中心负责面辅料采购、成衣生产和仓储物流，系统研发中心负责为供应链各个部门提供数据系统支持和管理。到2019年，系统研发中心有1000多名员工，供应链中心有5000多名员工。

在将生产厂商和供应商纳入自己的柔性供应链体系时，希音开发出一套独特的供应链信息系统，针对不同的供应链环节应用相应的信息系统。纳入希音供应链的代工厂和供应商都必须使用MES工艺管理系统，实现对每个订单的每个环节进行实时、可视化跟踪，从而控制生产效率。

依靠这样一个联通前端和后端的供应链体系，希音实现了从终端销售和消费决策电商平台上获取大数据，向后端供应系统和生产商反馈信息，及时调整生产计划，改变商品产量、种类或组合，做到了供应链管理柔性。

在仓储物流上，希音在全球有国内中心仓、海外中转仓和海外运营仓，这三类仓库合力完成希音在全球超220个国家和地区的配送任务。其中，希音在香港、比利时、德里、美国东北部和美国西部等地设有运营仓，专门负责其辐射区域的配送。

3. 将中国成熟领先的电商营销模式落地各国市场

移动互联网的普及使人类的时间和注意力逐渐碎片化。伴随着90后、00后这些互联网一代的主流娱乐消费群体的崛起，信息接收习惯逐渐从文字阅读向视觉阅读转型，基于移动互联的短视频行业迅速崛起。在这一转型过程中，中国互联网企业很好地抓住了这一时机。

在短视频突飞猛进的同时，电商直播成为中国商品零售业的新力量，也成为中国品牌崛起的重要助推力。《2020中国视听新媒体发展报告》显示，2019年，电商直播交易总额增至4400亿元，同比增长214.29%。2020年，中国电商直播交易总额翻番增长，淘宝直播GMV（Gross Merchandise Volume，网站成交金额）超过4000亿元，抖音电商全年商品成交总额超过5000亿元，快手平台促成的电商交易商品总额为3812亿元。

西方的Z世代，指1995年至2009年出生的一代人，在移动互联网时代，他们的信息接收习惯与中国90后、00后高度一致，因此抖音的国际版TikTok一经推出，就迅速占领了全球青少年市场。

相比YouTube视频15分钟到20分钟的长度，TikTok短视频一般为几分钟时长，更适应碎片化的视频社交需求，而与短视频密切相关的电商直播，更是将短视频的商业潜能做了最彻底的挖掘、变现。

中国的其他互联网企业及电商平台，如拼多多、淘宝、天猫、京东、快手、B站、小红书，在电商营销领域都不断创新、各显神通，借助人工智能、大数据，通过对消费者数据的收集和分析，直连工厂进行生产，实现了用户需求驱动生产制造，并反向推动产业链上游升级改造。这就是C2M（Customer-To-Manufacturer，用户直连制造），也是DTC（Direct To Consumer，直接面对消费者），还是B2C（Business to Consumer，商家直接面向消费者销售产品和服务），这些不同的说法说的都是同一个模式。毫无疑问，在这个领域，中国走在了世界前列，希音则是典型代表之一。

在通过互联网进行海外品牌建设方面，除了应用在国内市场成熟的经验和做法，希音还有一系列成功经验。

第一，建立独立网站。美国人面对一个全新品牌时，第一反应是去找公司官网，而不是去亚马逊这样的综合性电商平台了解产品。因此，希音从一开始就建立了独立网站，也建立了外国用户通往品牌的最快路径。独立网站的运营有助于品牌化和统一调性，产品测试成本低，还有助于搜集用户的一手数据，如邮件、消费记录、页面停留时间，并可由此建立自己的数据库。

第二，SEO/SEM（搜索引擎优化/搜索引擎营销）。在Google上做大量付费搜索和展示广告取得了很好的效果，通过付费广告进入官网的用户占到了48.07%。

第三，充分利用社交媒体。第一是用矩阵化的方式做账号，一个大号带多个小号，相互引流。对不同的国家和地区进行"本土化"运营，如在美国、日本、加拿大、西班牙都有单独的子账号，其风格也更贴近当地消费者审美和消费习惯。对不同的品类设立专门的账号，分享垂直化内容，如大码女装账号，美妆产品账号。

最后，我们对希音的成功再做一个小结。

第一，希音的成功是中国文化自信的具体体现。中国的文化自信不是玄虚的空谈，表现在经济领域是经过40多年改革开放后形成的完整高效的供应链、领先的电商运营手段，中国传统文化中根深蒂固的物美价廉理念，这些因素充分融合，使中国企业进入国际市场时能够获得成功。

第二，将中国完整高效的产业链优势通过互联网+发挥到极致。

第三，将中国电商成功经验在世界各地市场进行本土化复制。

但希音毕竟还只是创办了十余年的公司，还有很多短板需要补齐，未来需要解决以下问题。

第一，自主创新的设计团队的打造和强化。快时尚品牌在设计方面容易招致侵权诉讼，ZARA也常被起诉。希音已经意识到这一问题并着手解决，如举办服装设计大赛，从优胜者中招收设计师，扩大设计队伍，提升设计团队自主创新水平。

第二，强化企业社会责任意识，解决代工工厂利润过低、工人薪资过低问题。二十世纪八十年代以来，企业社会责任理念在西方国家日益成为主流思潮，政府、企业及社会各界都关注企业在发展过程中是否自觉履行环境保护、上下游合作方利益保护、员工权益保护等社会责任。我国近十几年来也出台了一系列政策法规，引导规范企业行为，提升企业履行社会责任的水平。

希音通过打造高端子品牌，并适度提升代工厂商利润及工人薪资，以实现企业和上下游合作方的可持续健康发展，但在履行企业社会责任方面，希音还需进一步加强。

第三,提升海外物流速度,进一步提升顾客购物体验。希音通过上新快、价格低、营销手段多样等使海外客户接受物流速度慢的不足,但随着快时尚领域的竞争进一步加剧,希音的这一短板必须尽快弥补。

第八章 儒家天下大同思想与企业国际化发展

中国传统文化有天下大同、协和万邦的思想，就是强调不同文化、不同民族之间要相互尊重，通过对话、交流实现和而不同，就是相互尊重差异，同时保持关系的和谐。我国企业在近年来的国际化发展中很好地践行了这一传统文化精髓，使企业的国际化发展顺利实施。在这一过程中，无论是国有企业还是民营企业，都有优秀的表现。

本章讨论的是儒家天下大同思想在中国企业国际化发展中落地的问题。

一、儒家天下大同思想与我国国际关系原则

（一）儒家天下大同思想

儒家关于如何处理不同民族、不同文化之间关系的思想主要体现在《尚书》《易经》《论语》《孟子》《大学》《中庸》中。

儒家思想强调社会精英要履行社会责任，通过格物、致知、诚意、正心、修身，达到齐家、治国、平天下的目标。儒家的终极理想是天下大同，也就是人人友爱互助，家家安居乐业，整个世界和睦相处，没有差异、没有纷争。在这里，和谐是最高境界。

这一思想体现在《礼记·礼运》的"大同"思想中：

> 大道之行也，天下为公。选贤与能，讲信修睦，故人不独亲其亲，不独子其子。使老有所终，壮有所用，幼有所长，矜寡孤独废疾者皆有所养。男有分，女有归。货恶其弃于地也，不必藏于己。力恶其不出于身也，不必为己。是故谋闭而不兴，盗窃乱贼而不作。故外户而不闭，是谓大同。

儒家所说的天下，并不是现代意义上的民族国家，而是指整个人类社会、整个世界。

在儒家内圣外王的程序中，社会精英也就是君子首先要完成自己的人格修炼，然后经过齐家——管理好家族事务，治国——治理好诸侯国事务，才能进

入平天下的阶段。

如果过关斩将进入了平天下的阶段，应该怎么做呢？《尚书》提出了"协和万邦"的思想："克明俊德，以亲九族。九族既睦，平章百姓。百姓昭明，协和万邦。黎民于变时雍。"意思是：公正能发扬才智美德，使家族亲密和睦。家族和睦之后，又辨明其他各族的政务。各族的政务辨明了，又使各诸侯国协调和顺。天下众民也就变得友好和睦起来。

儒家五经中的首经《易经》提出了"保合太和""万国咸宁"的思想，《易经·彖传》解释乾卦："大哉乾元，万物资始，乃统天。云行雨施，品物流行。大明终始，六位时成。时乘六龙以御天。乾道变化，各正性命。保合太和，乃利贞。首出庶物，万国咸宁。"基本意思是：乾卦是万物借以生长的一个主导性卦象，乾卦的核心功能就是引发变化，在变化中让万物各自发展自己的本性和命运，以此达到整个自然宇宙和人类社会的最和谐状态，那就是最理想的了。乾卦为首，创生万物，各国都可以获得安宁。

《易经》认为，阴和阳既相对、相反，相互矛盾、冲突，又互为依存，相互激发，阴阳既相互依存又相对相反的关系可产生新的事物，并促使事物不断发展进化。阴阳既有冲突矛盾之处，也有依存和谐之处。《易经》承认阴阳之间冲突矛盾的积极意义，更强调阴阳和谐是万物发展进化的最理想状态。这就是著名的阴阳相克相生思想。

需要特别指出的是，《易经》从来不认为"保合太和""万国咸宁"是可以自然获得的，它们也不是无原则委曲求全的结果，而是有一个通过对矛盾、冲突的引导、转化，向更高一级和谐发展的过程，而且每一个和谐都是进一步发展的阶梯，发展是没有止境的。

中国历史上的中原王朝因为都是以农耕为主，对周边民族大都采取的是和平相处的政策。但北方游牧民族由于生存条件艰难,经常对中原王朝侵扰、劫掠。如何有效应对游牧民族的侵扰,是中原王朝的一个重大难题。

以唐太宗为例。唐朝初年,东突厥对唐朝构成很大威胁,唐朝屡受其扰。唐太宗登基后,派李靖、李勣等大将多次出兵,终于在贞观四年(630年)灭了东突厥。东突厥被灭后,原来臣属于其的奚、室韦等十几个部族和西域小国纷纷要求内属。逃到高昌的突厥人,听说唐朝对归降的突厥人待遇优厚,也都归顺唐朝。贞观四年,这些部族的首领来到长安,请求太宗上尊号为"天可汗"。东突厥灭亡后,薛延陀的势力兴起,再度威胁唐朝,贞观二十年(646年),唐军大败薛延陀部。原属薛延陀的铁勒回纥、拔野古、同罗、跌结等部落请求归顺唐朝,并请太宗称"天可汗"。

"天可汗"在唐朝除了是一种尊称外,还是民族联盟组织的主导者,联盟中各民族的纷争由"天可汗"仲裁调停,联盟成员受到攻击可请求"天可汗"给予援助。

唐太宗之所以两次获得"天可汗"的尊号,一是因为唐王朝的强盛,二是唐太宗自觉地将"保合太和""万国咸宁"的原则落到了实处。唐太宗曾说过:"自古皆贵中华,贱夷狄,朕独爱之如一,故其种落皆依朕如父母。"(《资治通鉴》)也就是说,唐太宗对游牧民族就像对唐朝自己的子民一样一视同仁,给予关爱、照顾,因此获得了这些民族的认可。

贞观二十三年(649年),唐太宗去世时,据《新唐书》《旧唐书》记载,各族首领按照本民族的习俗,纷纷剪发、剃须、割耳、以刀划面,血泪相流,以示悲哀。归唐成为唐朝大将的突厥王族阿史那·社尔和铁勒可汗契苾何力请求杀身殉葬。唐太宗处理民族问题之成功,由此可见。

孟子与齐宣王曾经讨论过处理国家之间关系的问题,孟子提出"惟仁者为能以大事小""惟智者为能以小事大"(《孟子·梁惠王下》)两个原则。"仁者为能以大事小"就是唐太宗的做法,保持经济、政治、军事、文化的绝对优势,但奉行仁者爱人、一视同仁的对外政策,由此构建和谐的对外关系。"智者为能以小事大",就是当自己的国家处于弱势时,能够根据实际情况,采取适宜的对外政策化解风险,与强势国家共处。

儒家有关处理与不同民族、不同文化关系核心理念与美国学者约瑟夫·奈提出的"软实力"理论有很多相似之处。

1990年,美国政治学家约瑟夫·奈在美国《外交政策》杂志上发表了《软实力》一文,文章认为,一国的综合国力分为硬实力和软实力,软实力主要包括"文化吸引力、政治价值观吸引力及塑造国际规则和决定政治议题的能力"。软实力概念迅速风靡全球,奥巴马政府的对外政策就深受该理论影响。2006年,约瑟夫·奈发表文章进一步发展软实力思想。他认为单独靠硬实力或软实力都是错误的,应该将它们结合起来行使"巧实力"。2007年,党的十七大报告提出要"提高国家文化软实力"。

约瑟夫·奈曾说过:"中国的传统文化一向非常有吸引力……过去中国的哲学家老子、孔子早就在他们的著作里讲到软实力的概念,只是没有说出软实力这个名词。"[1] 这个说法是十分精当的。

儒家始终强调对内治理和对外交往都要注重对柔和手段(引导、感化、吸引力)的使用,其实质就是软实力的打造与运用。《论语·季氏》有言:"远人不服,则修文德以来之。"意思是:如果远方的人们不认同我们,我们就应当通过加强礼乐教化来感化吸引他们。

---

[1] 约瑟夫·奈. 文化是中国最大的软实力[EB/OL]. http://www.banyuetan.org/chcontent/sz/hqkd/201415/90168.shtml, 2014-01-05.

《中庸》中也有相关论述：

> 凡为天下国家有九经，曰：修身也，尊贤也，亲亲也，敬大臣也，体群臣也，子庶民也，来百工也，柔远人也，怀诸侯也。修身则道立，尊贤则不惑，亲亲则诸父昆弟不怨，敬大臣则不眩，体群臣则士之报礼重，子庶民则百姓劝，来百工则财用足，柔远人则四方归之，怀诸侯则天下畏之。

意思是：

> 治理天下国家有九条原则，那就是提高自己的品德修养，尊重贤人，爱护亲人，敬重大臣，体恤下属，像爱自己的孩子一样爱人民，招集各种工匠，优待远方的部族，安抚四方的诸侯。能把品德修炼好了，就确立了根本大道；能够尊重贤人，就不会迷惑；能够爱护亲人，就不会使叔伯兄弟产生怨恨；能够尊敬大臣，就不会迷惑不定；能够体恤下属，下属就会重重回报；能够爱民如子，百姓就会勤奋努力；能够招集各种工匠，国家就会财富充足；能够优待远方部族，四方的人都会归顺；能够安抚各国诸侯，全天下的人都会自然敬畏。

在这段论述中，"柔远人""怀诸侯"就是处理不同民族、不同文化间关系的内容，儒家特别强调要以仁者之心相待，通过自身的道德修为和全面周到的政策措施感化、吸引不同民族、不同文化的人们，最终实现各民族、各文化群体之间的和睦相处。

《中庸》的这一思想，在《易经·象传》贲卦的解释中也有表达："刚柔交错，天文也；文明以止，人文也。观乎天文，以察时变；观乎人文，以化成天下。"意思是：阴阳刚柔相互交错，构成自然物象。用文饰而显明的手段来约束行止，就构成人类文化规范。考察自然物象，就可以理解时序的变化。研究人类文化规范的精髓，就可以用它来化育成就天下之人。

《易经·象传》成书于战国至秦汉，与《中庸》的成书时间是一致的。上面引的两段话，其核心意思是一样的，都是强调要用文化手段、人文方式去教化、影响、熏陶"远人""天下之人"，也就是不同文化、不同民族的人。如果说两个论述有不同的话，那就是《中庸》主要从国家治理的角度来探讨这个问题，体现典型的儒家"内圣外王"的逻辑理路，《易经》则是"推天道以明人事"的逻辑理路，是把人放在"天人合一"的更加宏观的视野背景下来考察教育教化问题。

儒家还有一些处理不同民族、不同文化关系的理念是很有价值的，"絜矩之道"（《大学》）、"和而不同"（《论语·子路》）、"兼济天下"（《孟子·尽心上》）、"成人之美"（《论语·颜渊》）、"见利思义"（《论语·宪问》）、"见得思义"（《论语·季氏》），这些理念强调的都是，作为君子应当换位思考，学会尊重不同民族、不同文化的差异，培养包容仁爱之心，对弱小者履行扶持责任，在利益面前永远坚持义利平衡、义在利前。

（二）我国国际关系原则

1953年12月31日，周恩来总理在接见印度政府代表团时，首次完整地提出了和平共处五项原则，即：互相尊重领土主权（在亚非会议上改为互相尊重主权和领土完整）、互不侵犯、互不干涉内政、平等互惠（在中印、中缅联合声明中改为平等互利）和和平共处。和平共处五项原则成为中国外交政策的基石。

1990年12月，著名社会学家费孝通先生提出了"各美其美，美人之美，美美与共，天下大同"这一处理不同文化关系的十六字箴言，其核心是各文化之间应当相互尊重、相互欣赏、相互借鉴，实现和而不同、天下大同。

2012年11月，党的十八大明确提出倡导"人类命运共同体"意识。2018年3月11日，第十三届全国人民代表大会第一次会议通过的宪法修正案，将宪法序言第十二自然段中"发展同各国的外交关系和经济、文化的交流"修改为"发展同各国的外交关系和经济、文化交流，推动构建人类命运共同体"。人类命运共同体思想是对现代国际关系现状的一个创造性回应，它是在现代国际关系背景下对"文明优越论""文明冲突论"的超越，是为全球治理提供的"中国智慧"和"中国方案"。

随着政治多极化、经济全球化、文化多样化、社会信息化浪潮日益发展，各国间的联系和依存不断加深，但也面临越来越多的共同挑战。粮食安全、资源短缺、气候变化、人口爆炸、环境污染、疾病流行等问题层出不穷，国际社会已经成为一个你中有我、我中有你的"命运共同体"，没有一个国家能够置身事外、独善其身。

从2012年这一思想提出后，经过我国在外交、经济、文化等各方面的努力，这一思想逐渐赢得了国际社会的认同。2017年，构建人类命运共同体理念被分别载入联合国决议、安理会决议和联合国人权理事会决议。中国外文局当代中国与世界研究院发布的《中国国家形象全球调查报告2019》显示，六成以上海外受访者认为，"人类命运共同体"理念对个人、国家、全球治理具有积极意义。

与构建人类命运共同体思想密切相关的是"一带一路"倡议的提出和践行。如果说构建人类命运共同体思想是中国为全球治理提供的"中国智慧"和"中国方案"，那么"一带一路"倡议就是将构建人类命运共同体思想具体落地的抓手。

"一带一路"是"丝绸之路经济带"和"21世纪海上丝绸之路"的简称，

"一带一路"倡议依靠中国与有关国家既有的双多边机制，借助区域合作平台，以政策沟通、设施联通、贸易畅通、资金融通、民心相通为宗旨，发展与沿线国家的经济合作伙伴关系，共同打造政治互信、经济融合、文化包容的利益共同体、命运共同体和责任共同体。

中国70多年的发展历程，充分体现了基础设施建设先行的重要性。改革开放以来，我国将这一发展思路更是发挥到了极致。"要想富，先修路"就是这一思路的最通俗易懂的表述。经过数十年的发展，中国基础设施建设不仅已经比较完善，而且形成了庞大的高效优质的基建产能，造就了与基建相关的钢铁、水泥、工程机械等产业链，拥有庞大的人才队伍。

与"一带一路"倡议密切配合的是亚洲基础设施投资银行、丝路基金的创立，它们和金砖国家新开发银行一起，为解决发展中国家基础设施建设的资金问题提供了合作平台和融资渠道。

国家主席习近平提出，共建"一带一路"，应该坚持共商、共建、共享原则。这里的三个"共"，强调的都是平等、互利、包容，是和平共处五项原则在新时代的创造性发展，它代表着中国作为负责任大国对国际社会的担当与完善全球治理的全新理念。2017年9月，第71届联合国大会通过决议，将"共商、共建、共享"原则纳入联合国全球经济治理理念。

2013年中国提出"一带一路"倡议以来，世界各国尤其是发展中国家看到了中国的诚意与中国的力量，"一带一路"倡议发展日益稳健有力。2023年10月，第三届"一带一路"国际合作高峰论坛活动在北京举办，对外传递世界各国团结、合作、共赢的积极信号。

二、中国企业走出去的历程与面临的挑战和机遇

中国企业走出去最初是从产品走出去开始的。中国企业在二十世纪八九十年代借助国际产业转移的机遇,将欧美日等发达国家及亚洲"四小龙"的劳动密集型产业和一部分资本技术密集型产业承接过来,依靠低成本的要素优势、工人的高效劳动,以及企业经营管理水平的逐步提升,很快使物美价廉的中国产品遍布世界各地。

2001年中国加入WTO,中国制造的潜力进一步释放,但世界各国针对中国产品的反倾销事件越来越多。于是,在国家倡导和现实困境的刺激下,一批企业开始到国外投资经营,以规避贸易摩擦,开辟新的发展空间。同时,随着改革开放之初土地、人力资源等方面的低成本优势逐渐消失,环保费用日益提升,中国制造业必须向高附加值、高科技含量的方向转型升级。因此,在中国加入WTO后的几年时间里,中国企业的走出去除了产品走出去,企业生产制造走出去也越来越多。

从2002年到2020年,中国已连续9年位列全球对外直接投资流量前三,2020年流量是2002年的57倍,年均增长速度高达25.2%。2020年中国对外直接投资1537.1亿美元,同比增长12.3%,流量规模首次位居全球第一。2020年年末,中国对外直接投资存量达2.58万亿美元,次于美国(8.13万亿美元)和荷兰(3.8万亿美元),位居全球第三。

中国企业走出去包括企业兴办产业园抱团出海、并购、企业个体绿地投资

等方式。中国企业走出去大多数还处于制造业价值链的中低端，投资国以发展中国家为最多。

（一）中国企业走出去面临的挑战

由于中国人口基数足够大，中国企业和中国人既善于学习又格外勤奋，经过数十年努力，我国已成为全世界唯一拥有联合国产业分类中所列全部工业门类的国家。在改革开放40多年时间里，中国企业在科技研发、经营管理方面不断提升，中国制造业已经渐渐从价值链的低端向中高端延伸，未来将形成低中高端全覆盖的态势，进一步改变全世界制造业格局以及经济格局。这样一个情况在发达国家中引起震动，继而在部分发展中国家也出现相应效应，导致一些不利因素出现，对我国企业走出去形成了挑战。

（二）中国企业走出去的机遇与应对之策

1. 中国道路在发展中国家的良好声誉

我国现代化的历程从一开始就没有按照西方的模式进行。中国"一五"期间接受了苏联援助，通过苏联援建156个重点项目建设，我国工业化奠定了初步基础，同时也引进了苏联的经济建设模式。1956年年初，国家召集三十多个经济部门的负责同志座谈，讨论社会主义建设中存在的各种问题，在此基础上形成了《论十大关系》报告。该报告在总结我国经济建设的经验和以苏联经验为鉴戒的基础上，提出了我国走自己现代化道路的基本思路。

改革开放40余年来，从农村联产承包责任制到城市经济改革，中国走的都是自己的路，探索符合自己国情的政策、制度、方法，在2020年，全面建成小康社会取得伟大历史性成就，决战脱贫攻坚取得决定性胜利。

西方国家很早就有人开始关注中国的现代化进程，并且有水平较高的研究成果。克林顿第二届政府远东助理国务卿谢淑丽，1971年就以研究生身份来到中国，受到了周恩来总理的接见。她在1980年到1990年每年到中国实地考察，1993年出版了《中国经济改革的政治逻辑》（*The Political Logic of Economic Reform in China*），指出中国前30年建设和改革开放之间是有内在联系的，中国道路既不是苏联式的，更不是西方式的。2008年，英国智库——欧洲研究中心主任马克·莱纳德出版了《中国怎么想》（*What does China Think*），提出："不了解中国，就无法了解世界政治！"2009年，哈佛大学教授、著名金融史研究专家马丁·雅克出版了《当中国统治世界》，探讨中国经济发展模式，他认为，西方世界渐渐衰落，中国正在崛起。

但西方国家"文明优越论"的执念，使他们无法心平气和地接受中国经济社会稳步发展的现实。反倒是发展中国家对中国的发展道路、发展理念充满了兴趣。中国和发展中国家有共同语言、共同感情。很多发展中国家曾经选择西方发展模式，但依然贫穷落后，中国道路的成功使这些国家有了新的选择。

2. 在"一带一路"沿线国家投资经营仍有较大发展空间

"一带一路"沿线国家相当大部分是发展中国家，交通运输、电力、水利、厂房等基础设施严重不足，严重影响了这些国家的经济发展和人民生活水平提高。由于基础设施投资期限长、见效慢，长期以来发达国家的私人资本很少关注这些项目。在2013年发出"一带一路"倡议之前，中国在这些国家就已经有了相当规模的基础建设投资；"一带一路"倡议发出后，发展态势更为迅猛。

拉丁美洲国家看到了亚非国家的良好效益后，也主动地要求加入"一带一路"倡议。2021年12月以来，中国分别与圣多美和普林西比、古巴、尼加拉瓜、阿根廷签署了共建"一带一路"合作文件。

"一带一路"的稳健发展，一是我国有足够的资金基础、基建能力和相关产业产能；二是这一倡议有政府背书，我国与"一带一路"沿线国家形成了互利互惠的关系，保证了各项目的稳健实施；三是我国有雄厚的经济实力和齐全的产业门类，"一带一路"沿线国家的基础设施建设一旦完成，就可以进一步开展制造业投资、服务业与商贸往来等经济事项，能够全面激发"一带一路"沿线国家经济潜力。

美国威廉玛丽学院有一个Aid Data，是一个研究实验室，为政策制定者和实施者提供选定目标、监控和评价可持续发展投资项目的数据。这个实验室追踪中国十余年里在全世界的技术援助、工程援助或者贷款援助项目，评估其经济影响和积极作用，结果发现中国投资的这些项目促进了当地的经济增长，使其经济发展的覆盖面进一步扩大，并使分配更均等化。

我们以亚吉铁路对埃塞俄比亚经济的推动作用为例来看"一带一路"沿线国家投资的前景。埃塞俄比亚有1亿多人口，2020年人均GDP 772美元，大约相当于我国1997年的水平，有极大的经济发展空间。但埃塞俄比亚是内陆国家，没有出海口，依靠到邻国吉布提港的米轨铁路或公路的运量不足，速度太慢，难以满足埃塞俄比亚经济发展的需要。因此，埃塞俄比亚政府决定修建从首都亚的斯亚贝巴到吉布提港的电气化铁路，全长751千米，中国企业中标。亚吉铁路2012年动工，2018年1月1日开通商业运营。吉布提到亚的斯亚贝巴的货物由原来公路运输需要7天，缩短到12个小时，运输成本也降低了30%。铁路建设带动了沿线地区的经济开发，为在2025年把埃塞俄比亚建设成非洲制造业大国，埃塞俄比亚政府规划了14个工业园，大部分都在亚吉铁路沿线，中国土木工程集团就承建了其中的5个。在埃塞俄比亚东部的交通枢纽德雷达瓦市，中土集团还投资建设了自己经营的工业园。

3. 在发达国家发展仍有空间

截至2020年年末，中国企业在发达经济体的直接投资存量占总量的9.8%，其中，欧盟占在发达经济体投资存量的32.7%，美国占31.5%，第3到第10名分别是澳大利亚、英国、加拿大、瑞士、日本、以色列、新西兰、挪威。

2019年，中国前五大贸易伙伴依次为欧盟、东盟、美国、日本和韩国，2020年和2021年，中国前五大贸易伙伴依次为东盟、欧盟、美国、日本和韩国。截至2021年年末，中国连续第六次成为德国最重要的贸易伙伴。尽管有民粹主义和逆全球化的负面影响，发达国家与中国的经贸关系仍然有发展改善的空间。

4. 中国企业5G、人工智能、大数据、云计算、物联网的优势有待发挥

在5G、人工智能、大数据、云计算、物联网领域，中国部分优秀企业在世界范围内优势明显，将这些企业的优势充分发挥出来，有助于中国企业更稳健地走出去。

李开复在《AI·未来》中认为，人工智能未来发展需要三个因素：大数据、强大的电脑运算能力、优秀的人工智能算法工程师，其中大数据最重要。人工智能应用时代竞争力的天平将向商业化的执行、产品质量、创新速度和大数据倾斜，这些方面正好是中国优于美国之处。国内人工智能赛道成为各方竞相进入的领域，2018年到2021年新增人工智能专业的高校累计有345所。

中国在5G领域处于世界领先状态，华为是标杆性企业。5G作为人工智能的基础设施，正与大数据、云计算、物联网一起对中国企业向数字化、智能化、在线化提供强有力支持，也将极大地提升中国企业走出去的竞争力。

阿里云、腾讯云、华为云以及百度网盘都已在海外设立了分支机构，为走出去的中国企业提供全球化的云服务支持。

5. 高质量发展助力走出去

高质量发展是2017年中国共产党第十九次全国代表大会首次提出的新表述，已经写入《中华人民共和国国民经济和社会发展第十四个五年规划和2035年远景目标纲要》。高质量发展可以推动供应链、产业链优化升级，有利于中国出海企业加入世界价值链的中高端。高质量发展有六个特点：高效率增长、有效供给性增长、中高端结构增长、绿色增长、可持续增长、和谐增长。要实现高质量发展，提高科技创新能力是关键。

在推进科技创新上，国家制订了中长期规划，着力发展战略性新兴产业。同时出台一系列政策法规，为企业向战略性新兴产业等投资发展提供政策支持。在金融支持方面，也做了重大创新，2019年6月科创板正式开板、2021年9月北京证券交易所注册成立。科创板主要服务于符合国家战略、突破关键核心技术、市场认可度高的科技创新企业，重点支持新一代信息技术、高端装备、新材料、新能源、节能环保以及生物医药等高新技术产业和战略性新兴产业，推动互联网、大数据、云计算、人工智能和制造业深度融合。北京证券交易所主要服务于创新型中小企业，对我国专精特新中小企业发展提供融资渠道。国家还推进全面实行股票发行注册制，推进建立常态化退市机制，提高直接融资比重，这有利于清除低质上市公司，提高整体上市公司的质量，提高资源配置效率，重塑资本市场投资理念和投资生态。

三、中国企业国际化路径

中国企业的国际化路径中，海外产业园区投资运营、对海外资产并购、企业绿地投资是比较重要的三种形式，下面分别选择典型案例进行阐述。

（一）海外产业园区投资运营：华立集团的经验

海外产业园区投资运营是投资运营企业的一种走出去的方式，园区向国内厂商的招商可带动一批中国企业走出去。我国政府在2006年前后就认识到了这一优势，开始制定政策、设立奖励机制，鼓励各种市场主体用这种方式走出去，已经取得了显著效果。

产业园区形式有比较大的优势。一个园区入驻企业少的十几家，多的上百家，容易形成规模效应。同时，一般来说，产业园区都会获得所在国家的各种土地使用、财税方面的优惠，经营规范的园区还会提供政策法律咨询、投资和工作许可、企业注册和有关登记、报关报税、商检、仓储运输、商务会展、与当地政府和机构协调中介服务以及安保服务等各种服务，园区中企业的聚集也有利于信息的交流和感情的沟通，对企业经营管理产生积极作用。

我国在世界各国创办的产业园区已经超过百家。这些园区有国企开发经营的，如白俄罗斯明斯克中白工业园，也有地方政府推动开发运营的，如罗马尼亚辽宁工业园、埃塞-湖南工业园。还有不少园区是民营企业开发的，国内有一定实力的民营企业在出海经营过程中发现了在海外创办产业园区的机会,于是从无到有、从小到大一步步经营发展起来。埃塞俄比亚的东方工业园就是由江苏张家港一家民营企业开发运营的,已成为中国和埃塞俄比亚产能合作的典范。

下面以华立产业园区为例,探讨海外产业园区投资运营问题。

华立集团股份有限公司(以下简称华立)最早从做电表起步,已发展为涵盖医药、仪表及电力自动化、生物质燃料、新材料、国际电力工程及贸易、海外资源型农业等产业的企业集团。

华立的国际化是从电表出口开始的,但到二十世纪九十年代末,这种模式已经难以为继。因为华立的电表虽然质量不错,性价比也比较高,但国外用户对千里之外的中国企业的业务可持续性和售后服务心存疑虑。2000年,当时主业还是电表的华立到泰国曼谷尝试"销地产"(在销售所在地生产),成为国内第一家走出去的电表厂。

由于此前没有经验,华立最初十分谨慎,没有贸然买地建厂,而是租了一个厂房,以SKD/CKD(半散件组装/全散件组装)的形式供应泰国市场。所以,华立走出去最初的形式是组装厂。

当时之所以选择泰国市场,是因为泰国民众的生活习俗和文化背景和中国比较接近,在泰国生活的华人比较多,同时华立的电表在泰国认同度比较高。即使是这样,单枪匹马到国外打拼,华立也遇到了生存问题。一开始,泰国同行就联合起来排斥华立。由于对泰国法律法规、人文环境不熟悉,语言沟通障碍等问题,华立从头学起、一一化解,终于在2003年站稳了脚跟。

组装模式成功后,华立决定在泰国长期发展。2004年,华立在泰国安美德春武里工业区买了一块地自建厂房。安美德公司是泰国著名的工业园开发商,因为这样一个机缘,华立董事长汪力成和安美德董事长邱威功得以结识。2005

年，在泰国参加新厂建设开工奠基仪式后，汪力成与邱威功面谈，邱威功邀请华立与安美德合作在泰国罗勇府开发一个专门面向中国企业的工业园。对中国企业走出去趋势和可能遇到的问题都十分清楚的华立，感觉这是一个很好的机遇，当即表示同意。2007年罗勇工业园正式运营，已吸引百余家中国制造业企业入驻。

罗勇工业园在十几年的运营中，经营模式不断地升级迭代，2007年到2014年是"买地卖地或者建房租房卖房"的工业地产模式，2015年以后，除了工业地产模式，又增加了通过为入园企业提供全方位服务获取利润的模式，如供应链融资、参与投资、合作扩大市场机会等。

罗勇工业园运营成功后，华立将目光转向了墨西哥。2015年10月，华立集团、富通集团联合墨西哥当地望族桑托斯家族共同投资，注册成立公司，开发北美华富山工业园。

华富山工业园位于墨西哥新莱昂州首府蒙特雷市北郊，区位优势明显，距美国得克萨斯州边境口岸拉雷多市约200千米，距蒙特雷市中心20千米，交通便利。园区总规划面积8.5平方千米，根据当地产业特点，结合中国企业优势，重点招引汽摩零部件、家电零部件、家具、机械电子、通信、新材料等产业。

华富山工业园于2017年8月动工建设，2018年8月开始招商，截至2021年3月，已吸引16家制造业企业入驻，带动中国对墨西哥投资超4亿美元。2018年10月华富山工业园已被评为省级境外经贸合作区（加工制造型园区），同时被列入浙江省外经贸综合服务体系试点并通过考核。

2019年3月，华立与广西防城港市人民政府签署协议，投资100亿元人民币开展防城港东兴边境深加工产业园战略合作。东兴边境深加工产业园项目位于中国东兴-越南芒街跨境经济合作区内，总规划面积近3000亩（2平方千米），建设涵盖海关监管区、产品仓储及物流区、标准厂房区、商务办公及配套生活服务区等于一体的现代化新型产业园。东兴边境深加工产业园可推进境内外联动，进出口并举，实现中越、中国与东盟的跨境经济深度合作。

海外产业园区投资运营从副业成了华立集团的一大战略板块，华立的海外产业园区发展思路也逐渐明晰。

2020年华立成立海外专业化运营公司，由汪力成直接管理。确立了"三大三小"境外工业园全球布局思路，即在泰国（面向东盟和南亚）、墨西哥（面向美洲）、北非（面向欧洲、中东、非洲）分别开发一个规模10平方千米以上的中国工业园，可容纳至少500家中国制造业企业落户；在越南、乌兹别克斯坦、乌干达再各开发一个3到5平方千米的小型特色工业园，帮助300家中小制造业企业进行产业梯度转移和发展。

总结华立海外产业园区投资运营的经验，有以下几点。

1. 谦虚谨慎与顺势而为

华立初到泰国市场，就深具风险意识，以小规模投入试水，成功后才买地投资建厂。汪力成因为与邱威功结识，顺势进入海外产业园投资运营领域，然后逐步推进，将副业做成主业。

儒家五经之一《尚书》有言："满招损，谦受益，时乃天道。"华立在相当程度上做到了。

2. 对国内外形势的准确判断和对国家政策的正确把握

华立走出去首先是基于企业自身发展的内在逻辑，但在选择什么国家、什么地方投资，体现出的是华立对国内外形势的准确判断和对国家政策的正确把握。

汪力成曾经写过一篇文章《我们为什么要选择泰国、墨西哥》，详细介绍了华立的选址逻辑。

2013年，中国和墨西哥建立全面战略伙伴关系，此后经贸合作成果丰硕。墨西哥是中国在拉美地区的第二大贸易伙伴，中国是墨西哥全球第二大贸易伙伴。2021年中墨双边贸易额同比增长41.9%，达866亿美元。

墨西哥有1.28亿人口，经济发展水平与中国相当，地理位置处于北美洲和南美洲的中间地带，可以辐射加勒比海地区。墨西哥与40多个国家签订了互免关税或优惠贸易协定。墨西哥的工业基础比较好，相当一批世界500强企业在墨西哥都开设了工厂。华富山工业园项目所在地新莱昂州是墨西哥第二大工业区，吸引外资常年位居墨西哥第一，尤其以汽车、IT、电器、机械行业居多，相关产业链比较完备。选择在墨西哥新莱昂州建设产业园区，有利于中国制造业巩固北美市场，扩大在墨西哥本土的市场，进入拉美国家市场。

从泰国园区到墨西哥园区，再到广西的中越边境园区，除了华立自身的努力与资源支持，对国家政策的精准把握也是重要原因。

3. 利他与利己的平衡

华立深知"利他就是利己"的道理并始终践行。在泰国经历艰辛才站稳脚跟，让华立产生了将自身经验传递给更多中国走出去企业的想法。罗勇工业园运营模式的升级，实质就是服务方式的升级，使华立与入园企业形成互利共赢的关系，吸引更多的企业入驻。更多的企业入驻，带动了更多中国投资进入泰国市场，带来了税收的增加和更高的就业率，也使当地农民收入提升，进而获得了当地政府的认可，获得了更大的支持。

这实际上是"一带一路"倡议中义利平衡观的体现，也是儒家义利观的现代企业版。

4. 人和

华立董事长汪力成还有很多社会职务。他是浙江省第十届和第十三届人民代表大会代表、全国工商联第九届执行委员、浙江省工商联副会长、浙商总会第一届理事会副会长。汪力成经营海外工业园时，十分注重将园区经营相关的社会职责承担起来，为园区经营创造良好的外部环境。

华立经营工业园时，促成了泰国罗勇府与中国浙江省缔结友好城市，浙江省的文化、教育、卫生等部门都积极参与罗勇府的各种合作项目。华立还积极促进墨西哥新莱昂州与浙江省高层的互访。新莱昂州政府还专门出台政策，专项财政拨款资助鼓励辖区内100多所中专技校开展中国文化和中文的学习教育，州长更是亲自动员学生学中文，加入在墨中国企业的产业建设。

（二）并购：均胜电子的共赢智慧

并购是企业国际化的一个重要途径，国际上的并购一般只有30%左右是成功的，其他大多因各种原因失败。

我国企业也有并购导致企业出现重大危机的案例，但我国企业学习能力都很强，在研习此前中国企业并购的经验教训之后，将中国传统智慧充分发挥了出来。2012年万向集团收购美国A123系统公司时，为了消除美国外国投资委员会（CFIUS）对美国国家安全的顾虑，万向在交易范围中排除了A123公司涉及的美国政府和军方业务，同时用"更多就业机会"的理由，赢得美国各方支持。还有不少中国企业通过海外并购获得核心技术并迅速发展的案例，如吉利汽车2010年收购沃尔沃100%股权，2018年收购奔驰母公司戴姆勒9.69%具有表决权的股份，成为戴姆勒最大股东。

下面，我们重点讨论均胜电子的案例。

宁波均胜电子股份有限公司（以下简称均胜）创始人王剑峰出生于1970

年，原本学习美术专业，大学毕业后，因父亲的汽车紧固件厂面临危机，由此进入了汽车零部件行业。1999年，王剑峰与美国汽车零部件供应商天合公司（TRW）合资成立公司，并出任中国区总经理。

天合公司的前身企业可追溯到美国汽车工业的起步阶段，后来经过多次并购，成为世界汽车安全系统的先驱和领导者，名列世界500强，还是全球汽车零部件十大供应商之一。

在世界顶级汽车零部件企业工作了五年后，王剑锋看到了高端汽车零部件的巨大市场和稳定可观的利润，也对世界顶级汽车零部件企业情况有了全面了解。

2004年，王剑锋辞去天合公司职务，创办了均胜。王剑锋深知，只做低端零部件基本没前途，而中高端汽车零部件厂商往往有数十年甚至近百年的发展史，其技术积淀不是一个企业做出来的，而常是数家企业并购而成。中国汽车产业与发达国家差距很大，民营企业的实力更是弱小，王剑锋决定走并购升级之路。

2009年，均胜并购上海华德。华德主要生产汽车内外饰件、功能件、电动工具、反射器系列等注塑件，客户有上海大众、上海通用、北美通用，所生产华德牌汽车塑料件荣获上海市名牌产品和上海市塑料行业名优品牌荣誉。

2010年，均胜的汽车零部件营收从创立之初的2000万元攀升到13亿元，多个产品居国内细分市场第一。均胜并购的大手笔时代开始了。

2011年，均胜并购德国普瑞。德国普瑞成立于1919年，产品包括汽车的气候控制、驱动控制、传感器系统、ECU和自动化仪表等，拥有300多项专利和98项发明专利，客户包括宝马、奥迪、奔驰、通用、福特等高端汽车厂商。王剑锋在天合工作时就曾经考察过普瑞，对其科技实力推崇备至。2007年，均胜曾经尝试和普瑞建立合资企业，未能成功。德国普瑞控股权掌握在大基金手中，

2011年基金持有到期。2011年，均胜收购普瑞74.9%股权。2012年，均胜收购普瑞剩余的25.1%股权，包括普瑞98项技术专利。均胜为了买下普瑞，不惜把集团的地产项目出售以筹集资金，可见普瑞在均胜并购历史中的重要性。借助普瑞在国际汽车零部件行业的地位，均胜后来以普瑞为平台收购了美国KSS，又以KSS收购日本高田。对普瑞从收购到整合的过程和经验，为均胜后来的收购提供了重要借鉴。

2014年，均胜收购总部设在德国巴伐利亚的IMA，IMA主要专注于工业机器人的研发。

2015年，均胜收购德国领先的汽车零部件供应商Quin，其主要业务包括内饰功能件和高端方向盘总成。

2016年2月，均胜收购德国TS道恩的汽车信息板块业务；同年6月，均胜收购美国的KSS，KSS是汽车安全领域的第四大供应商；同年8月，均胜收购EVANA，EVANA专注于工业机器人和自动化系统的研发、制造和集成。

2018年，均胜收购日本高田除PSAN以外的业务。

通过10多年国际资产并购，均胜一跃成为汽车电子零部件和汽车安全领域的高端制造商。均胜电子的资产规模和营收规模在不到10年的时间里迅速攀升：2010年年底的总资产为11.24亿元，2019年年底总资产达到569.25亿元；2010年的总营收为11.25亿元，2019年总营收达到616.99亿元。

分析均胜并购战略的成功，有以下原因。

1. 诚信服人

均胜收购的资产全部是发达国家的高科技资产，发展中国家的企业收购这样的优质资产，自然存在不被信任的问题。均胜电子收购普瑞后，不止一次被问："你购买的目的是什么？怎么保证我的知识产权不被他人复制？"均胜用行动履行对客户的承诺，保证了客户专利技术、知识产权的安全，最终赢得了客户的信任。

2016年，均胜收购德国TS道恩的汽车信息板块业务时，有多家国际同行参与竞购，均胜是资本实力相对较弱的企业。参与竞购的一家韩国公司在与TS沟通时态度傲慢，而王剑锋始终以诚相待，对TS多年的技术积累充分尊重，赢得了TS的信任。

2. 互利共赢

跨国并购涉及很多问题，如并购后企业的前景、员工的安置、企业的整合能力，对这些问题没有有效措施，可能在并购前期接触阶段就会失败。

均胜把中国换位思考、互利共赢的文化精髓用到了极致，大大减少了并购障碍。

在均胜收购普瑞的谈判中，为了让普瑞方面理解均胜做实业的信心，也为了让普瑞实地感受中国市场的规模及中国企业的工作效率，均胜把普瑞的基金持有人和管理决策层请到中国，让他们实地考察均胜的实力和中国市场的情况。均胜承诺未来普瑞的产能基地只要一年半时间就会建起来。半年后这些德国人再来时，地面建筑已经完成，均胜对普瑞的收购也就水到渠成了。

均胜以良好的业绩履行了收购时互利共赢的诺言。2010年，普瑞的营业额只有3.51亿欧元，员工2471人；2021年，营业额已增至约12亿欧元，员工增至7200人。均胜收获更丰。首先是大大提升了均胜的技术实力；其次是提高了均胜的经营管理水平，特别是跨国经营管理水平；最后，利用普瑞的国际化渠道，均胜功能件事业部的产品拓展到了更广的市场。

3. 循序渐进的文化融合

外国企业被收购后，整合是一个大难题，很多并购案失败就败在整合上。

《史记·吴太伯世家》记载了这样一件事："太伯、仲雍二人乃奔荆蛮，文身断发……荆蛮义之，从而归之者千余家，立为吴太伯。"大意是：古公亶父的儿子太伯和仲雍为了成全父亲将位置传给姬昌的心愿，离开岐山来到今江苏无锡一代，为了与当地土著协调一致，他们采取了身刺花纹、剪短头发的风俗。太伯、仲雍两兄弟仁慈友善，获得了当地土著的认同，有一千多家都归顺到他们，由此创立了吴国的基业。

在这段故事里，太伯和仲雍代表着当时的先进文化，但他们到了南方后，依然入乡随俗，获得土著思想感情上的认可，然后才可能成为他们的领导者。

在均胜并购普瑞的案例中，无论是文化、技术、管理方式，均胜都不是强势一方，在这种情况下，均胜的充分尊重、包容协商的策略成为整合成功的关键，先接纳、然后理解、再融合，最终实现了均胜与普瑞的文化融合。

均胜收购普瑞后，在高管激励、员工沟通、中德媒体沟通和客户沟通等方面采取了一系列措施，降低了并购的潜在风险和成本。如保留整个管理团队，并且给25名高管股权激励，这在德国企业几乎是没有过的做法。在与企业工会沟通时，保证未来企业订单饱满、技术领先。同时还对普瑞社区、员工、员工家属，制订翔实的沟通方案，举办公司开放日，使普瑞上下对并购后的前景有足够的了解，坚定他们对企业的信心。

同时，均胜派到普瑞的管理者老老实实先做小学生，观察、学习普瑞的沟通方式、经营方式、管理制度，理解德国人的民族性格、生活工作习惯。比如德国人以严谨著称，开会要做很充分的准备，不能临时起意提出议题。

均胜收购普瑞，双方的管理者与员工既有冲突，也有妥协，还有磨合，最终获得了较为理想的结果。

（三）绿地投资：福耀玻璃与传音的不同甘苦

企业到海外绿地投资也是一个走出去的重要方式。

1. 福耀玻璃美国办厂

福耀玻璃工业集团股份有限公司（以下简称福耀玻璃）美国办厂的经历告诉我们中国企业到发达国家投资建厂会遇到的管理难题，包括工会问题、合规经营问题、法律诉讼问题、新闻媒体报道问题等。值得欣慰的是，福耀玻璃2014年开始投资建厂，2017年便实现了盈利。

2019年4月，中国驻纽约总领事黄屏考察福耀玻璃美国工厂时表示，福耀带动了当地其他相关制造业行业的发展，充分展示了中美开展互利经贸合作不仅造福两国，而且惠及世界。

2020年1月6日，美国俄亥俄州州长迈克·德万恩代表俄亥俄州政府，在位于代顿市的福耀美国公司，向福耀集团董事长曹德旺颁发表彰信，表彰信中说，福耀集团在美投资，创造了大量就业机会，刺激了当地经济增长，对迈阿密河谷的发展产生了显著影响，并希望福耀在该州的成功能够带动更多中国企业前来投资。

曹德旺在表彰仪式上表示，福耀愿意和其他美国企业公平竞争，靠实力取胜，在透明、平等的投资环境里继续进取和创新。他还特别提到信任一词。"信任对中美关系尤为重要，中国过去几十年的经济增长和市场开放，给美国公司带来很多机遇，同时，中国也受益于美国公司对中国的投资。大家都要目光要放远一点，不要拘泥于一时一事，也不要因为一时一事而放弃长期合作建立起来的信任。"[1]

曹德旺的这段表述,传递着他在美国办厂经历的酸甜苦辣,也提示其他中国企业到发达国家办厂,需要做好各方面的充分准备,否则很可能遭遇失败。

2011年,福耀玻璃与通用汽车签订了战略合作协议,协议确定了福耀玻璃是通用汽车的第一大供应商,但要求福耀在美国建厂,以保证稳定供货。

2014年,福耀玻璃厂址确定在美国俄亥俄州莫瑞恩市。俄亥俄州是汽车工会强势地区,通用汽车、福特汽车和菲亚特-克莱斯勒汽车都因工会势力太大将生产线外迁。丰田、日产、现代等车企为了规避这一风险,都选择在美国南部办厂。

福耀玻璃美国工厂开工后,就出现了一系列问题。从福耀的角度看,美国工人生产效率低下、不愿加班、工会活动影响工厂生产……从美国员工和美国舆论的角度看,福耀给出的工资太低、工作节奏太紧张、在生产经营中存在合规问题……这些矛盾在2016年达到了最高峰。

曹德旺采取了各种方法应对、解决问题。包括聘请专业机构人员帮助企业说服员工、组织美国管理人员到福耀玻璃的中国本土工厂参观学习、增加工资、与员工沟通、与州政府沟通等,2017年后基本解决了问题。

福耀玻璃在2014年投资时,向美方承诺要解决1200人的就业问题,实际上到2021年就解决了3000人就业问题。

在整个过程中,曹德旺总被称道的是允许纪录片《美国工厂》的拍摄。这部纪录片拍摄了三年,2019年8月在美国上映,获得了包括第92届奥斯卡最佳纪录片奖在内的7个奖项。片子取得如此成就与曹德旺的全方位开放态度是分不开的。

---

[1] 陈芬.从联想、吉利、福耀走出去看外循环曾经的成功[J].中国经济评论,2020,(3).

在片子拍摄前，曹德旺就明确表态，可以拍摄福耀工厂的所有场景：曹德旺的办公室可以拍、高层会议可以拍、车间可以拍，甚至与工会的斗争策略研究也可以拍。

曹德旺的开放与坦诚，为福耀玻璃营造了在美国生存发展的空间。

华立集团董事长汪力成有一个评论很有见地："真正具备去发达国家投资建厂及管理经营能力的中国民营企业为数并不多。其实发达国家……最大的挑战是工会势力、法律体系、管理文化。我们估计，大部分中国企业在未来十年、二十年都会很难适应。所以民营企业切忌'一口吃成个胖子'的心态，要先易后难、循序渐进，逐步向国际化经营的跨国企业行列迈进。"[1]

2. "非洲手机之王"——传音

深圳传音控股股份有限公司（以下简称传音）早在2007年就进入了非洲市场，已发展为"非洲手机之王"。

据IDC统计数据，2020年传音手机全球市场占有率排名第四（10.6%），在非洲智能机市场占有率超过40%，非洲第一。

传音的传奇可以追溯到2006年的"手机中的战斗机"——波导，当时波导在与诺基亚等国际品牌的竞争中在国内市场已经没落，时任波导销售公司常务副经理的竺兆江建议去非洲发展，领导拒绝了。竺兆江拉出营销团队独立发展，闯出了一片全新天地。

非洲是一个经济社会贫穷落后的地区，属于高科技制造业的手机在这里能打开市场吗？传音用它十余年打拼的业绩告诉我们：完全可以。

传音是怎么做的呢？有以下四点。

---

[1] 汪力成. 我们为什么要选择泰国、墨西哥［EB/OL］. https://www.sohu.com/a/224705418_100090889，2018-03-02.

第一，超低价格满足非洲民众的通信、上网需求。

2018年，传音手机平均出厂价格为24.63美元，按2018年平均汇率计算，相当于人民币163.33元。其中智能机64.85美元，按2018年平均汇率计算，相当于人民币430元。功能机9.28美元，按2018年平均汇率计算，相当于人民币61.54元。2018年非洲人均GDP为1870美元。

需要特别指出的是，传音在非洲及南亚地区的手机销售，一直以功能机为主。即使到了2020年，功能机占比仍然高达65%。2020年，传音手机整体出货量1.74亿部，其中智能机有6000万部左右，其余都是功能机。这一比例是符合非洲及南亚地区经济社会发展水平的。

第二，深度分析市场情况，解决用户痛点。

非洲地区运营商数量众多，非洲消费者普遍手持多张SIM卡。传音在2007年推出的第一款手机就是双卡双待，便于用户在不同运营商之间灵活转换，后来又根据客户需要推出了四卡四待手机，迅速受到市场欢迎。

同时，传音建立深肤色人像数据库，形成独特的非洲本地化深肤色拍照技术，解决用户拍照难题。这一技术不仅在非洲很受欢迎，还被推广到了南亚、东南亚、中东和拉美地区。2021年，传音控股凭借人工智能深肤色影像移动终端的领先优势，获评工信部、中国工业经济联合会发布的全国制造业单项冠军示范企业荣誉。

非洲天气炎热，容易出汗，手机容易摔落，对这一痛点，传音手机设计了防热防摔功能，传音手机的结实耐摔在非洲尽人皆知。

此外，传音手机针对非洲用户爱唱爱跳的特点，加大了音量；针对非洲经常停电的问题，推出了超长待机电池与大功率手电，都获得了用户的高度认可。

第三，极致的营销宣传与渠道建设。

传音采取在国内下沉市场类似的传统宣传方式，在网络并不发达的非洲，刷墙与设立广告牌的策略十分有效。传音在非洲各地设立的广告牌是自带供电设备的，在当地停电时，广告牌起到了照明灯的作用，同时广告效应更加突出。

对经销商，传音一方面给足经销商利润空间，另一方面通过驻场指导、宣传推广等方式协助经销商销售。

传音已经进入了全球70多个国家和地区的市场，和2000多个经销商建立了密切的合作关系，形成了覆盖非洲、南亚、中东等全球主要新兴市场的销售网络。

在售后服务方面，传音也根据非洲市场的情况做了本土化拓展。传音售后服务不同于苹果、华为等只做自己的品牌，传音旗下有专业售后服务品牌，服务涵盖电子产品、家用电器和照明电器等多个领域。

第四，高效供应链管理，打造低成本优势。

传音原材料的采购主要采用以产定购模式，其中大量原材料大部分来自国产厂商，依托规模优势，从原材料层面降低采购成本。

为了满足不同市场的差异化需求，传音就地搭建了多元化的柔性生产线，一方面快速响应当地市场需求，另一方面带动当地就业及生产配套建设。

得益于有效的供应链管理，传音的存货周转天数较少并且在产品单价较低的情况下，依托规模优势，保持着较高的毛利。

传音在非洲市场的成功，有以下几个原因。

第一，发挥艰苦奋斗精神，长期扎根非洲市场。

第二，把中国企业低成本高性价比的生产模式完美复制到非洲。

第三，中国完备的产业链为传音的成功提供了坚实基础。

结 语

儒家文化积极因子赋能：杰出企业的答卷

前文用了八章二十余万字的篇幅系统讨论了以儒家思想为代表的中华优秀传统文化在现代企业经营管理中的应用方式与路径，通过这些讨论可以看到，优秀传统文化与现代企业经营管理是相互激荡、相互激活的关系。一方面，中华优秀传统文化中很高的管理智慧、很强的应用潜力有待在现代企业经营管理中被激活，另一方面，现代企业经营管理的模式和方法实践也需要中华优秀传统文化的支撑，最终实现二者的融会贯通。在这一过程中，中华优秀传统文化与现代企业经营管理相互磨合、相互激发，将发展出一套全新的中国式企业经营管理的理论范式、制度体系、管理工具和管理手段。

正是为了探讨中华优秀传统文化与现代企业经营管理如何相互磨合、相互激发，前文重点对十余家企业进行了深度剖析，向读者呈现这些杰出企业将中华优秀传统文化应用于企业经营管理的最新举措和最新进展，为更多企业提供借鉴。

在即将结束这次儒家智慧与现代企业经营管理融合的探索之旅时，强调如下两点。

第一，儒家优秀传统所蕴含的人生智慧和管理智慧时刻等待我们去激活并发扬光大。

比如，在人性化管理和制度化、规范化管理有机融合方面，春秋战国时期已经形成了儒法并重、刚柔相济的管理思想。在实际操作层面，王阳明在湘赣闽粤边界军事打击和政治分化、社会综合治理手段的相互结合，浙江浦江郑义门家族事务的管理模式，都说明中国古人既具有长于思想教化的优势，也具有规范管理、精细化管理的能力。在中国传统社会自然经济生产模式下，无论是家庭事务管理还是农业生产管理都相对简单，对规范管理、精细化管理的需求没有那么强烈。但企业经营管理达到比较复杂的程度时，儒家管理智慧中的潜

结 语

能就一定能够被有效激发出来。

由于各种主客观原因，我们的一些企业存在偷工减料、制假售假、虚假宣传、污染环境等问题，这些负面做法不仅与现代企业应有的经营管理理念南辕北辙，与儒家的核心理念也是格格不入的。儒家文化讲"内圣外王"，要求人们必须对社会、民族、国家乃至人类承担自己的义务和责任，这实际上就是中国自己的企业社会责任的思想资源。事实上这种思想资源一直被我们的企业家充分践行，未来也会有更多的企业家加入这个行列。

儒家传统重视诚信、严谨、笃实、勤奋，这些品质经过千百年的教育、熏陶已经内化为中国人的精神本能。令人欣慰的是，随着中国制造业的转型升级，随着社会主义核心价值观不断深入人心，在企业界，将诚信、严谨、笃实、勤奋这些理念转化为企业核心价值观的做法日趋普遍，并将这些优秀传统与科技创新有机融合，激活我们的工匠精神。

文化自信也是儒家思想中最深厚、最坚定的部分。数千年来，中华文明融合周边各民族文化，发展出一套独具魅力的思想文化体系，令世人瞩目。即使在积贫积弱的二十世纪二三十年代，以梁启超、梁漱溟为代表的知识精英，在倡导学习西方科学技术的同时，也充分肯定中华优秀传统文化的独特价值，极力强调对中华优秀传统文化的传承与弘扬。

中国不仅在经济上稳步发展，在科技、文化、教育、社会治理、环境保护等各个方面也协调发展，整个社会呈现团结向上、和谐进步的良好态势。

正是在这种文化自信的大背景下，中国企业掀起了一轮中国品牌打造的浪潮。我们相信，这些企业将诚信、严谨、笃实、勤奋和创新精神结合在一起，假以时日，将打造出一批具有国际竞争力的优秀品牌。

在不同民族、不同文化的问题上，中华优秀传统文化有天下大同、协和万邦的思想，强调不同民族之间、不同文化之间要相互尊重、相互包容，通过对话、交流达到和而不同，最终实现和谐共存。我国企业近年来在国际化发展中很好地践行了这一传统文化思想精髓，使企业的国际化发展得以顺利实施。

第二，中国式企业经营管理之道仍在发展和演进中。

如果以1760年英国第一次工业革命开始作为西方现代企业的发端点，那么发达国家的现代企业经营管理已经经历了260多年的历程。中国的现代企业经营管理在最近的40多年时间里才得到较为充分的发展，比起发达国家260多年的企业发展史，中国式企业经营管理之道仍然需要探索和实践。

中国40后和50后的创业企业家从很低的起点筚路蓝缕将一个个手工作坊打造成现代企业，其中优秀者脱颖而出成为具有国际声望的杰出企业。在整个过程中，这些优秀企业的经营管理经受了内部和外部的重重考验，初步探索出了融合中华优秀传统文化与现代企业经营管理的管理模式和管理方法。

新一代的创业者以60后、70后和80后为主，在创业伊始就注重科技创新在企业发展中的驱动作用，在法人治理结构上、经营管理理念上、规范管理上更加认同现代企业模式，同时，他们也更加积极主动地将中华传统文化的优秀成分与现代企业经营管理模式进行有机融合。

中华优秀传统文化在战略思维、国际关系、政府管理、军事博弈、团队建设、组织文化建设等方面具有很强的优势，但在科学技术方面存在关注不多、研讨不足的问题。新文化运动充分认识到这一点，提出要引进德先生和赛先生，这个赛先生就是自然科学。从新文化运动到现在，经过一百多年的现代化洗礼，科技是第一生产力、是企业发展的第一驱动力这一点已经成为社会共识，在中国式企业经营管理中，科技将占据更大的分量，如此才可能促使更多中国优秀企业进入世界高端企业阵营。

结　语

2022年度3M科学现状指数（State of Science Index）调查结果表明，中国民众对科学（97%对全球90%）和科学家（95%对全球86%）的信任度在受访的17个国家中居首位，并且有92%（全球83%）的中国民众表示希望听到关于科学家工作的更多信息。超过半数（53%对全球52%）的中国民众表示科学对日常生活至关重要。[1]

因此，我们有理由相信，随着中国高等教育普及率进一步提升，中华优秀传统文化的管理智慧将在科学技术深度应用到企业经营管理进程中得到进一步的创造性转化和创新性发展，最终形成中国式企业经营管理体系和管理方法。

80后创业者，大疆创始人汪滔在大疆官网上的一段话让我们看到了中国年轻创业者的自信，这段话前文已经引述过一次，这里不妨再看一次。

> 我常常在想，皇帝穿着所谓最美的新衣游街，却只有孩子敢指出真相。而现在的社会有那么多的问题，却连敢大声指责的孩子都没有了。
>
> 事实上，没有不需要埋头苦干就能获得的成功，没有只靠夸夸其谈就能成就的事业，没有从天而降的高科技产品。追求卓越，需要无数苦思冥想的深夜，需要愿意向前一步的担当，更需要敢于大声说出真相的勇气。
>
> 大疆就是个敢于说真话的孩子。这里由一群从不妥协、极富洞见、坚持梦想的人聚合而成。我们坚信实干而非投机，坚信梦想而非功利。我们愿意做困难但真正有价值的事，从创始之初至今从未改变。

科技创新与中国传统的创新精神，诚信、严谨、勤奋精神结合起来，将转化为现代中国企业需要的创新精神和工匠精神，也将成为中国式企业经营管理

---

[1] 科学指数报告：中国民众对科学的信任度居17个国家首位［EB/OL］. https://www.sohu.com/a/559556093_260616?editor=%E7%BD%97%E8%A1%8D%E6%9E%97%20UN997&scm=1104.0.0.0&spm=smpc.home.topnews5.4.1655813226277BJLuTCu&_f=index_news_21, 2022-06-21.

思想的重要组成部分。

　　70余年前，梁漱溟先生出版了他的《中国文化要义》，在这本书中，梁漱溟先生充满信心地预言：西方文化在长期发展中不断积累各种问题，终将难以自愈。人类文明必然要进入人与人、人与自然和谐共处的阶段。而中华文明以其天下大同的和谐宽容的特性，必将成为解决人类困境的一种思想资源。

　　1985年，梁漱溟先生在中国文化书院举办的"中国文化讲习班"上讲演时，再次预言：世界未来的前途是中国文化的复兴。我相信，人类的历史，在资本主义社会之后，不应该还是以物为先，而应该是以人与人之间的关系为先，以人与人之间如何相安共处友好地共同生活为先。[1]

　　令人欣慰的是，梁先生的这一预言在今天正在变成现实。

---

[1] 李珺. 读懂传统中国，坚守文化自信——基于《中国文化要义》中的唯物史观视角[EB/OL]. https://new.qq.com/omn/20210407/20210407A057ON00.html，2021-04-07.

参考资料

[1] 王世舜. 尚书 [M]. 北京：中华书局，2011.

[2] 傅佩荣. 解读易经 [M]. 上海：上海三联书店，2007.

[3] 刘毓庆，李蹊. 诗经 [M]. 北京：中华书局，2011.

[4] 傅佩荣. 傅佩荣译解大学中庸 [M]. 北京：东方出版社，2012.

[5] 杨伯峻. 论语译注 [M]. 北京：中华书局，1980.

[6] 杨伯峻. 孟子译注 [M]. 北京：中华书局，1960.

[7] 方勇，李波. 荀子 [M]. 北京：中华书局，2011.

[8] 陈鼓应. 老子注译及评介 [M]. 北京：中华书局，1984.

[9] 陈鼓应. 庄子今注今译 [M]. 北京：中华书局，1983.

[10] 陈鼓应，赵建伟. 周易今注今译 [M]. 北京：商务印书馆，2005.

[11] 张觉. 韩非子译注 [M]. 上海：上海古籍出版社，2007.

[12] 骈宇骞，齐立洁，李欣. 贞观政要 [M]. 北京：中华书局，2009.

[13] 司马光. 资治通鉴 [M]. 北京：中华书局，1956.

[14] 黎靖德. 朱子语类 [M]. 北京：中华书局，1986.

[15] 朱熹. 朱子全书 [M]. 上海：上海古籍出版社，合肥：安徽教育出版社，2002.

[16] 邓艾民. 传习录注疏 [M]. 上海：上海古籍出版社，2015.

[17] 王守仁. 王阳明全集 [M]. 上海：上海古籍出版社，2011.

[18] 黄宗羲. 明儒学案 [M]. 北京：中华书局，1985.

[19] 张廷玉，等. 明史 [M]. 北京：中华书局，1974.

[20] 曾国藩，梁启超. 曾文正公嘉言钞 [M]. 昆明：云南人民出版社，2016.

[21] 曾国藩，李瀚章，李鸿章. 曾文正公家书 [M]. 北京：中国书店，2011.

[22] 曾国藩,李瀚章,李鸿章.曾文正公家训[M].北京：中国书店,2011.

[23] 郑强胜.郑氏规范[M].郑州：中州古籍出版社,2016.

[24] 梁启超.梁启超全集[M].北京：北京出版社,1999.

[25] 梁漱溟.中国文化要义[M].上海：上海人民出版社,2011.

[26] 梁漱溟.东西文化及其哲学[M].上海：上海人民出版社,2015.

[27] 冯友兰.中国哲学简史[M].北京：北京大学出版社,1997.

[28] 冯友兰.冯友兰文选[M].上海：上海远东出版社,1995.

[29] 李泽厚.中国古代思想史论[M].北京：人民出版社,1985.

[30] 徐复观.中国人性论史（先秦篇）[M].上海：上海三联书店,2001.

[31] 马小红.礼与法：法的历史连接[M].北京：北京大学出版社,2004.

[32] 张卫红.由凡至圣——阳明心学工夫散论[M].北京：三联书店,2016.

[33] 张建启,莫林虎.《周易》智慧与战略思维[M].北京：人民出版社,2015.

[34] 莫林虎.谋道：打造一流企业的十堂国学课[M].北京：企业管理出版社,2018.

[35] 宫玉振.善战者说——孙子兵法与取胜法则十二讲[M].北京：中信出版集团,2020.

[36] 路风.走向自主创新：寻求中国力量的源泉[M].桂林：广西师范大学出版社,2006.

[37] 牛文文.商业的伦理[M].北京：中信出版社,2007.

[38] 陈春花.经营的本质[M].北京：机械工业出版社,2012.

[39] 王玉荣,葛新红.流程革命2.0[M].北京：北京大学出版社,2011.

[40] 肖知兴.以热爱战胜恐惧[M].北京：东方出版社,2018.

[41] 吴晓波.激荡三十年[M].北京：中信出版社,2008.

[42] 吴晓波.激荡十年,水大鱼大[M].北京：中信出版社,2017.

[43] 王石.道路与梦想[M].北京：中信出版社,2006.

[44] 冯仑.野蛮生长[M].北京：中信出版社,2007.

[45] 冯仑. 理想丰满 [M]. 北京：文化艺术出版社，2011.

[46] 田涛，吴春波. 下一个倒下的会不会是华为 [M]. 北京：中信出版社，2012.

[47] 张五常. 中国的经济制度：中国经济改革三十年 [M]. 北京：中信出版社，2009.

[48] 罗纳德·哈里·科斯，王宁. 变革中国：市场经济的中国之路 [M]. 徐尧，李哲民，译. 北京：中信出版社，2013.

[49] 彼得·德鲁克. 管理的实践 [M]. 齐若兰，译. 北京：机械工业出版社，2006.

[50] 彼得·德鲁克. 公司的概念 [M]. 慕凤丽，译. 北京：机械工业出版社，2018.

[51] 詹姆斯·柯林斯，杰里·波勒斯. 基业长青：企业永续经营的准则 [M]. 真如，译. 北京：中信出版社，2006.

[52] 埃里克·莱斯. 精益创业：新创企业的成长思维 [M]. 吴彤，译. 北京：中信出版社，2012.

[53] 克莱顿·克里斯坦森. 创新者的窘境 [M]. 胡建桥，译. 北京：中信出版社，2010.

[54] 小艾尔弗雷德·斯隆. 我在通用汽车的岁月 [M]. 刘昕，译. 北京：华夏出版社，2005.

[55] 李安定. 车记：亲历·轿车中国30年 [M]. 北京：三联书店，2011.

[56] 王自亮. 风云记：吉利收购沃尔沃全记录 [M]. 北京：红旗出版社，2011.

[57] 王文正. 大商人：人文浙商的10张面孔 [M]. 杭州：浙江人民出版社，2011.

[58] 张明转. 李书福的偏执智慧 [M]. 杭州：浙江大学出版社，2011.

[59] 首都企业家俱乐部. 包容的力量：宋志平的企业心路 [M]. 北京：企业管理出版社，2012.

[60] 袁飞. "王者" 心法：经营之神王永庆独家管理秘笈 [M]. 北京：清华大学出版社，2013.

[61] 李立，曹晟源，陈雷. 大疆无人机：全球科技先锋的发展逻辑 [M]. 北京：中国友谊出版公司，2017.

[62] 张振刚. 格力模式 [M]. 北京：机械工业出版社，2019.

[63] 杨国安. 组织能力的杨三角 [M]. 北京：机械工业出版社，2010.

[64] 周志友. 德胜员工守则（全新升级版）[M]. 北京：机械工业出版社，2013.

[65] 涂子沛. 大数据［M］. 桂林：广西师范大学出版社，2013.

[66] 赵国栋，易欢欢，糜万军，等. 大数据时代的历史机遇：产业变革与数据科学［M］. 北京：清华大学出版社，2013.

[67] 李开复. AI·未来［M］. 杭州：浙江人民出版社，2018.

[68] 王建伟. 工业赋能：深度剖析工业互联网时代的机遇和挑战［M］. 北京：人民邮电出版社，2018.